Teubner-Reihe Wirtschaftsinform

Jürgen Sauer

Intelligente Ablaufplanung in lokalen und verteilten Anwendungsszenarien

Teubner-Reihe Wirtschaftsinformatik

Herausgegeben von

Prof. Dr. Dieter Ehrenberg, Leipzig
Prof. Dr. Dietrich Seibt, Köln
Prof. Dr. Wolffried Stucky, Karlsruhe

Die „Teubner-Reihe Wirtschaftsinformatik" widmet sich den Kernbereichen und den aktuellen Gebieten der Wirtschaftsinformatik.
In der Reihe werden einerseits Lehrbücher für Studierende der Wirtschaftsinformatik und der Betriebswirtschaftslehre mit dem Schwerpunktfach Wirtschaftsinformatik in Grund- und Hauptstudium veröffentlicht. Andererseits werden Forschungs- und Konferenzberichte, herausragende Dissertationen und Habilitationen sowie Erfahrungsberichte und Handlungsempfehlungen für die Unternehmens- und Verwaltungspraxis publiziert.

Jürgen Sauer

Intelligente Ablaufplanung in lokalen und verteilten Anwendungsszenarien

Teubner

B. G. Teubner Stuttgart · Leipzig · Wiesbaden

Bibliografische Information der Deutschen Bibliothek
Die Deutsche Bibliothek verzeichnet diese Publikation in der Deutschen Nationalbibliographie;
detaillierte bibliografische Daten sind im Internet über <http://dnb.ddb.de> abrufbar.

Priv.-Doz. Dr. Jürgen Sauer
Geboren 1959 in Gudensberg / Hessen. Studium der Informatik in Dortmund von 1979 bis 1986. Von
1986 bis 1987 DV-Planer im Rechenzentrum Kassel der Daimler-Benz AG. Von 1987 bis 1992 Wissen-
schaftlicher Mitarbeiter im FB Informatik der Universität Oldenburg, Promotion 1993 (wissensbasierte
Ablaufplanung). Von 1993 bis 2003 Leiter des Software-Labors im FB Informatik der Universität
Oldenburg, Habilitation 2002 (Multi-Site Scheduling). Seit September 2003 Leiter des Hochschul-
rechenzentrums der Universität Oldenburg.

1. Auflage August 2004

Umschlaggestaltung: Ulrike Weigel, www.CorporateDesignGroup.de

Gedruckt auf säurefreiem und chlorfrei gebleichtem Papier.

ISBN-13:978-3-519-00473-8   e-ISBN-13:978-3-322-80076-3
DOI: 10.1007/978-3-322-80076-3

Vorwort

In der Ablaufplanung (Scheduling) werden Probleme der zeitlichen Zuordnung von Aktivitäten - z.B. zur Herstellung von Produkten - zu Ressourcen betrachtet, wobei verschiedene Nebenbedingungen (Hard und Soft Constraints) - z.B. technische Produktionsvorschriften und gleichmäßige Ressourcenauslastung - beachtet werden müssen und bestimmte Ziele erreicht bzw. optimiert werden sollen. Ablaufplanungsprobleme sind in unterschiedlichen, vorrangig betriebswirtschaftlichen Anwendungsbereichen zu finden.

Charakteristisch für die in der Ablaufplanung zu lösenden Problemstellungen sind ein kombinatorisch großer Suchraum, unsicheres Wissen und ein sich dynamisch ändernder Problembereich. Die Komplexität des Suchraums wird bestimmt durch die Fülle möglicher Alternativen für Ablaufpläne und der dabei notwendigen Synchronisation einer Vielzahl von Aktivitäten, Bedingungen und Zielvorgaben. Unsicheres Wissen spielt dabei auch eine wesentliche Rolle, da oft nur mit schätzbaren Werten, z.B. für Ausführungszeiten, und ungenauen Vorgaben aus übergeordneten Planungssystemen gearbeitet werden muss. Die Dynamik des Problembereichs resultiert aus Ereignissen und Störungen, die ständig neue Planungssituationen schaffen und entsprechend verarbeitet werden müssen.

Bei den in der Literatur vorgestellten Ablaufplanungsproblemen und ihren Lösungsansätzen dominieren lokale, isolierte Problemstellungen, z.B. für einen einzelnen Produktionsbetrieb. In diesem Buch werden nicht nur lokale Problemstellungen betrachtet, sondern mit Multi-Site Scheduling wird diese Sichtweise erweitert auf verteilte Produktionsstandorte und weitere Einheiten wie Zulieferer und Transportunternehmen, die insgesamt an der Erstellung eines Produkts beteiligt sind. Damit wird eine neue Dimension in die Ablaufplanungsproblematik eingeführt. Neben den bisher bearbeiteten Aufgabenkomplexen der prädiktiven, reaktiven und interaktiven Planung spielen jetzt abgestufte Planungsprobleme auf verschiedenen Ebenen und deren Koordination eine entscheidende Rolle.

Das vorliegende Buch gibt einen Überblick über die zur intelligenten Modellierung und Lösung von Ablaufplanungsproblemen in lokalen und verteilten Anwendungsszenarien eingesetzten Techniken und präsentiert mit dem Multi-Site Scheduling Konzept einen Ansatz, der die rückgekoppelte koordinierte Ablaufplanung über mehrere hierarchische Ebenen bei einer verteilten Produktion unterstützt. Speziell werden dabei die bisher wenig untersuchte Planung auf „höheren Ebenen" und die Koordination betrachtet sowie geeignete Modellierungs- und Lösungsverfahren vorgestellt.

Dem Buch liegt die Habilitationsschrift „Multi-Site Scheduling - Hierarchisch koordinierte Ablaufplanung auf mehreren Ebenen" des Autors zugrunde, auf deren Basis das Habilitationsverfahren im Juni 2002 erfolgreich abgeschlossen wurde.

Oldenburg, April 2004   Jürgen Sauer

Inhaltsverzeichnis

1   Einleitung

In der Ablaufplanung (Scheduling) werden Probleme der *zeitlichen Zuordnung* von *Aktivitäten* zu limitierten *Ressourcen* betrachtet, wobei unterschiedliche *Nebenbedingungen* (Hard/Soft Constraints) zu berücksichtigen sind und bestimmte *Ziele* erreicht bzw. optimiert werden sollen [Sau97, Smi92]. Wichtigstes Charakteristikum realer Planungsszenarien ist die Dynamik der Planungsumgebung, d.h. dass häufig auf Störungen im Planungsumfeld reagiert werden muss. Der *Ablaufplan* ist dann die terminliche Zuordnung der einzelnen Aktionen zu Ressourcen, mit der die gegebenen Nebenbedingungen und Zielsetzungen erfüllt werden.

Charakterisiert werden können Ablaufplanungsprobleme daher durch ihre Aktivitäten, Aufträge, Ressourcen, Hard und Soft Constraints, Zielfunktionen und die zu behandelnden Ereignisse. Auch die Interaktionen des Benutzers wie z.B. das Verschieben eines Auftrags müssen beachtet werden und können z.B. als weitere Ereignisse betrachtet werden.

Charakteristisch für die Ablaufplanung sind ein kombinatorisch sehr großer Suchraum, unsicheres Wissen und ein dynamischer Problembereich [Smi92]. Die Komplexität entsteht durch die Fülle möglicher Alternativen für Ablaufpläne und aus der Synchronisation einer Vielzahl von Aktivitäten, Bedingungen und Zielvorgaben. Unsicheres Wissen ergibt sich u.a. aus den oft nur schätzbaren Werten für Ausführungszeiten und ungenauen Vorgaben aus übergeordneten Planungssystemen. Die Dynamik des Problembereichs resultiert aus Ereignissen und Störungen, die ständig neue Planungssituationen schaffen.

Zur Lösung von Ablaufplanungsproblemen werden vor allem zwei Aufgabenkomplexe unterschieden, die auch in dieser Reihenfolge historisch entstanden sind. Bei der *prädiktiven* Ablaufplanung wird der Plan vorausschauend für einen bestimmten Zeitabschnitt unter Annahme einer statischen Planungsumgebung erstellt. In der *reaktiven* Ablaufplanung steht die Anpassung des Plans an neue Situationen im Mittelpunkt, wobei möglichst viel vom bestehenden Plan erhalten bleiben soll.

Lösungen für Ablaufplanungsprobleme kommen sowohl aus dem Bereich des Operations Research (OR) als auch aus der Künstlichen Intelligenz (KI) [SM00, SWM95]. Im Bereich des OR werden bereits seit Anfang der 50er Jahre Ablaufplanungsprobleme untersucht, wobei der Schwerpunkt auf die Optimierung einzelner Zielfunktionen gelegt wird. Da bereits einfache Problemstellungen NP-hart sind, werden hier im Allgemeinen idealisierte Probleme (z.B. Flow-Shop- oder Job-Shop-Scheduling, siehe Abschnitt 2.3.1) betrachtet, die speziell für Komplexitätsbetrachtungen gedacht sind und der Suche nach geeigneten Heuristiken dienen. In realen Produktionsumgebungen sind die Ergebnisse nur schwer oder nur für spezielle Anwendungsgebiete nutzbar, hier dominieren noch einfache Verfahren wie Netzplantechnik oder Prioritätsregeln.

Seit Anfang der 80er Jahre werden Methoden der KI eingesetzt, um die Lösung praxisrelevanter Ablaufplanungsprobleme vor allem durch neue Modellierungs- und Problemlösungstechniken zu unterstützen. In der Modellierung werden Frame-basierte, regelbasierte und vor allem Constraint-basierte Ansätze eingesetzt. Sie erlauben u.a. die explizite Darstellung und Verarbeitung von anwendungsspezifischem Problemlösungswissen. Zur Generierung oder Anpassung von Ablaufplänen werden folgende „Algorithmenklassen" [Sau00, SM00, Smi92, SWM95] verwendet:

- Heuristische Verfahren:

  Sie umfassen allgemeine heuristische Prinzipien wie Problemzerlegung und heuristische Suchverfahren wie Beam-Suche, Suche mit Prioritätsregeln, Constraint-basierte oder opportunistische Suche. Heuristiken werden sowohl im OR als auch in der KI untersucht.

- Constraint-basierte Verfahren:

  Im Mittelpunkt stehen hier die zu berücksichtigenden Constraints. Ablaufplanung wird als Constraint Satisfaction Problem betrachtet und mit entsprechenden Methoden, insbesondere Sprachen der Constraint-Logik-Programmierung, beschrieben und gelöst.

- Verfahren des Soft Computing und zur iterativen Verbesserung:

  Sie werden in den letzten Jahren verstärkt untersucht, so z.B. Fuzzy-Logik zur Verarbeitung des in der Ablaufplanung vorhandenen unsicheren Wissens oder Neuronale Netze zur Auswahl einzuplanender Aktivitäten oder der Bewertung von Situationen. Genetische Algorithmen und iterative Verbesserungstechniken wie Threshold Exception, Simulated Annealing oder Sintflut-Algorithmen werden zur Verbesserung von Plänen und als Näherungsverfahren für Optimierungsprobleme eingesetzt.

- Verteilte KI:

  Um die häufig organisatorisch verteilte Lösung von Ablaufplanungsproblemen in den Anwendungsgebieten nachzubilden, werden vor allem Multi-Agenten-Systeme betrachtet, in denen die kooperierenden Agenten entweder gemeinsam eine Lösung zu optimieren versuchen oder jeweils eine eigene Lösung ermitteln, die Teil der Gesamtlösung ist.

- Meta-Ablaufplanung:
  Hier soll durch Integration von Wissen über Ablaufplanung die Planung selbst oder die Auswahl geeigneter Verfahren zur Lösung der Probleme unterstützt werden.

Diese Verfahren sowie wichtige Modellierungsansätze werden im ersten Teil des Buches beschrieben. In der Oldenburger Arbeitsgruppe „Wissensbasierte Planungssysteme", die der Abteilung Informationssysteme im Fachbereich Informatik der Universität Oldenburg zugeordnet ist (siehe http://www-is.informatik.uni-oldenburg.de), wurden und werden diese Modellierungs- und Lösungsansätze untersucht, verwendet und weiterentwickelt. Einige der Ergebnisse dieser Arbeiten fließen auch in dieses Buch ein.

Ablaufplanungsprobleme treten in unterschiedlichen Anwendungsgebieten auf. Eines der wichtigsten ist dabei die Ablaufplanung im Umfeld der betrieblichen Produktion. In diesem Rahmen und mit deren Bezeichnungen wird daher im Weiteren gearbeitet. Man hat hier:

- Aufträge zur Herstellung von Produkten. Für Produkte kann es verschiedene Herstellungsvarianten mit unterschiedlichen Herstellungsschritten geben.
- Maschinen, Rohstoffe und Personal als Ressourcen, die im Allgemeinen für mehrere Produkte zur Verfügung stehen.
- Nebenbedingungen vor allem technischer Art wie Herstellvorschriften oder das Verbot der Doppelbelegung von Ressourcen.
- Betriebswirtschaftliche Zielsetzungen wie strikte Termineinhaltung oder Kostenoptimierung.

In der Betriebswirtschaftslehre (BWL) dominiert noch eine Planungsphilosophie, die sich auf eine sukzessive Abarbeitung von vereinfachten Planungsproblemen stützt, wobei eine Rückkopplung zu den vorgelagerten Planungsschritten im Allgemeinen vernachlässigt wird [Kur99]. Aktuelle Entwicklungen, vor allem in Richtung Dezentralisierung von Entscheidungen und die Einbindung von Zulieferern in die Planungskette (Stichwort Supply Chain Management (SCM)), erfordern aber sowohl dezentrale Planungsaktivitäten als auch die Gesamtsicht bzw. Koordination solcher dezentraler Planungsaktivitäten, um globale Unternehmensziele nicht aus dem Auge zu verlieren.

Im Folgenden wird Ablaufplanung entsprechend der CIM-Philosophie (Computer Integrated Manufacturing) [Sch87] als integrierende Funktion gesehen, die bisher getrennt bearbeitete Planungsaufgaben zusammenfasst und sowohl als Planung für dezentrale, autonome Einheiten wie auch für eine übergeordnete Planung und Koordination verwendet werden kann.

Schließlich müssen neben den algorithmischen Ansätzen auch weitere Aspekte eines Planungssystems beachtet werden. Ablaufplanungssysteme sollen einen menschlichen Planer bei seinen Tätigkeiten durch Visualisierung der planungsrelevanten Daten und durch Integration von Planungswissen zur Erstellung und Korrektur von Plänen unterstützen. Wichtig ist hierbei natürlich auch die Interaktion, d.h. die Möglichkeiten, die einem Benutzer zur Überwachung und zum Eingriff in die Planung gegeben werden.

1.1   Probleme des Multi-Site Scheduling

Bei den in der Literatur vorgestellten Ablaufplanungsproblemen (und ihren Lösungsansätzen) dominieren lokale, isolierte Problemstellungen, z.B. für einen einzelnen Produktionsbetrieb. Betrachtet man aber Unternehmen mit mehreren Produktionsstandorten, die dazu auch noch über größere Distanzen (und dabei evtl. über mehrere Länder) verteilt sind, so ergeben sich durch die Kombination der vorhandenen Autonomie der dezentralen Standorte mit der Notwendigkeit globaler Koordination, um die Unternehmensziele zu erreichen, neue bzw. erweiterte Planungsaufgaben. Neben den verschiedenen Planungsaufgaben spielen nun auch Kommunikation und Koordination zwischen den beteiligten Systemen eine wichtige Rolle. Zudem müssen auch weitere Aufgaben unter Ablaufplanungsgesichtspunkten gesehen werden, z.B. Transport und Lagerhaltung.

Die in der Industrie zu beobachtende Dezentralisierung von Entscheidungsbefugnissen - und damit auch von Planungsentscheidungen - führt dazu, dass autonome Planungsinstanzen entstehen, die zuerst ihre eigenen Zielsetzungen verfolgen. Dabei können autonome Einheiten durchaus einzelne Arbeitsgruppen oder Abteilungen innerhalb eines Standortes sein. Allerdings existieren natürlich auch globale Unternehmensziele, denen die lokalen Systeme untergeordnet sein müssen. Das bedeutet, dass zentrale Vorgaben für den gesamten Betrieb gemacht werden müssen, die die globalen Ziele berücksichtigen. Diese Vorgaben müssen dann auch überwacht und die beteiligten Einheiten koordiniert werden. Im Gegensatz zu flachen Hierarchien sich selbst organisierender Agenten ist hier eine hierarchische Anordnung von Planungssystemen durchaus nötig, womit menschliche Entscheider auf den verschiedenen Ebenen von der Unternehmensleitung bis hin zu den lokalen Disponenten für bestimmte Fertigungsbereiche unterstützt werden müssen.

Erweitert man die Betrachtung auf Zuliefererketten (Supply Chains), so ist ein ähnlicher Aufbau zu erkennen. Die planende Firma muss nun ihre Zulieferer und die eigenen Produktionseinheiten zusammen betrachten und Vorgaben planen, die allerdings dann an die beteiligten externen Firmen weitergegeben werden müssen.

In diesem Verbund aus in der Regel hierarchisch angeordneten Planungssystemen ergeben sich je nach Anordnung unterschiedliche Aufgaben für die beteiligten Systeme. Sofern untergeordnete Knoten (Systeme) existieren, sind „globale" Planungsaufgaben zu erfüllen. Handelt es sich um Blattknoten, d.h. um Systeme, die selbst keine untergeordneten Systeme mehr haben, dann sind „lokale" Planungsaufgaben zu erfüllen, die im Wesentlichen den für einzelne Produktionsbereiche betrachteten entsprechen. Die als „global" bezeichneten Aufgaben umfassen:

- Planungsvorgabe: Dies bedeutet vor allem eine Verteilung der Einzelaufgaben auf die Einheiten auf der untergeordneten Ebene. Dabei müssen auch und vor allem zusammenfassende Annahmen über die betrachteten Untereinheiten z.B. bzgl. Kapazitäten gemacht werden, da nicht alle Detailinformationen verfügbar sind bzw. dann das Planungsproblem nicht mehr handhabbar ist. Hierbei fallen vor allem prädiktive Planungsaufgaben an.
- Korrektur von Vorgaben: Im Fall von Störungen auf den untergeordneten Ebenen, die auch Einfluss auf andere Einheiten und die globale Planung haben, müssen entsprechende Korrekturen vorgenommen werden. Reaktive Planungsaufgaben betreffen natürlich alle Ebenen, d.h. sie sind im Rahmen von globalen und lokalen Aufgaben zu erfüllen. Auch die Möglichkeit der Benutzerinteraktion muss hierbei berücksichtigt werden.

- Kommunikation mit den Planungssystemen: Die beteiligten Systeme müssen mit den für sie wichtigen Informationen versorgt werden. Dabei muss vor allem auf Konsistenz und Aktualität der Daten geachtet werden.

- Koordination der dezentralen Systeme: Da verschiedene untergeordnete Systeme mit eigenen planerischen Zielsetzungen an der Gesamtlösung beteiligt sind, für die bestimmte globale Zielsetzungen erreicht werden sollen, ist aus übergeordneter Sicht eine Koordination der dezentralen Aktivitäten im Hinblick auf die Erreichung der globalen Ziele notwendig.

Ein wesentliches Ziel dieses Buches ist es daher, ein Konzept zur Umsetzung dieser Anforderungen für ein verteiltes hierarchisches Planungsszenario zu präsentieren.

1.2   Lösungsansätze für Multi-Site Scheduling

Zur Lösung der Multi-Site Scheduling Problematik wird ein Ansatz präsentiert, der die bisher dominierende isolierte Betrachtung von lokaler Ablaufplanung und globalen Vorgaben zusammenführt und dabei auch verteilte Produktionsstandorte und weitere Einheiten wie Zulieferer und Transportunternehmen betrachtet, die insgesamt an der Erstellung eines Produkts beteiligt sind. Neben den bisher bearbeiteten Aufgabenkomplexen der prädiktiven, reaktiven und interaktiven Planung spielen jetzt abgestufte Planungsprobleme auf verschiedenen Ebenen und deren Koordination eine entscheidende Rolle. Der Ansatz ermöglicht die rückgekoppelte koordinierte Ablaufplanung über mehrere hierarchische Ebenen bei einer verteilten Produktion. Speziell werden die bisher wenig untersuchte Planung auf „höheren Ebenen" betrachtet und geeignete Modellierungs- und Lösungsverfahren präsentiert.

Auf der Modellierungsseite wird der Modellierungsansatz von [Sau93a] so erweitert, dass er zur Darstellung von lokalen und globalen Planungsproblemen geeignet ist, und eine objektorientierte und Constraint-basierte Sicht des Multi-Site Scheduling, insbesondere der globalen Planungsaufgaben, präsentiert.

Auf der Planungsebene werden aufbauend auf einer Vielzahl der bereits für lokale Planungsaufgaben vorgestellten Planungsverfahren spezielle Lösungsansätze für die globalen und lokalen Planungsprobleme sowie die Koordination der beteiligten Systeme betrachtet:

- Die globale Planung betrachtet die Verteilung der Aufgaben auf mehrere Produktionsstätten innerhalb eines Unternehmens und die Koordination der dezentralen Planungsabläufe. Aufgrund der im Allgemeinen komplexen Interdependenzen zwischen den Produktionsabläufen innerhalb des Unternehmens und der verwendeten kumulierten Informationen ergeben sich spezifische Planungsprobleme, wie z.B. die Berücksichtigung von Transport und ungenauen Daten. Für die global prädiktiven Aufgaben werden zwei mögliche Ansätze - einer auf Basis von Heuristiken und einer auf Basis von Fuzzy-Technik – vorgestellt und verglichen.

- In der lokalen Planung wird die Feinplanung innerhalb eines Produktionsbetriebes durchgeführt. Das Ergebnis ist ein (Produktions-) Ablaufplan, in dem allen Produktionsschritten der Produkte Zeitintervalle der jeweils zu benutzenden Ressourcen zugeordnet sind. Dieser Ablaufplan wird als Vorgabe für die Steuerung der Herstellung der einzelnen Produkte innerhalb eines Betriebes verwendet. Neben den bisher in der Arbeitsgruppe erstellten Systemen, die hier integriert werden können, spielt auch die Betrachtung anderer Teilaufgaben unter Planungsgesichtspunkten, wie z.B. Transport oder Lager, eine wichtige Rolle. Am Beispiel der Transportplanung wird gezeigt, wie eine Integration zusätzlicher Aufgaben aus Ablaufplanungssicht möglich ist.

- Die Koordination und Kommunikation muss eine konsistente Bereitstellung aktueller und relevanter Informationen für die beteiligten Systeme sicherstellen. Dazu wird ein shared memory-Ansatz auf Basis des Blackboard-Ansatzes präsentiert. Die Aufgaben der Koordination sind im Wesentlichen in der global reaktiven und prädiktiven Planung enthalten, da die Vorgaben, ihre Durchsetzung und ihre Kontrolle für die Einhaltung globaler Zielsetzungen von entscheidender Bedeutung sind.

Die generelle Idee bei der Gestaltung des Gesamtsystems basiert auf der Nutzung bereits bekannter Konzepte und Systeme (lokale Planung) für eine neue Problemklasse (hier Multi-Site Scheduling), wobei versucht wird, die Struktur der einzelnen beteiligten Systemkomponenten zu erhalten bzw. so zu gestalten, dass eine Integration zu einem Gesamtsystem vereinfacht wird.

Das damit entwickelte Konzept der „Koordinierten Ablaufplanung über mehrere Ebenen" wird prototypisch umgesetzt am Beispiel der Ablaufplanung eines Betriebes mit mehreren Produktionsstandorten und im System MUST (Multi-Site Scheduling System) realisiert. Das Beispielszenario enthält nur zwei Ebenen, auf denen global und lokal geplant werden muss. Die beiden Ebenen enthalten aber alle wichtigen Charakteristika des hierarchischen Aufbaus. In der globalen Ablaufplanung werden auf Basis von externen Aufträgen Vorgaben für die lokalen Betriebe in Form eines globalen Ablaufplans ermittelt, der dann in den lokalen Ablaufplanungssystemen für die einzelnen Betriebe in konkrete maschinenbezogene Pläne für die einzelnen Zwischenprodukte umgesetzt werden muss. Auf beiden Ebenen sind prädiktive und reaktive Planungsaufgaben zu erfüllen.

Mit dem vorgestellten Ansatz lassen sich nicht nur die Planungsaufgaben der prototypisch betrachteten verteilten abhängigen Unternehmen modellieren, sondern es können auch virtuelle Unternehmen oder die Logistikkette (Supply Chain) eines Unternehmens betrachtet werden. Um die dabei entstehende Planungsproblematik in den Griff zu bekommen, ist eine integrierte globale und lokale Ablaufplanung über Unternehmensgrenzen hinweg nötig. Dies lässt sich mit dem vorgestellten Ansatz aus Sicht des virtuellen Unternehmens bzw. des Unternehmens, das seine Logistikkette plant, erfassen. Auch auf weitere Anwendungsszenarien mit verteilten Planungsproblemen, z.B. in Softwareprojekten können die Ergebnisse der Arbeit angewendet werden.

1.3   Aufbau des Buches

Zunächst werden in Kapitel 2 die wichtigsten Grundlagen der bisherigen Forschung und Entwicklung auf dem Gebiet der wissensbasierten Ablaufplanung und der auf dieser Basis entwickelten Systeme zusammengefasst. Dabei wird auch eine exemplarische Einordnung der Ablaufplanung in den wichtigsten Anwendungsbereich, die Planung der betrieblichen Produktion, vorgenommen und durch ein Beispiel präzisiert.

Im dritten Kapitel werden das Problem des Multi-Site Scheduling und die möglichen Lösungsansätze beschrieben und diskutiert. Nach einer Beschreibung der Charakteristika und Anforderungen des Multi-Site Scheduling und einem Überblick über relevante Arbeiten mit Bezug zum Thema werden das Konzept sowie die algorithmische Umsetzung des Multi-Site Scheduling präsentiert. Besonders betrachtet werden die Modellie-

rung, die globale Ablaufplanung, neue lokale Aufgaben am Beispiel der Transportplanung und die prototypische Realisierung im MUST-System.

Mit Glossar, Literaturverzeichnis und Index wird das Buch abgeschlossen.

2 Ablaufplanung in lokalen Anwendungsszenarien

In diesem Kapitel werden die allgemeine Problematik der Ablaufplanung und die vorhandenen Ansätze zur Lösung von Ablaufplanungsproblemen beschrieben. Wie im größten Teil der Literatur bezieht sich Ablaufplanung dabei auf lokale Anwendungsszenarien, d.h. die Planung wird für die direkte Umsetzung der eingeplanten Arbeitsschritte, z.B. auf konkreten Maschinen in der Fertigung, durchgeführt und eine Verknüpfung mit anderen Planungssystemen ist nicht vorgesehen. Die vorgestellten Ansätze zur Modellierung und Lösung von Ablaufplanungsproblemen dienen als Basis für die Lösung des in der Arbeit behandelten Problems des Multi-Site Scheduling. Zunächst wird die allgemeine Problematik der Ablaufplanung vorgestellt und mit Beispielen erläutert (Abschnitt 2.1), auf die eine Einordnung in den betriebswirtschaftlichen Rahmen (Abschnitt 2.2) folgt. Der umfangreichste Teil dieses Kapitels enthält einen Überblick über die methodischen Ansätze zur Unterstützung der Lösung von Ablaufplanungsproblemen speziell aus der Sicht betriebswirtschaftlicher Problemstellungen. Die dabei vorgestellten Ansätze haben ihren Ursprung sowohl im Bereich des Operations Research als auch in der Künstlichen Intelligenz. Der Schwerpunkt liegt hier auf Ansätzen, die von der KI geprägt sind, da sie für die Betrachtung praxisrelevanter Problemstellungen geeigneter sind. Für die Übersicht werden in Abschnitt 2.3 zunächst mögliche Modellierungsansätze vorgestellt. In Abschnitt 2.4 folgt dann eine Zusammenstellung der algorithmischen Lösungsansätze für Ablaufplanungsprobleme. Anschließend werden in Abschnitt 2.5 die für die Gestaltung und einen erfolgreichen Einsatz eines Ablaufplanungssystems neben den algorithmischen Planungsverfahren wesentlichen Komponenten näher erläutert und ein Beispiel eines wissensbasierten Planungssystems vorgestellt.

2.1 Prädiktive, reaktive und interaktive Ablaufplanung

Wichtigste Aufgabe der Ablaufplanung [Sau97] ist die Erstellung und Anpassung von Ablaufplänen. Ablaufpläne enthalten eine zeitliche Zuordnung von Aktivitäten zu Ressourcen, wobei eine Menge von Bedingungen erfüllt werden muss. Bei der Ablaufplanung kann man die Aufgabenbereiche prädiktive, reaktive und interaktive Ablaufplanung unterscheiden.

Prädiktive Ablaufplanung

In der prädiktiven Ablaufplanung wird für einen festgelegten zeitlichen Bereich ein Plan erstellt, der den vorgegebenen Nebenbedingungen genügt, die gewünschten Ziele möglichst erfüllt und evtl. auch eine gegebene Zielfunktion optimiert. Als Ziele sind dabei vor allem zeit-, ressourcen- und kostenbezogene Ziele zu nennen. Der Plan wird entweder vollständig neu erstellt oder ein bestehender Plan oder Teilplan wird berücksichtigt. Bei dieser Art der Planung wird im Prinzip eine statische Planungsumgebung angenommen, d.h. dass Ereignisse aus dem Planungsumfeld und deren Auswirkungen zunächst nicht bei der Planung berücksichtigt werden. Für diesen Bereich, der historisch gesehen auch der erste Bereich der Ablaufplanungsforschung ist, wurden im OR und in der KI diverse Planungsverfahren entwickelt. Beispiel 1 zeigt zwei Problemstellungen, die die prädiktive Vorgehensweise verdeutlichen.

Beispiel 1: Prädiktive Ablaufplanung

In diesem Beispiel wird an zwei vereinfachten Problemstellungen beschrieben, welche Punkte für die prädiktive Ablaufplanung wichtig sind. Diese Problemstellungen sind auch in vielen Optimierungsansätzen des OR zu finden. Gegeben seien drei Produkte P1, P2 und P3 mit ihren Herstellbeschreibungen (Tabelle 2.1). Diese enthalten jeweils eindeutige Nummern von Operationen (Arbeitsschritten), die dabei verwendete Ressource und die Dauer der Ausführung.

Produkt	Operation	Ressource	Dauer
P1	1	M1	2
P1	2	M2	2
P1	3	M3	3
P2	1	M1	3
P2	2	M4	2
P2	3	M2	3
P3	1	M2	1
P3	2	M4	2
P3	3	M3	1

Tabelle 2.1: Produktionsdaten

Als unbedingt zu beachtende Nebenbedingungen (Hard Constraints) gelten hierbei:

- *Nur die angegebenen Ressourcen sind zu verwenden.*
- *Alle Operationen sind durchzuführen.*

-    *Die Operationen sind in der angegebenen Reihenfolge durchzuführen, d.h. die*
     (n+1)-te Operation darf erst nach dem Ende der n-ten beginnen.

Als Nebenbedingung, die eingehalten werden sollte, aber in gewissen Grenzen auch
verletzt werden darf (Soft Constraint), gilt, dass die in den Aufträgen vorgesehenen
Zeiträume zur Produktion eingehalten werden sollten.

Vorgegeben werden nun Aufträge zur Herstellung der Produkte. Die Aufträge spezifi-
zieren, welches Produkt in welcher Menge innerhalb welchen Zeitraumes produziert
werden soll. Zusätzlich kann eine Priorität angegeben werden, die die Wichtigkeit
eines Auftrags wiederspiegelt und bei der Planung verwendet werden kann (Tabelle
2.2).

Problem-stellung	Auftrag	Produkt	Menge	Frühester Start	Spätestes Ende	Priorität
2	A1	P1	1	3	15	3
	A2	P2	1	1	12	2
	A3	P3	2	2	20	1
1	A4	P3	1	0	10	1

Tabelle 2.2: Auftragsdaten

Betrachten wir zunächst eine sehr einfache Problemstellung (Problemstellung 1). Ge-
geben ist ein Auftrag A4 für das Produkt P3, das in drei Operationen auf drei ver-
schiedenen Ressourcen in 1 bzw. 2 Zeiteinheiten hergestellt werden kann. Die Reihen-
folgerestriktion ist entsprechend der Nummerierung gegeben, d.h. Operation 1 vor 2
und Operation 2 vor 3. Der Auftrag enthält einen Zeitrahmen (Frühester Start bis Spä-
testes Ende (Due Date)), der bei der Produktion berücksichtigt werden soll. Für dieses
einfache Beispiel mit einem Produkt und drei Operationen, für die jeweils nur eine
Ressource möglich ist, existieren bei dem vorgegebenen Zeitfenster von 0 - 10 bereits
84 gültige Lösungen, bei denen die Restriktionen bzgl. Reihenfolge und Zeit eingehal-
ten werden. Abbildung 2.1 skizziert den Lösungsbereich und zeigt die am weitesten
rechts bzw. links gelegenen Lösungen und das vorgegebene Zeitfenster für Auftrag A4.
Dabei bezeichnet Pxy die Operation mit der Nummer y für das Produkt Px.

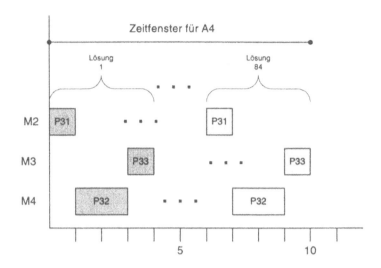

Abbildung 2.1: Lösungen für Auftrag A4

Eine wichtige Frage, die sich dabei stellt, ist die nach der "besten" Lösung aus der Menge der gültigen Lösungen. Je nach Bewertungskriterium (siehe Abschnitt 2.3) existieren verschiedene "gute" bzw. optimale Lösungen. Bezüglich Verzug (positiver Rest aus Due Date – geplantem Ende) sind alle gültigen Lösungen optimal. Betrachtet man die Durchlaufzeit (Zeitspanne vom Beginn bis zum Ende der Fertigung), so sind alle Lösungen optimal, bei denen die drei Operationen ohne Wartezeiten direkt nacheinander durchgeführt werden. Damit sind diese Lösungen auch optimal in Bezug auf die Wartezeiten.

Erweitert man das Beispiel nun entsprechend Problemstellung 2 in Tabelle 2.1 um zwei weitere Produkte und gibt drei Aufträge A1, A2, A3 vor, so hat das weitreichende Konsequenzen. Bei diesem Beispiel mit drei Aufträgen für drei Produkte lässt sich die Zahl der Lösungen nur noch abschätzen (siehe Abschnitt 2.3). Betrachtet man es als Reihenfolgeproblem, so ergeben sich $n!^m$ mögliche Reihenfolgen (bei n Aufträgen auf m Maschinen [Pin95]), was hier 1296 mögliche Reihenfolgen ergibt. Dabei werden aber die möglichen zeitlichen Verschiebungen einzelner Operationen nicht berücksichtigt. Dies wird bei [Sau97] getan und es ergeben sich etwa $(6 \cdot 3)^{3^3} = 1{,}98 \cdot 10^{11}$ mögliche Lösungen. Die Zahl der gültigen Lösungen (sie erfüllen alle Hard Constraints) ist durch die einschränkenden Bedingungen unter Umständen deutlich geringer, kann aber nur schwer abgeschätzt werden. Abbildung 2.2 zeigt vier gültige

Lösungen, wobei drei konsistent bzgl. aller Constraints und eine inkonsistent ist, da sie die Zeitrestriktionen verletzt.

Zur Lösungsfindung werden zwei einfache heuristische Strategien verwendet (siehe auch Abschnitt 2.4). Strategie 1 enthält eine auftragsbasierte Vorgehensweise mit Just-In-Time-Einplanung, d.h. die Intervalle werden rückwärts vom vorgegebenen Endtermin aus betrachtet. Strategie 2 basiert ebenfalls auf dem auftragsbasierten Vorgehen, wobei hier die Intervalle ab dem frühestmöglichen Start betrachtet werden. Für beide Strategien werden unterschiedliche Regeln zur Auswahl der einzuplanenden Aufträge und zusätzlich noch manuelle Veränderungen (+ in Spalte Regel in Tabelle 2.3) am Plan eingesetzt.

Auch hier stellt sich die Frage nach der „besten" Lösung. Als Bewertungskriterien werden Verzug und Verspätung für die Termineinhaltung sowie Durchlauf- und interne Wartezeiten für eine betriebliche Kostensichtweise verwendet. Wie im einfachen Beispiel sind alle gültigen Lösungen optimal bezüglich des Kriteriums Verzug. Betrachtet man die Durchlaufzeit, so ist Lösung 4 die beste, betrachtet man Wartezeiten zwischen den Operationen, so ist Lösung 2 die beste der hier angegebenen Lösungen. Nutzt man die Verspätung, um eine möglichst nah am Liefertermin liegende Fertigstellung zu beurteilen, so ist Lösung 1 am besten zu beurteilen. Das Kriterium Verzug erlaubt keine Klassifizierung der Lösungen, da alle Lösungen, die den Zeitrahmen einhalten, mit 0 bewertet werden.

Zusätzlich kann man noch weitere Kriterien oder Kriterienkombinationen verwenden, wobei auch eine benutzerspezifische Bewertung oft eine wichtige Rolle spielt. Schon die wenigen Kriterien im Beispiel zeigen aber die Problematik der Beurteilung von Plänen bzw. des Findens von „guten" Plänen. Gute Pläne lassen sich dabei im Allgemeinen nicht durch numerische Funktionen beschreiben, da verschiedene in Konflikt stehende Ziele und Präferenzen in Einklang gebracht werden müssen [Kje98].

Lö-sung	Strategie	Regel (siehe 2.4.1.)	Verzug	Verspä-tung	Durch-laufzeit	Warte-zeiten	Bemerkung
1	1	Prio +	0	0	18	5	Just In Time
2	1	EDD	0	-2	18	0	
3	2	SPT	1	-12	11	2	ungültig
4	2	Slack +	0	-12	12	3	

Tabelle 2.3: Bewertung der Lösungen zu Beispiel 1

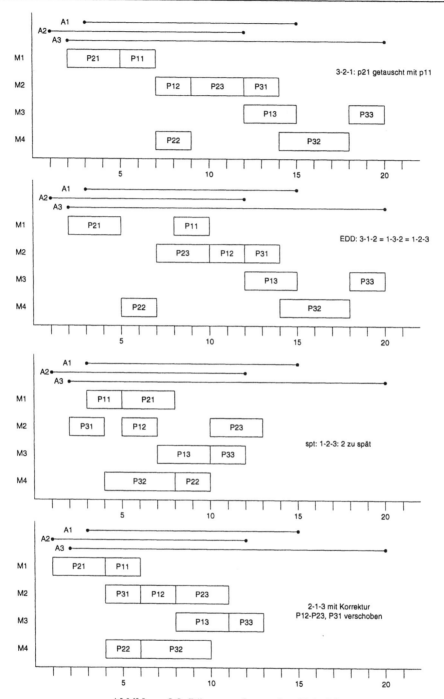

Abbildung 2.2: Lösungen des zweiten Beispiels

Reaktive Ablaufplanung

Praxisrelevante Produktionsumgebungen sind nicht statisch, sondern sehr dynamisch, d.h. es treten ständig Änderungen in der Planungsumgebung auf, die entsprechend berücksichtigt werden müssen. Die Änderungen werden durch Ereignisse ausgelöst, die externen Ursprungs sind, z.B. neue Aufträge oder geänderte Prioritäten, oder einen internen Ursprung haben, z.B. Maschinenausfälle. Die Veränderungen in der Planungsumgebung führen dazu, dass der erstellte Plan nicht mehr gültig ist, da i.a. bestimmte Bedingungen nicht mehr erfüllt sind (siehe auch Abschnitt 2.3).

Hier ist dann eine reaktive Planung nötig, die den bestehenden Plan an die geänderten Umgebungsbedingungen anpasst. In diesem Zusammenhang sind drei Zielsetzungen wichtig [DKT94, Hen98b]:

1. Eine möglichst schnelle Reaktionen ist gewünscht, da die reaktive Planung stärker auf die Belange der Realisierung/Fertigung eingehen muss. Daneben soll es aber nicht zu „übernervösen" Reaktionen kommen, d.h. nicht auf jedes Ereignis muss direkt reagiert werden, wenn durch ein zu erwartendes Folgeereignis die Reaktion wieder rückgängig gemacht werden könnte.

2. Die Gesamtqualität des Planes soll sich möglichst nicht verschlechtern, was durch viele kleine Änderungen durchaus schnell geschehen kann.

3. Am bestehenden Plan soll möglichst wenig geändert werden, um getroffene Vorbereitungen oder bereits begonnene Arbeitsschritte nicht zu gefährden.

Natürlich wäre auch immer eine komplette (prädiktive) Neuerstellung (der sogenannte Neuaufwurf) möglich, aber dies widerspricht im Allgemeinen den Zielen 1 und 3. Auf der anderen Seite kann man prädiktive Planung auch als Folge von reaktiven Planungsschritten ansehen, wobei jeweils ein neuer Auftrag eingeplant wird. Dabei werden allerdings nicht alle prädiktiven Zielsetzungen berücksichtigt, da immer nur ein Auftrag betrachtet wird.

Reaktive Planung wird häufig als der Regelfall in der normalen industriellen Umgebung angesehen. Daher werden hier "robuste" Pläne [DKT94, Hen98b] gefordert, die die Erfüllung der Zielsetzungen unterstützen. Robuste Pläne erlauben in gewissen Grenzen lokale Umplanungen, ohne dass der globale Plan sofort gefährdet ist.

Im folgenden Beispiel 2 werden einige Aspekte der reaktiven Ablaufplanung näher betrachtet. Das Beispiel zeigt zum einen die enorme Komplexitätserhöhung bei Betrachtung zusätzlicher Varianten und Alternativen und zum anderen den Einfluss der Reaktionen auf „störende" Ereignisse, d.h. Ereignisse, die den Plan ungültig oder inkonsistent werden lassen.

Beispiel 2: Reaktive Ablaufplanung

Um realitätsnähere Szenarien betrachten zu können, müssen zunächst zusätzlich häufig anzutreffende Strukturen berücksichtigt werden, wie z.B.

- *alternative Produktionsprozesse (Varianten), um ein Produkt herzustellen*
- *alternative Ressourcen, die in den einzelnen (Produktions-)Schritten verwendet werden können.*

Mit alternativen Ressourcen und Varianten und der Gestattung eines gewissen Zeitverzugs, was in der Realität durchaus üblich ist, erhöht sich die Zahl möglicher Lösungen exponentiell. Im Beispiel 1 wäre dann die Lösung 3 durchaus möglich gewesen.

Wir erweitern das Beispiel um Varianten und alternative Ressourcen und erhalten folgendes Szenario:

Produkt	Variante	Schritt	Alternative Ressourcen	Dauer	Rüstzeit
P4	1	1	m111	1	0
			m112	1	1
			m113	1	0
P4	1	2	m114	1	2
			m113	1	1
			m115	2	1
P4	1	3	m115	1	1
			m114	2	1
P4	2	1	m122	2	1
			m121	2	0
			m123	2	0
			m124	1	1
P4	2	2	m124	1	1
			m123	1	1
			m125	1	0
P4	2	3	m125	1	0
			m124	1	0

Tabelle 2.4: Produktionsbeschreibung mit Varianten

Betrachtet wird ein Betrieb b1, in dem ein Produkt P4 in zwei Varianten mit jeweils drei Produktionsschritten gefertigt werden kann (Tabelle 2.4). Für die einzelnen Produktionsschritte sind zwei oder drei alternative Maschinen mit unterschiedlichen Produktionsdauern und Rüstzeiten einsetzbar. Für dieses Produkt existieren drei Aufträge, die in Tabelle 2.5 aufgelistet sind. Aufgrund der Abschätzung aus [Sau93a] ergeben sich hier bei geschätzten zwei Intervallen pro Maschine mehr als 80 Mio. Lösungen.

Auftrag	Produkt	Von	Bis	Menge	Priorität
1	P4	30	35	2	2
2	P4	30	35	2	2
3	P4	30	35	2	2

Tabelle 2.5: Auftragsmenge für Beispiel 2

Der initiale Plan ist auf Basis einer auftragsbasierten Strategie (siehe Abschnitt 2.4.1) per Hand erzeugt und in Tabelle 2.6 dargestellt. Er enthält die nicht fett und kursiv gesetzten Belegungen. Beachtet wird dabei vor allem die Zielsetzung „möglichst gute Qualität", die über das Kriterium Verzug gemessen wird. Es existiert nur ein Auftrag mit Verzug (2/2, d.h. Auftrag 2 hat 2 Zeiteinheiten Verzug).

Auftrag	Produkt	Schritt	Maschine	Von	Bis
1	P4	1	m111	30	31
		2	m114	32	33
					34
		3	m115	34	35
				35	*36*
2	P4	1	m112	30	31
			m113		
		2	m113	32	33
		3	m114	34	37
				35	*38*
3	P4	1	m124	30	31
		2	m123	32.	33
		3	m125	34	35
4	*P4*	*1*	*m121*	*30*	*33*
		2	*m123*	*34*	*35*
		3	*m124*	*36*	*37*

Tabelle 2.6: Lösungen für Beispiel 2

Im nächsten Schritt betrachten wir die reaktive Planung, d.h. die Ereignisse der loka-
len Ebene und ihren Einfluss auf den Plan. In Tabelle 2.7 sind beispielhaft drei typi-
sche Ereignisse, eine mögliche Reaktion und die qualitätsmäßige Änderung des Plans
angegeben. Die Änderungen im Plan durch die Reaktionen sind in Tabelle 2.6 fett und
kursiv dargestellt. Dabei gilt vor allem die Zielsetzung möglichst wenig am bestehen-
den Plan zu verändern.

Ereignis	Reaktion	Qualitätsänderung
Ausfall von Maschine 112 von 30 bis 40	Auftrag 2 Schritt 1: Maschine 112 wird durch 113 ersetzt	Keine Verschlechterung des Plans
Schritt 2 von Auftrag 1 auf m114 dauert 1 Zeiteinheit länger	Veränderungen bei Schritt 2 und 3 von Auftrag 1 und bei Schritt 3 von Auftrag 2	Zusätzlicher Verzug (1/1, 2/3)
Neuer Auftrag: 4, Produkt P4, Menge 2, von 30 - 35	Neueinplanung auf Variante 2 mit Alternativmaschinen	Zusätzlicher Verzug (4/2)

Tabelle 2.7: Ereignisse und Reaktionen

Die reaktive Planung bedingt andere Fragestellungen, da

- *durch eintretende Ereignisse ein Plan bereits nach kurzer Zeit ungültig werden*
  kann,

- *die Suche nach einer optimalen Lösung hier eher in den Hintergrund tritt,*

- *möglichst schell ein konsistenter Plan gefunden werden muss.*

Zudem hat man in der Praxis meist nicht die Möglichkeit, verschiedene Szenarien
durchzuspielen, um dann die günstigste Lösung zu wählen, da zum einen die Mengen-
gerüste höhere Laufzeiten bedingen und zum anderen meist nicht genügend alternative
Verfahren vorhanden sind. Wichtig ist daher, dass man problemspezifisch geeignete
Verfahren findet, die relativ häufig eine annehmbare Lösung finden.

Bei der interaktiven Planung spielen zusätzlich konsistente Aktionsmöglichkeiten der
Benutzer die wichtigste Rolle.

Betrachtet man nun als zusätzliche Erweiterung ein Unternehmen, das an mehreren
Standorten Teile des Gesamtprodukts fertigt, die dann jeweils zu anderen Standorten
oder zur Endmontage transportiert werden müssen (z.B. bei der Produktion des Airbus
oder in der Automobilindustrie), so ergeben sich noch zusätzliche Problemstellungen,

die bei der Planung beachtet werden müssen. Diese sind Kern der vorliegenden Arbeit und werden in Kapitel 3 ausführlich betrachtet.

Interaktive Ablaufplanung

Als weiterer wesentlicher Aspekt ist der Benutzer zu sehen, der die Planungsentscheidungen treffen, verantworten und daher durch ein Planungssystem entsprechend unterstützt werden muss. Wichtig sind für einen Benutzer neben der Informationspräsentation und -manipulation vor allem die Funktionen, die er selbst ausführen kann, um den Planungsprozess kontrollieren und verstehen zu können. Zu diesen Funktionen gehören im Wesentlichen die manuelle Einplanung und Plankorrektur, wozu u.a. folgende Einzelfunktionen nötig sind:

- Auswahl eines zu planenden Auftrags/einer zu planenden Operation
- Plazieren einer Operation zu einem bestimmten Zeitpunkt auf einer bestimmten Ressource
- Verschieben einer Operation (auf anderen Zeitpunkt und/oder auf andere Ressource)
- Entfernen einer Operation/eines Auftrags aus dem Plan.

Zusätzlich sollte auch die Auswahl unter verschiedenen automatisierten prädiktiven und reaktiven Planungsverfahren möglich sein.

Diese Tätigkeiten werden unter dem Begriff der interaktiven Planung zusammengefasst. Insgesamt ergibt sich damit das in Abbildung 2.3 dargestellte Bild der möglichen Planungsmethodik mit unterschiedlich ausgeprägten Formen der drei vorgestellten Planungstechniken. Dabei bedeuten:

- Automatische Planung: automatische Auswahl und Ausführung eines prädiktiven oder interaktiven Verfahrens.
- Halbautomatische Planung: benutzergesteuert werden Verfahren zur reaktiven oder prädiktiven Planung angewendet.
- Manuelle Planung: der Plan wird nur manuell verändert.
- Interaktive Planung: der Plan wird entweder manuell oder mit ausgewählten Verfahren angepasst.

Die zugehörigen Verfahren werden in Abschnitt 2.4 vorgestellt. Auf der untersten Ebene der Verfahren lässt sich auch eine weitere Klassifizierung wie z.B. die aus

[SM00] integrieren. Insgesamt wird allgemein eine interaktive Planungsmethodik favorisiert, da sie sowohl die Auswahl unter verschiedenen Verfahren als auch die manuelle Planung ermöglicht.

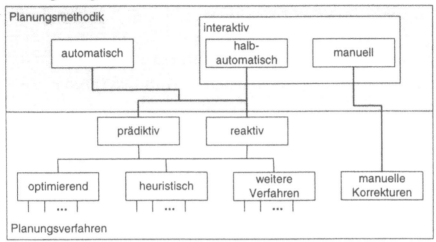

Abbildung 2.3: Planungsmethodik

2.2   Ablaufplanung im betriebswirtschaftlichen Kontext

Die „richtige" Planung ist eine der wichtigen Voraussetzungen für ein erfolgreiches Handeln in einer Unternehmung. Planung bezieht sich dabei nicht nur auf die Planung der Produktion, sondern auch auf alle anderen Bereiche, die mit Aufbau und Ablauf einer Organisation zu tun haben, z.B. Personalplanung, Budgetplanung, Investitionsplanung, Marketingplanung etc.

Als Hauptziel der Unternehmung gilt die Erlangung der optimalen Wirtschaftlichkeit, die als Quotient von Leistung durch Kosten angegeben wird, d.h. primäres Ziel ist die Erbringung möglichst großer Leistung bei möglichst geringen Kosten [Kur99]. Gerade in der Planung der Produktion bzw. im Bereich der Produktionsplanung und -steuerung (PPS) spiegelt sich diese Zielsetzung durch die betrachteten Teilziele deutlich wieder. In der PPS werden Leistungs-, Zeit- und Kostenziele verfolgt, vor allem sind dies:

- Minimierung der Gesamtdurchlaufzeit aller Aufträge im Planungszeitraum, d.h. auch Minimierung von Durchlaufzeiten, Wartezeiten, Stillstandszeiten
- Maximierung der Kapazitätsauslastung

- Minimierung von Terminüberschreitungen
- Minimierung der Kapitalbindung in der Fertigung
- Minimierung der Umrüstkosten.

Diese Ziele sind aber im Allgemeinen konkurrierend oder sogar gegenläufig, was als „Dilemma der Ablaufplanung" bezeichnet wird. Die Aufgaben im Bereich der betrieblichen Produktionsplanung und -steuerung werden häufig im Rahmen des CIM wie im linken Teil von Abb. 2.4 dargestellt [Sch87, Sch95]. Der grau hinterlegte Bereich zeigt die Funktionen, die mit der Ablaufplanung verbunden sind.

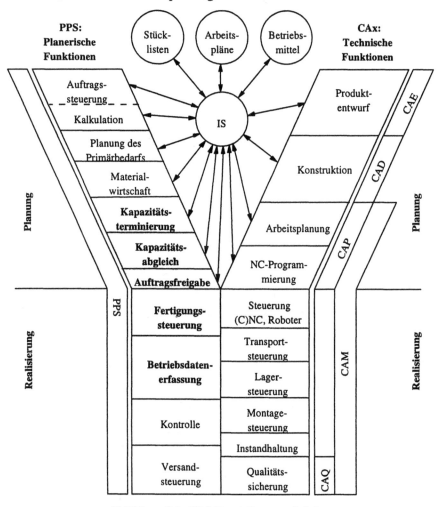

Abbildung 2.4: CIM-Darstellung nach Scheer

Die PPS unterteilt sich in die zwei Bereiche Produktionsplanung (in Abb. 2.4: Planung), in dem die dispositiven Tätigkeiten zusammengefasst werden, und Produktionssteuerung (in Abb. 2.4: Realisierung), in der die operativen Tätigkeiten zusammengefasst sind.

Die Produktionsplanung wird häufig noch in Grob- und Feinplanung unterteilt, wobei sich diese Unterteilung auf den Detaillierungsgrad der einzelnen Informationen und den zeitlichen Horizont bezieht. Grobplanung ist längerfristig und bezieht sich auf Mengen und Termine von Produkten, Feinplanung ist eher kurzfristig und bezieht sich auf einzelne Operationen und Komponenten von Produkten. Die in der Produktionsplanung enthaltenen Funktionen werden sukzessive abgearbeitet und die Ergebnisse jeweils von den nachfolgenden Schritten verwendet (Sukzessivplanung).

Auftragssteuerung, Kalkulation und Planung des Primärbedarfs werden auch unter dem Begriff Produktionsprogrammplanung zusammengefasst. Diese ist eine langfristig angelegte Festlegung über Arten und Mengen von herzustellenden Produkten auf Basis von Prognosen und bereits vorliegenden Kundenaufträgen. Das Ergebnis dieser Planungsaktivität ist ein Grobplan.

Der für die Ablaufplanung näher zu betrachtende Bereich umfasst die Punkte Materialwirtschaft, Kapazitätsterminierung und -abgleich sowie Aufgaben der Produktionssteuerung. Kapazitätsterminierung und -abgleich werden auch synonym zu Termin- und Kapazitätsplanung verwendet.

Ziel der Materialwirtschaft (auch: Materialplanung oder Mengenplanung) ist die Erstellung von detaillierten Anforderungsbeschreibungen der zur Planung benötigten Ressourcen und Zeiten. Das umfasst vor allem die Bedarfsermittlung für die benötigten Rohstoffe und Zwischenprodukte und deren termingerechte Bereitstellung, was durch rechtzeitige Bestellung oder eigene Herstellung erreicht wird. Die aktuelle Kapazitätssituation wird dabei meist nicht berücksichtigt.

Mit Hilfe der Ergebnisse aus der Materialplanung wird dann versucht, eine termin- und kapazitätsgerechte Zuordnung von Operationen zu Maschinengruppen, die jeweils verwendet werden können, unter Beachtung von Nebenbedingungen zu finden.

In der Kapazitätsterminierung werden die zeitlichen und kapazitätsmäßigen Anforderungen der einzelnen Aufträge ermittelt und zu einer Kapazitätsübersicht zusammengefasst. Dabei werden Kapazitätsgrenzen nicht beachtet. Als Verfahren wird hier häufig die Netzplantechnik verwendet, indem für die einzelnen Aufträge über Vorwärts- bzw. Rückwärtsterminierung die Start- und Endzeitpunkte der einzelnen Operationen ermittelt werden. Die Überlagerung der dadurch entstehenden einzelnen "Auftragsnetze" ergibt als Ergebnis eine zeitliche Übersicht über die benötigten Kapazitäten der einzelnen Maschinen.

Beim Kapazitätsabgleich wird versucht, die aufgetretenen Kapazitätsüberlastungen zu beseitigen. Man kann zwischen terminlichen Maßnahmen (Vorwärts-/Rückwärtsverschiebung) und kapazitätsanpassenden Maßnahmen (z.B. Überstunden, Kurzarbeit, Erweiterung von Anlagen, Fremdbezug, Reduzierung der Produktionsmenge) unterscheiden. Entscheidungen über Maßnahmen zur Veränderung der Kapazitäten werden i.a. nur von den verantwortlichen menschlichen Planern getroffen, während die terminliche Anpassung meist interaktiv oder auch automatisch durchgeführt werden kann. Dabei kommen auch graphische Plantafeln [Sap99] zum Einsatz.

Hauptaufgabe der unter Produktionssteuerung zusammengefassten Tätigkeiten ist die aktuelle Bearbeitung der in der Produktion befindlichen Aufträge. Die mit der Auftragsfreigabe für die Produktion vorgegebenen Aufträge bzw. Operationen sind nur bzgl. Gruppen von Maschinen eingeplant. In der Fertigungssteuerung erfolgt die "endgültige" Zuordnung der Operationen zu einzelnen Maschinen, indem für jede Maschine eine Reihenfolge der für sie vorgesehenen Operationen festgelegt wird. Dies wird auch als Reihenfolgeplanung bezeichnet. Eine weitere zentrale Aufgabe besteht in der Verwendung der über die Betriebsdatenerfassung (BDE) gelieferten Daten zu Kontrollzwecken, wobei evtl. Anpassungen der Planung nötig werden. Damit ist Plankorrektur in dieser Sichtweise eine wesentliche Aufgabe der Produktionssteuerung. Für die Produktionssteuerung kommen auch Fertigungsleitstände (siehe unten) zum Einsatz.

In den aktuellen PPS-Systemen werden die angestrebten Nutzeffekte aber häufig nicht erreicht, was vor allem folgende Ursachen hat [Kur99]:
• Häufig besteht eine geringe Übereinstimmung zwischen Plan und Realität (Ereignisse werden nicht berücksichtigt, falsche Annahmen über die Fertigungssituation fließen ein).
• Die in PPS-Systemen umgesetzte Sukzessivplanung beachtet miteinander verwobene Bereiche nicht. Daher wird in der BWL eine Simultanplanung aller Bereiche gefordert.

- Vorgelagerte Funktionen erzeugen Pläne, die von den nachfolgenden als gegeben hingenommen werden, Rückkopplungen finden nicht statt. Daher gibt es häufig Annahmen, die mit der Realität nicht übereinstimmen.
- Der Aufwand für die Neuplanung ist oft zu groß. Es gibt keine reaktive Planung.
- Die Grobplanung wird ohne explizite Berücksichtigung der Kapazitäten durchgeführt.
- Die Losgrößenrechnung führt häufig zu zu hohen Lagerbeständen.
- PPS-Systeme haben zu viele Parameter, deren Einstellung zu komplex ist.
- Erfahrung und Kreativität des menschlichen Problemlösers werden nicht einbezogen.
- Es ist keine genaue Abbildung eines einzelnen Unternehmens möglich, da im Allgemeinen von einem Referenzmodell abgeleitet wird.
- Akzeptanzbarrieren für den Planer sind zusätzlich die Beschneidung des Entscheidungsspielraums und die mangelnde Nachvollziehbarkeit von Planungsstrategien und -ergebnissen.

Zudem ist die Planung einer über mehrere Standorte verteilten Produktion, die in dieser Arbeit als Ausgangspunkt der Betrachtungen gewählt ist, in den klassischen Anwendungssystemen nur andeutungsweise vorhanden, indem implizit eine Verteilung auf verschiedene Maschinengruppen vorgenommen wird, die sich an verschiedenen Standorten befinden können. Eine Koordination oder Rückkopplung zwischen verschiedenen planenden Systemen findet aber nicht statt.

Als Möglichkeiten zur Lösung der oben genannten Problemstellungen werden die Zusammenfassung der bisher sukzessiv abgearbeiteten Teilaufgaben und die Dezentralisierung von Entscheidungsbefugnissen auf Basis dieser zusammengefassten Aufgaben genannt [Kur99].

Integrationsaspekte

Der Einsatz von leistungsfähigen Rechnersystemen erlaubt die Zusammenfassung der in der Vergangenheit aus Effizienz- und Durchführbarkeitsgründen (Taylorisierung) aufgeteilten und sukzessiv abgearbeiteten Planungsaufgaben, was zu den genannten Problemen der PPS-Systeme geführt hat. Ein erster Integrationsgedanke, der mit dem Schlagwort CIM (Computer Integrated Manufacturing) verbunden ist, wurde in Abbildung 2.4 vorgestellt. Mit CIM sollen die betriebswirtschaftlichen und die technischen

Aufgabenstellungen u.a. durch eine gemeinsame Datenbasis verknüpft werden, um so schnellere und bessere Informationsflüsse im Unternehmen zu ermöglichen. In den Funktionen der PPS sind die klassischen Planungsfunktionen MRP und MRP II im Produktionsbereich verankert [Kur99]. MRP (Material Requirements Planning) bezeichnet die Funktionen der Mengenplanung, die auf Basis der vorgegebenen Primärbedarfe und vorhandener Lagerbestände benötigte Materialien berechnen. Mit MRP II (Manufacturing Resource Planning) werden auch die vorhandenen Ressourcen mit in die Planung integriert, indem u.a. eine Belastungsübersicht der Ressourcen erstellt wird. Aktuelle Standardsoftwaresysteme schließlich verfolgen das Konzept des ERP (Enterprise Resource Planning), bei dem alle Einheiten eines Unternehmens durch ein einheitliches Softwaresystem mit gemeinsamer Datenhaltung unterstützt werden. Die Planungsfunktionalität wird dabei nicht verändert. Bis zu den ERP-Systemen wird eher von monolithischen Systemen ausgegangen, die die gewünschte Funktionalität bereitstellen, die Dezentralisierung spielt dabei keine Rolle. Unter dem aktuellen Schlagwort SCM (Supply Chain Management) wird zusätzlich die Integration der Zulieferbetriebe in die betriebliche Planung betrachtet, d.h. mit den Zulieferbetrieben werden Planungs- bzw. Bereitstellungsdaten ausgetauscht, um einen kontinuierlichen und trotzdem kurzen Produktionszyklus ohne große Lagerkosten zu erreichen.

Gerade die Ablaufplanung kann als integrierende Funktion im Bereich PPS betrachtet werden, die mehrere aus historischen Gründen geteilte und sequentiell ablaufende Tätigkeiten integriert. Ablaufplanung umfasst dabei die zeitbezogene Planung der durch Aufträge vorgegebenen Produktionsaktivitäten auf die vorhandenen Ressourcen, wobei bestimmte Nebenbedingungen beachtet werden müssen, die vor allem zeitlicher und kapazitätsmäßiger Art sind. Der Begriff der simultanen Termin- und Kapazitätsplanung bezeichnet eine dabei enthaltene Teilaufgabe.

Dezentralisierung

Durch verschärften Wettbewerb wird Flexibilität und Reaktionsfähigkeit gefordert. Modelle, die das gewährleisten sollen, sind „schlanke" Unternehmen mit selbststeuernden Regelkreisen (lean production und fraktale Fabrik) [Kur99]. Dabei wird die Dezentralisierung nicht nur innerhalb der Standorte, sondern auch über Standorte hinaus betrachtet. Die geschaffenen dezentralen Einheiten erhalten einen hohen Grad an Autonomie bzgl. Planungs- und Steuerungsentscheidungen. Damit wird die Komplexität der zentralen Planung verringert, aber gleichzeitig der Koordinationsaufwand erhöht.

Die Dezentralisierung wird durch die verfügbare leistungsfähige Hardware gefördert, hat aber Konsequenzen für die monolithischen PPS-Systeme, da diese die Dezentralisierung bisher nicht unterstützen. Die zentrale Planung ist zu starr und inflexibel, eine dezentrale Abstimmung und Entscheidungsfindung in Eigenverantwortung wird nicht unterstützt.

Ein erster Schritt zur Unterstützung der Dezentralisierung sind elektronische Leitstände, die auf den bereits verwendeten manuellen Leitständen beruhen (siehe auch Abschnitt 2.5). Elektronische Leitstände werden dabei im Allgemeinen für die „klassischen" Aufgaben der Fertigungssteuerung verwendet, d.h. sie bilden eine Abrundung der PPS-Systeme „nach unten" [Kur99], da nach der Grobplanung meist wenig Planungsunterstützung durch PPS-Systeme zu finden ist. Zu den Aufgaben des Leitstands zählen dann

* Maschinenbelegungsplanung
* Kapazitätsdisposition
* Auftragsfreigabe
* Fertigungsüberwachung
* Entgegennahme und Behandlung von Rückmeldungen aus der Produktion
* Darstellung der Produktionssituation und
* Fortschrittsanzeige.

Es gibt nach wie vor Akzeptanzprobleme bei Leitstandsystemen [SSE99]:

Leitstände werden vor allem als verlängerter Arm der PPS gesehen anstatt als lokales Steuerungsinstrument, d.h. sie dienen eher der Visualisierung von Informationen und bieten kaum Entscheidungsspielraum für Leitstandnutzer. Zudem sind die Bedienbarkeit und die schlechten Planungsergebnisse häufig Kritikpunkte.

Es ist aber eine Tendenz zur Verlagerung von mehr Funktionalität in den Leitstand zu erkennen, der vor allem auch durch die Schaffung dezentraler Planungsinstanzen unterstützt wird.

Nutzt man die Leitstandidee als Basis für eine dezentrale Aufgabenverteilung zwischen PPS-System und dezentralem Leitstand, so werden folgende Grundformen der Zusammenarbeit diskutiert [Kur99, Sch99]:

1. *PPS - ein Leitstand*

   Dies stellt den realisierten Stand der Technik wie oben beschrieben dar

2. *PPS - mehrere Leitstände*

Hier ist eine Koordination der dezentralen Planungen und Aktivitäten und eine angemessene Informationsversorgung nötig, d.h. Wechselbeziehungen zwischen den gesteuerten Bereichen müssen berücksichtigt werden. PPS-Systeme sind aber für eine differenzierte Behandlung der dezentral eintretenden Ereignisse und eine zeitnahe Weitergabe von Informationen an betroffene Instanzen bisher nicht gerüstet. Sind alle Steuerungs- und Koordinationsfunktionen zentral, so besteht die Gefahr, dass die Dispositionsspielräume zu stark eingeschränkt werden, sodass der Leitstand nur noch ein Visualisierungsinstrument ist.

3. *PPS - Koordinationsleitstand (Master-Leitstand) - dezentrale Leitstände*

Die hier integrierte Koordinationsinstanz soll nur die Koordination zwischen den Leitständen regeln, d.h. die PPS-Funktionen bleiben wie bei 1., lediglich die Fertigungssteuerung wird entkoppelt.

4. *PPS - sich selbst koordinierende Leistände*

Die Leitstände koordinieren sich in diesem Modell selbst, d.h. jeder Leitstand enthält auch Koordinationsfunktionalität. Teilweise werden damit auch weitere Funktionen in einem Abstimmungsprozess erledigt, u.a. die Verteilung der Aufträge und die Terminplanung. Hier kommen vor allem Ansätze aus der KI, z.B. Multiagenten-Systeme (MAS), zum Einsatz.

Insgesamt wird in [Sch99] betont, dass eine Koordinationsform gefunden werden muss, die einen möglichst hohen Koordinationsnutzen bei möglichst geringem Koordinationsaufwand bringt. Allerdings ist dies nicht einfach zu erreichen, da das sogenannte „Polylemma der innerbetrieblichen Koordination" gelöst werden muss, das durch die sich gegenüberstehenden Zielsetzungen der maximalen Beeinflussbarkeit des jeweiligen Planes durch den Planer, geringem Koordinationsaufwand, Einhaltung bereichsspezifischer Ziele und Einhaltung von Unternehmenszielen entsteht. [Sch99] favorisiert das Konzept des Koordinationsleitstandes, da es flexible dezentrale Leitstände zulässt, aber trotzdem nicht auf die Kontrolle der Unternehmensziele verzichtet. Da das Konzept einen hohen Entwicklungsaufwand erfordert, stellt er selbst einen Ansatz auf Basis einer Koordinationsdatenbank vor.

Für den in der Arbeit betrachteten Bereich der verteilten Produktion gelten alle oben dargestellten Aussagen der Dezentralisierung, da es sich bei den betrachteten Teilbereichen um bisher schon vorhandene autonome Planungsinstanzen handelt, die koordiniert werden sollen, d.h. die angerissenen Probleme der zentralen Planung und der Koordination gelten auch hier. Der in Kapitel 3 vorgestellte Ansatz beruht folgerichtig auf dem 3. Koordinationsansatz, d.h. es wird nach dem PPS-System ein Planungssystem zur Koordination der lokalen Planungssysteme eingesetzt.

Auch der Bereich des SCM kann unter dem Dezentralisierungsaspekt betrachtet werden, da Aspekte der verteilten Produktion auch hier eine wichtige Rolle spielen und hierarchische Beziehungen durchaus üblich sind.

2.3   Modellierung von Ablaufplanungsproblemen

Ablaufplanungsprobleme werden unterschiedlich dargestellt. Im Bereich des OR dominiert eine Darstellung von Planungsproblemen, das die charakteristischen Merkmale des Optimierungsproblems enthält. In der KI werden vor allem Modellierungsansätze auf Basis von Constraints, Logik und Objektorientierung verwendet. Beide Sichtweisen werden im Folgenden kurz vorgestellt.

2.3.1   Modellierung mit mathematischen Modellen

Ziel dieser Modellierung ist vor allem die Betrachtung von Optimierungsproblemen und ihre komplexitätsmäßige Einordnung. Für alle Problemstellungen gilt, dass es n-Aufträge (jobs) gibt, die auf m-Maschinen bearbeitet werden sollen. Eine Operation wird durch den Auftrag und die ausführende Maschine gekennzeichnet. Als weitere Informationen werden verwendet:

- Ausführungsdauer einer Operation (processing time): p_{ij} (Dauer des Jobs j auf Maschine i)
- Startzeitpunkt eines Jobs (release date): r_j (Start des Jobs j)
- Vorgegebenes Ende eines Jobs (due date): d_j (gilt als Hard Constraint)
- Gewichtung eines Jobs (weight): w_j (entspricht Priorität des Jobs j).

Ablaufplanungsprobleme werden dann durch das Tripel $(\alpha \mid \beta \mid \gamma)$ [BESW94, Bru81, Pin95] charakterisiert, das die Maschinenumgebung, zusätzliche Ablaufcharakteristika und die zu optimierende Zielfunktion angibt, wobei für (α | β | γ) als wichtigste Einträge vorhanden sind:

α: *Maschinenumgebung* (nur ein Eintrag möglich), z.B.

1:              nur eine Maschine(single machine problem)

P_m: m parallele identische Maschinen

Q_m: m parallele Maschinen mit unterschiedlichen Geschwindigkeiten

R_m: m nicht zusammenhängende Maschinen mit unterschiedlichen Geschwindigkeiten für unterschiedliche Aufträge

F_m: Flow shop: alle Jobs verwenden in gleicher Reihenfolge alle Maschinen

O_m: Open shop: alle Jobs verwenden alle Maschinen in beliebiger (zu planender) Reihenfolge

J_m: Job shop: jeder Job hat seine eigene Reihenfolge für alle Maschinen.

β: *Ablaufcharakteristika* (mehrere Einträge möglich), z.B.

r_j: Release dates werden verwendet

s_{jk}:   unterschiedliche Rüstzeiten

prmp: Preemption: Jobs sind unterbrechbar

prec: es müssen Präzedenzrelationen beachtet werden

brkdwn: Breakdowns sind möglich, d.h. Maschinen können nicht verfügbar sein

M_j: Maschinenrestriktionen sind möglich

nwt: keine Wartezeit (no wait) zwischen zwei aufeinanderfolgenden Maschinen.

γ: *Zielfunktion*, die zu optimieren ist (nur ein Eintrag möglich) und sich in der Regel auf die Fertigzeiten der Jobs (= c_j) bezieht, z.B.

$L_j = c_j - d_j$ Verspätung (lateness) eines Jobs; ein negativer Wert bedeutet zu frühe Fertigstellung

$T_j = \max (L_j, 0)$ Verzug (tardiness) eines Jobs

$U_j = 1$ if $c_j > d_j$, 0 sonst   verspäteter Job. Hier wird nur gezählt, ob ein Job verspätet ist oder nicht.

Häufig für γ verwendete Funktionen sind dann:

$C_{max} := \max (c_1, ..., c_n)$ (Makespan) da alle Aufträge zur gleichen Zeit 0 starten, gibt dies die

$$L_{max} := max (L_1, ..., L_n)$$

Gesamtdauer der Fertigung an
(Maximum lateness) maximaler Verzug

Über Gewichte können bestimmte Jobs stärker bewertet werden als andere. Damit ergeben sich zusätzliche Funktionen:

$\sum w_j c_j$:   Summe gewichteter Fertigstellungszeiten

$\sum w_j T_j$:   Summe gewichteter Verzüge.

Beispiele für klassische Problemstellungen sind u.a.:

- $(F_m \mid p_{ij} = p_j \mid \sum w_j c_j)$:   bildet ein einfaches Fließbandmodell mit identischen Bearbeitungszeiten ab, gesucht wird kürzeste Bearbeitungszeit.

- $(J_m \mid \mid C_{max})$:   Job Shop Scheduling mit Makespan als Zielfunktion, dies ist das klassische Modell für die Werkstattfertigung.

- $(P_m \mid prec \mid C_{max})$:   entspricht einer Problemstellung in der Netzplantechnik: Suche kritischen Pfad bei Jobs mit Vorgänger-/ Nachfolgerbeziehungen.

- $(1 \mid s_{jk} \mid C_{max})$:   entspricht dem Travelling Salesman Problem mit sequenzabhängigen Übergangszeiten.

Fragestellungen, die dann z.B. für die oben genannten Problemstellungen beantwortet werden sollen [Pin95], sind u.a.

- Welche Probleme sind einfach/schwer (NP-hart), d.h. wo liegt die Grenze zwischen P und NP für solche Optimierungsprobleme?

- Welche Komplexitätshierarchien existieren, d.h. welche Probleme werden durch andere subsumiert?

Dementsprechend gibt es Sammlungen von Benchmark-Problemen und Lösungsansätzen für unterschiedliche Problemausprägungen und eine Zuordnung zur obigen Klassifizierung [Bru00, Bru81, OR00, Pin95].

Gemeinsam ist allen Modellen, dass sie von einer statischen Problemumgebung ausgehen, das Problem auf Kernpunkte reduzieren und vor allem die Optimierung meist nur einer Funktion anstreben. Die verwendeten Algorithmen sind dementsprechend auf die Optimierung der Zielfunktionen ausgelegt. Man findet hier Spezialalgorithmen, wie z.B.

den Johnson-Algorithmus [BESW94], allgemeiner anwendbare Optimierungsverfahren, wie z.B. lineare Programmierung, Branch and Bound-Algorithmen, und iterative Verbesserungsverfahren, die optimale oder nahe dem Optimum liegende Lösungen suchen. Dazu zählen auch die in Abschnitt 2.4 betrachteten Verbesserungsverfahren.

2.3.2   Modellierung auf Basis von Objekten und Constraints

Die meisten anderen Ansätze zur Darstellung von Ablaufplanungsproblemen stützen sich auf die Verwendung von Constraints, z.B. [BF98, Fox84, KY89, Wal96]. Dazu kommt häufig eine objektorientierte oder relationale Sicht auf die Objekte der Planungsumgebung. Ein Ablaufplanungsproblem ist gekennzeichnet durch die verwendeten Ressourcen, z.B. Maschinen oder Personal, die bestimmten Beschränkungen unterliegen, die Produkte, die in verschiedenen Varianten mit jeweils mehreren Operationen auf diesen Ressourcen hergestellt werden können, die Menge der vorgegebenen Aufträge zur Herstellung von Produkten und schließlich Constraints, die bei der Planung bzw. vom Planungsergebnis eingehalten werden müssen bzw. sollten. Grundlegende Modellierungen umfassen daher mindestens Aufträge, Produkte, Ressourcen und Constraints, z.B. in den Systemen ILOG, CHIP, DejaVu oder OZONE [DGV98, Ilo97, Sim95, SLB96]. Constraints werden dabei aber häufig nur als Hard Constraints interpretiert und auch so verwendet.

In Anlehnung an [Sau93a] und [BA91] wird eine Modellierung auf Basis von Objekten und Constraints verwendet, die unterschiedliche Problemstellungen, d.h. sowohl die prozessbezogene Fließfertigung als auch die werkstattorientierte, diskrete Fertigung darstellen lässt, wobei insbesondere auch Herstellungsvarianten und alternative Maschinen für einzelne Operationen betrachtet werden können. Insbesondere ist eine explizite Trennung von Hard und Soft Constraints möglich, da diese im Allgemeinen unterschiedlich verarbeitet werden müssen. Das bei [Sau93a] vorgestellte 5-Tupel zur Modellierung wird erweitert um Ereignisse, da diese für die Abbildung der Dynamik der Planungsumgebung und damit die reaktive Ablaufplanung von besonderer Wichtigkeit sind, und Zielfunktionen, die das Ergebnis der Planung bewerten helfen. Damit ist dann eine möglichst allgemeine Grundlage zur Modellierung unterschiedlicher Ablaufplanungsprobleme gegeben.

Ein Ablaufplanungsproblem wird damit allgemein durch ein 7-Tupel (**R, P, A, HC, SC, Z, E**) dargestellt, wobei für die einzelnen Mengen gilt:

1. **Ressourcen**
   $R = \{r_1, ..., r_m\}$ ist eine Menge von Ressourcen. Jede Ressource steht zu jedem Zeitpunkt nur mit einer beschränkten Kapazität zur Verfügung.

2. **Produkte**
   $P = \{p_1, ..., p_n\}$ ist eine Menge von Produkten. Mit der Menge der Produkte werden die möglichen Produktionsabläufe zur Herstellung der einzelnen Produkte festgelegt. Dazu werden Produktionsvarianten und darin auszuführenden Operationen mit den möglichen Ressourcen angegeben. Eine Variante beschreibt einen möglichen Herstellungsablauf für ein Produkt und besteht aus verschiedenen Operationen, die in einer bestimmten Reihenfolge durchlaufen werden müssen. Die Operationen benötigen Ressourcen und haben eine bestimmte Dauer. Die Darstellung der Herstellbeschreibung ist als Und/Oder-Baum möglich.

3. **Aufträge**
   $A = \{a_1, ..., a_k\}$ ist eine Menge von Aufträgen.

Die Menge A der Aufträge legt für die herzustellenden Produkte die Menge und das gewünschte Produktionsintervall (demand window) mit dem frühest möglichen Startzeitpunkt und dem spätest möglichen Endzeitpunkt fest. Zusätzlich können Prioritäten für Aufträge angegeben werden.

Diese drei wesentlichen Planungsobjekte können auch zusammen mit dem Planungsergebnis in einem relationalen oder objektorientierten Schema dargestellt werden. Dies erlaubt dann auch eine einfache Schnittstellendarstellung zu bestehenden Unternehmensdatenbanken oder PPS-Systemen. Abbildung 2.5 zeigt ein Klassendiagramm in UML-Notation [Som01], das die wichtigsten Objekte einer Planungsumgebung repräsentiert. Es dient gleichzeitig als Grundlage für ein Datenbankschema zur Speicherung der Planungsinformation in einer relationalen Datenbank. Die Menge der Aufträge findet sich in den Klassen „Auftrag" und „Prodauftrag" wieder. Die Produktbeschreibung ist in den Klassen „Produkt", „Arbeitsplan" und „Rohstoffverwendung" repräsentiert, die Klassen „Ressource", „R_Verfügbarkeit" und „Schichtplan" beschreiben die Ressourcen. Der Plan und seine Realisierung sind in „Plan" und „Fertigung" enthalten. Zusätzliche Informationen über eingesetztes Personal und Rohstoffe sowie das Zeitmodell sind in den restlichen Klassen untergebracht.

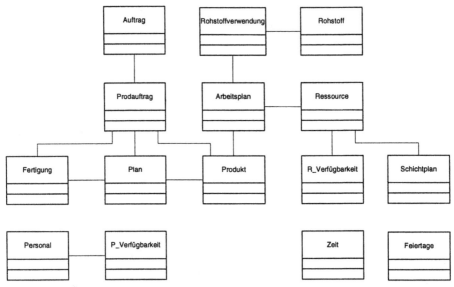

Abbildung 2.5: OO-Schema der Planungsdaten

4. Hard Constraints

Die Menge HC = {hc_1, ..., hc_h} enthält eine Menge bei der Planung einzuhaltender Hard Constraints, dies sind vor allem produktionstechnische Bedingungen, z.B.

-       nur bestimmte Ressourcen sind in einer Operation nutzbar
-       bestimmte Reihenfolgen bzgl. der Operationen sind einzuhalten.

5. Soft Constraints

SC = {sc_1, ..., sc_s} definiert eine Menge von Soft Constraints, die bei der Planung bzw. vom Planungsergebnis eingehalten werden sollten, aber in gewissem Umfang verletzt werden können, z.B. die Einhaltung vorgegebener Termine. Die Menge der Soft Constraints setzt vor allem die Planungsziele um. Die Einhaltung von Soft Constraints kann durch Bewertungs- oder Zielfunktionen quantifiziert werden. Kann ein gegebener Soft Constraint nicht erfüllt werden, d.h. es wird kein Plan gefunden, der ihn erfüllt, so wird der Soft Constraint im Allgemeinen so verändert (relaxiert), dass ein Plan gefunden werden kann, der ihn erfüllt. Auch die Löschung eines Constraints ist eine mögliche Änderung des Constraints.

Hard und Soft Constraints zusammen werden als Constraints bezeichnet, d.h. C = HC ∪ SC bezeichnet die Menge aller Constraints, die bei der Planung berücksichtigt werden müssen. Je nach Problemstellung können Constraints als Hard Constraints oder als Soft Constraints verwendet werden.

6. Ziel-/Bewertungsfunktion

$Z = \{zf_1, zf_2, zf_3, ..., zf_z\}$ bezeichnet eine Menge von Ziel-/Bewertungsfunktionen. Eine Bewertungsfunktion zf_i bewertet einen Plan z.B. durch Zuordnung einer reellen Zahl und macht damit Pläne vergleichbar. Die Wahl geeigneter Bewertungsfunktionen ist schwierig, da häufig auch nicht direkt numerisch bewertbare Kriterien für die Durchführbarkeit eines Planes eine Hauptrolle spielen. Allerdings werden häufig einfache Funktionen als Anhaltspunkt für Aussagen über die Güte von Plänen verwendet. Dabei kommen Durchflusszeit- (flow time) bezogene und Fertigstellungstermin- (due date) bezogene Bewertungsfunktionen zum Einsatz (siehe Abschnitt 2.3.1). Die zf_i sind dabei bzgl. bestimmter Merkmale des Plans (vor allem Terminen) definiert (siehe auch Beispiel 3).

7. Ereignisse

$E = \{e_1, ..., e_p\}$ ist eine Menge von Ereignissen. Ereignisse bedingen Änderungen der Planungsumgebung, die u.a. dazu führen können, dass der aktuelle Plan inkonsistent wird und an die geänderte Situation angepasst werden muss. Die Ursachen für Ereignisse sind vielfältig. Es kann sich dabei um Störungen in der Produktionsumgebung, um Rückmeldungen aus der Fertigung, um Benutzeraktionen oder externe Einflüsse wie neue Aufträge handeln. Man kann Ereignisse charakterisieren nach ihrem Ursprung (extern, intern) oder bzgl. der Planungsobjekte, die durch sie betroffen sind. Wichtige Ereignisse sind u.a.:

Neuer Auftrag

Ein Auftrag kommt neu hinzu und vergrößert somit die Menge der zu verplanenden Aufträge. Ein Eilauftrag bezeichnet einen neuen Auftrag mit einer hohen Priorität.

Stornierung eines Auftrages

Ein Auftrag muss aus der Menge zu verplanender Aufträge und evtl. aus dem Plan entfernt werden. Bereits gestartete Aufträge können allerdings nicht mehr komplett entfernt werden.

Änderung der Daten eines Auftrags

Daten eines Auftrags wie Menge, Datum oder Priorität werden verändert und müssen entsprechend angepasst werden.

Beispiel 3: Modellierung eines lokalen Ablaufplanungsproblems

Die im vorigen Abschnitt vorgestellte Modellierung ist bewusst so allgemein gehalten, dass sie für die Repräsentation unterschiedlicher Planungsproblemstellungen einsetzbar ist. Zunächst betrachten wir die Modellierung eines Planungsproblems für einen einzelnen (lokalen) Produktionsstandort oder eine einzelne Produktionseinheit. Auf Basis der allgemeinen Modellierung ergibt sich dann beispielsweise folgende Modellierung eines (lokalen) Ablaufplanungsproblems. Die Mengensymbole werden entsprechend um den Buchstaben „L" erweitert, um die Unterscheidung zu den später noch folgenden Modellierungen globaler Ablaufplanungsprobleme und von Transportproblemen zu ermöglichen.

*Ein lokales Ablaufplanungsproblem wird durch das 7-Tupel (**LR, LP, LA, LHC, LSC, LZ, LE**) dargestellt, wobei für die einzelnen Mengen gilt:*

1. **Lokale Ressourcen**

   $LR = \{lr_1, ..., lr_m\}$ *bezeichnet eine Menge lokaler Ressourcen wie Maschinen und Personal. Jede Ressource steht zu jedem Zeitpunkt nur mit einer beschränkten Kapazität (z.B. nur für eine Operation) zur Verfügung.*

2. **Lokale Produkte**

   $LP = \{lp_1, ..., lp_n\}$ *ist eine Menge von (lokal) herstellbaren Produkten. Die Produktionsabläufe werden über die Angabe von Varianten und darin auszuführenden Operationen festgelegt.*

   Eine Operation beschreibt eine Tätigkeit bestimmter Dauer und die dabei alternativ verwendbaren Ressourcen. Mehrere Ressourcen können dabei parallel verwendet werden. Häufig treten Spezialfälle auf, in denen z.B. die Dauer für jede der möglichen Ressourcen gleich ist oder nur eine Ressource pro Operation benötigt wird.

3. Lokale Aufträge

$LA = \{la_1, ..., la_k\}$ ist eine Menge von Aufträgen zur Herstellung der lokalen Produkte. Mit dem Auftrag werden das herzustellende Produkt, die Menge und der gewünschte Herstellzeitraum spezifiziert.

4. Lokale Hard Constraints

Die Menge $LHC = \{lhc_1, ..., lhc_h\}$ enthält bei der Planung einzuhaltende Hard Constraints, dies sind vor allem produktionstechnische Bedingungen. Es sind u.a.:

lhc1:   Alle Aufträge müssen verplant werden.

lhc2:   Genau eine Variante muss verwendet werden.

lhc3:   Alle Operationen der gewählten Varianten müssen verplant werden.

lhc4:   Die Vorrangrelation muss eingehalten werden

Vorrangrelationen legen die zeitliche Beziehung zwischen zwei Operationen fest. Verschiedene Ausprägungen lassen die Beschreibung unterschiedlicher Nachfolgestrukturen zu (z.B. bei einer diskreten Fertigung: der Startzeitpunkt von Operation op muss kleiner gleich dem Startzeitpunkt von Operation op' sein, falls op und op' in Relation stehen). Die angegebene Definition erlaubt auch eine Vorrangbeziehung zwischen Produkten.

lhc5:   Die Ressourcenverwendung ist vorgeschrieben

Für jede Belegung gilt, dass nur die vorgegebenen Ressourcen für eine Operation verwendet werden dürfen.

lhc6:   Doppelbelegungen sind nicht erlaubt

Eine Ressource darf zu einer Zeit nicht über ihre Kapazität hinaus belegt werden, z.B. nur durch eine Operation pro Zeiteinheit, d.h. Überlappungen sind nicht erlaubt.

lhc7:   Berechnung der Produktionsdauer

Ist die gewünschte Herstellungsmenge eines Auftrags größer als die Menge, die mit einer Ausführung aller Operationen erzeugt werden kann, so müssen die Operationen entsprechend oft hintereinander ausgeführt werden.

lhc8:   Operationsende

Das Ende einer Operation ergibt sich aus dem Startzeitpunkt plus der Produktionsdauer der Operation.

lhc9:   Die Startzeit einer Operation darf nicht kleiner sein als der Startter-
          min des zugehörigen Auftrages.

lhc10:   Auf keiner Maschine ist eine Operation auf eine nicht verfügbare Zeit-
          einheit geplant.

lhc11:   Einplanungen „der Vergangenheit", d.h. zu Zeiteinheiten, die vor der
          aktuellen Zeit liegen, dürfen nicht verändert werden (wichtig für die
          reaktive Planung).

lhc1, ..., lhc11 stellen eine Auswahl der wichtigsten Hard Constraints dar. Je
nach konkreter Problemstellung können noch weitere hinzukommen.

5. Lokale Soft Constraints

$LSC = \{lsc_1, ..., lsc_s\}$ definiert eine Menge von (lokalen) Soft Constraints. Soft
Constraints sind u.a.:

lsc1:   Einhaltung der vorgegebenen Termine
          Start und Ende des eingeplanten Auftrags sollten sich im vorgegebe-
          nen Zeitfenster befinden.

lsc2:   Gute Auslastung der Ressourcen
          Nicht belegte Zwischenzeiträume auf den Ressourcen sollten mög-
          lichst klein sein

lsc3:   Beschleunigung des Durchlaufs
          Aufträge sollten möglichst schnell durch die Produktion laufen, d.h.
          Wartezeiten zwischen nachfolgenden Operationen sollten minimal
          sein (evtl. auch teure Operationen zuerst) Damit reduzieren sich auch
          Zwischenlager und Kapitalbindung.

lsc4:   Reduzierung von Rüstkosten
          Bei den Übergängen sollten möglichst minimale Rüstzeiten angestrebt
          werden.

lsc5:   Entlastung von Engpässen
          Als Engpass oder Engpassressource wird eine Ressource bezeichnet,
          die von mehreren Operationen zur gleichen Zeit belegt werden soll;
          für Operationen, die einen Engpass als mögliche Ressource haben,
          soll gelten: den Engpass nicht verwenden.

lsc6:   *Berücksichtigung von Personal-, Lagerrestriktionen*

Personal- und Lagerrestriktionen sollten möglichst eingehalten wer-
den, z.B. sollten falls eine Operation eingeplant wird, die benötigten
Mengen an Rohstoffen verfügbar sein.

lsc7:   *Optimierung einer Zielfunktion*

Auch die Optimierung einer Zielfunktion kann als Constraint vorge-
geben werden, wobei aber die Erreichung eines Optimums durch die
Verwendung als Soft Constraint nicht zwingend ist.

lsc_1, ..., lsc_7 stellen eine Auswahl wichtiger Soft Constraints dar. Je nach kon-
kreter Problemstellung können noch weitere hinzukommen.

Produktionstechnische Bedingungen (Hard Constraints) und Produktbeschrei-
bung legen die Produktionsstruktur fest, die dem Ablaufplanungsproblem
zugrunde liegt. Je nach Ausprägung von Produktbeschreibung bzw.
Constraints lassen sich unterschiedliche Produktionsstrukturen darstellen, z.B.
beschreibt die Vorrangrelation (op_i $<_V$ op_j) als

$start(op_j) := start(op_i) + n, n \in N,$

eine stark reglementierte Produktionsstruktur (prozessorientiert), wie man sie
u.a. in der chemischen Industrie findet.

Insbesondere ist es damit auch möglich, die in den klassischen Ansätzen ver-
wendeten Nachfolgestrukturen des Open Shop, Flow Shop oder Job Shop dar-
zustellen.

6. *Lokale Ziel-/Bewertungsfunktion*

$LZ = \{lzf_1, ..., lzf_z\}$ bezeichnet eine Menge von lokalen Ziel-/Bewertungs-
funktionen, z.B. (gegeben seien n Aufträge A = (a_1, ..., a_n)):

lzf1: Summe der Verspätungen (lateness)

die Verspätung LT(a) für einen Auftrag a ist definiert als:

$LT(a) = geplantes\_ende(a) - vorgegebenes\_ende(a),$

für die Summe der Verspätungen SLT gilt dann:

$SLT = \Sigma LT(a)$, für alle a.

lzf2: Mittlere Verspätung (mean lateness) $MLT := \dfrac{SLT}{n}$, bei n Aufträgen.

lzf3: Summe der Terminüberschreitungen/Verzüge (tardiness)

Die Terminüberschreitung (Verzug) TA(a) für einen Auftrag a ist definiert als:

TA(a) = max(0, LT(a)),

für die Summe der Terminüberschreitungen STA gilt dann:

STA = Σ TA(a), für alle a.

lzf4: Aufträge mit Terminüberschreitung (tardy orders)

TAO := card({a| TA(a) > 0})

lzf5: Mittlere   Terminüberschreitung   (mean   tardiness) $MTA := \dfrac{STA}{n}$ oder

$$MTA := \frac{STA}{TAO} \; .$$

lzf6: Summe gewichteter Terminüberschreitungen (weighted tardiness)

Sei α ein Gewichtungsfaktor, dann gilt:

SWTA := Σ α *TA(a), für alle a

lzf7: Summe quadrierter Terminüberschreitungen

SSqTA := Σ TA(a)^2, für alle a.

Mit Hilfe von Erweiterungen wie Gewichtungsfaktoren (α bei lzf6), Exponenten (siehe lzf7) oder durch Kombinationen von Funktionen lassen sich weitere Zielfunktionen angeben.

7. Lokale Ereignisse

LE={le$_1$, ..., le$_p$} ist eine Menge von lokalen Ereignissen. Sie bedingen Änderungen der Planungsumgebung, die u.a. dazu führen können, dass der aktuelle Plan inkonsistent wird und an die geänderte Situation angepasst werden muss. Nachfolgend werden die Ereignisse nach ihrem Bezug zu den Objekten der Planung aufgelistet. Man unterscheidet dabei:

Ereignisse mit Bezug zu Aufträgen:

le$_1$: Neuer Auftrag

Ein Auftrag kommt neu hinzu und vergrößert somit die Menge der zu verplanenden Aufträge. Ein Eilauftrag bezeichnet einen neuen Auftrag mit einer hohen Priorität.

le_2:   *Stornierung eines Auftrags*

Ein Auftrag wird aus der Menge zu verplanender Aufträge und evtl. aus dem Plan entfernt werden. Bereits gestartete Aufträge können nicht mehr komplett entfernt werden.

le_3:   *Änderung des Starttermins eines Auftrags*

Der Starttermin eines Auftrags wird geändert.

le_4:   *Änderung des Endtermins eines Auftrags*

Der Endtermin eines Auftrags wird geändert.

le_5:   *Änderung der Auftragsmenge*

Die Auftragsmenge kann erhöht oder vermindert werden.

le_6:   *Änderung der Auftragspriorität*

Die Priorität eines Auftrags wird geändert.

le_7:   *Ändern des Produktes oder der Produktionsvariante für einen Auftrag*

Das Wechseln des zum Auftrag gehörenden Produkts kann notwendig sein, wenn z.B. eine Qualitätskontrolle ergibt, dass eine zusätzliche Operation zum Nachbessern eingefügt werden muss. Die Produktvariante kann geändert werden, um den Auftrag mit einem anderen Verfahren herzustellen, für das im allgemeinen andere Maschinen zu belegen sind.

le_8:   *Splitten eines Auftrags*

Ein Auftrag A wird in zwei Aufträge A' und A'' geteilt. Dies kann sinnvoll sein, wenn z.B. eine Operation eines Auftrages auf mehreren Maschinen gleichzeitig bearbeitet werden soll, um die Gesamtdurchlaufzeit zu verringern.

Ereignisse mit Bezug zu Ressourcen:

le_9:   *Störung /Reparatur einer Maschine*

Fällt eine Maschine während des Produktionsprozesses aus, oder muss eine gewisse Reparaturzeit in Anspruch genommen werden, so ändert sich ihre Verfügbarkeit.

le_{10}:   *Wartungsperiode einfügen*

Auch hier ist die Verfügbarkeit einer Ressource betroffen. Eine Wartungsperiode kann man als einen besonderen Auftrag mit hoher Priorität ansehen, der noch umplanbar ist.

le_{11}: *Maschinenintensität ändern*

Die Änderung der „Maschinenintensität" (dies meint die Menge, die pro Zeiteinheit hergestellt werden kann) führt zu einer Beschleunigung oder Verlangsamung der Ausführung von Operationen, die entsprechend berücksichtigt werden müssen.

le_{12}: *Schichtzahl ändern*

Die Änderung der Schichtzahl entspricht einer Veränderung der Verfügbarkeit von Ressourcen. Das Ereignis dient auch zur Modellierung von Überstunden oder Kurzarbeit.

le_{13}: *Ressourcen ändern*

Das Hinzufügen oder Entfernen von Ressourcen ändert die Zahl verfügbarer Ressourcen. Dadurch können Kapazitäten neu geschaffen oder verringert werden.

Ereignisse mit Bezug zu Operationen:

le_{14}: *Rückmeldung von Maschinendaten /Fertigungsdaten*

Die Meldung von BDE-Daten umfasst die Anpassung der geplanten Längen von Operationen, die sich gerade in Produktion befinden, an den realen Stand der Produktion, sowie Meldungen darüber, wann Operationen begonnen bzw. beendet wurden.

le_{15}: *Auswärtsfertigung*

Operationen oder Aufträge können auch extern ausgeführt werden. Dies kann auch als Anknüpfungspunkt von externen Planungsereignissen z.B. bei Integration einer Supply Chain gesehen werden.

Zusammengefasst sind die Ereignisse in Tabelle 2.8.

Betrachtet man den Entstehungsort der Ereignisse, so kann man auch folgende Zuordnung treffen:

- *Externe Ereignisse: le1 - le6, le14*
- *Interne Ereignisse: unterteilt nach*
  - Planer/Benutzer: le7, le8, le11, le12, le13, le15
  - BDE: le9, le10, le11.

Dieses Beispiel entspricht im Wesentlichen der Modellierung eines Ablaufplanungsproblems, wie sie in [Sau93a] und [Hen92] angegeben ist.

Ereignis	Bezeichnung
le_1	Neuer Auftrag
le_2	Stornierung eines Auftrages
le_3	Änderung des Starttermins eines Auftrags
le_4	Änderung des Endtermins eines Auftrags
le_5	Änderung der Auftragsmenge
le_6	Änderung der Auftragspriorität
le_7	Ändern des Produktes oder der Produktionsvariante für einen Auftrag
le_8	Splitten eines Auftrages
le_9	Störung /Reparatur einer Maschine
le_{10}	Wartungsperiode einfügen
le_{11}	Maschinenintensität ändern
le_{12}	Schichtzahl ändern
le_{13}	Ressourcen ändern
le_{14}	Rückmeldung von Maschinendaten /Fertigungsdaten
le_{15}	Auswärtsfertigung

Tabelle 2.8: Ereignisse der lokalen Ebene

Ergebnis der Ablaufplanung ist ein Ablaufplan, der zulässig, konsistent oder optimal sein und durch Bewertungsfunktionen quantitativ bewertet werden kann. Dabei entspricht die Verwendung von „zulässig", „optimal" und „Bewertungsfunktion" der in der mathematischen Modellierung gebräuchlichen. Der **Ablaufplan** umfasst eine Menge von eingeplanten Aufträgen. Ein Auftrag ist eingeplant, falls alle Operationen der gewählten Produktionsvariante des zugehörigen Produkts eingeplant sind. Eine eingeplante Operation (**Belegung**) stellt die zeitliche Zuordnung einer Operation zu einer Ressource dar. Der Startzeitpunkt des Auftrags entspricht dem frühesten Startzeitpunkt der zugehörigen Operationen und der Endzeitpunkt des eingeplanten Auftrags dem spätesten Endzeitpunkt der zugehörigen Operationen.

Ein Plan heißt **gültig** (oder **zulässig**) genau dann, wenn alle Hard Constraints erfüllt sind. Ein gültiger Plan heißt **konsistent** genau dann, wenn alle Constraints erfüllt sind (Hard und Soft Constraints). Ein Plan heißt **inkonsistent** genau dann, wenn ein oder mehrere Constraints nicht erfüllt sind. Ein konsistenter Plan pl heißt **optimal** (minimal, analog maximal) bzgl. einer Bewertungsfunktion zf genau dann, wenn gilt: $\forall$ pl': zf(pl) <= zf(pl'). Abbildung 2.6 zeigt das Verhältnis der Lösungsmengen zueinander.

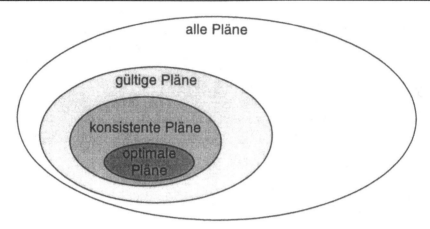

Abbildung 2.6: Lösungsmengen

Ablaufplanung bezeichnet die Suche nach einem konsistenten Ablaufplan für ein durch das 7-Tupel beschriebenes Ablaufplanungsproblem. Als mögliche Lösungen für ein Ablaufplanungsproblem kommen die konsistenten, aber zum Teil auch die inkonsistenten Lösungen in Betracht, da ein Benutzer unter Umständen durchaus auch Konsistenzverletzungen tolerieren möchte.

Der Problemraum der so beschriebenen Ablaufplanungsprobleme lässt sich durch Und/Oder-Bäume darstellen [Sau93a]. Sie entstehen aus der Verknüpfung der Darstellung der Struktur der Produkte mit den vorgegebenen Aufträgen und den möglichen zeitlichen Einplanungen. Jeder Knoten repräsentiert dabei zusätzlich zu seinem Typ einen Wert, der je Stufe aus unterschiedlichen Wertebereichen stammen kann, z.B. die Menge der Aufträge auf der Stufe der Aufträge. Abbildung 2.7 zeigt die allgemeine Struktur eines solchen Und/Oder-Baums. Der grau hinterlegte Bereich des Baums zeigt einen Teilbaum, der den Aufbau eines Produkts wiedergibt. Die dunkel gefärbten Knoten des Teilbaums zeigen eine der Möglichkeiten zur Herstellung eines Produkts: eine Herstellvariante mit den zugehörigen Operationen und jeweils zugehörigen Maschinen. Für die Problemlösung können diese Und/Oder-Bäume als Anhaltspunkte zur Problemzerlegung verwendet werden.

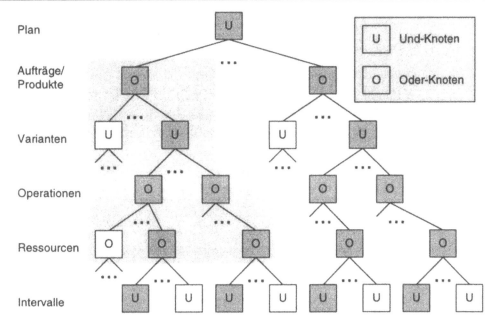

Abbildung 2.7: Und/Oder-Baum der Ablaufplanung

Die Und/Oder-Baum-Darstellung des Problembereichs Ablaufplanung kann je nach Problemstellung variieren. Veränderungen können durch Vertauschungen, Wegfall oder Hinzufügen von einzelnen Stufen des Baumes entstehen. Der hier vorgestellte Baum kann als "allgemeiner" Und/Oder-Baum der Ablaufplanung bezeichnet werden, da sich damit sowohl Varianten und alternative Ressourcen als auch die möglichen Intervalle für die Produktion darstellen lassen. Neben geringfügig erweiterten sind meist reduzierte Und/Oder-Bäume für anwendungsbezogene Problemstellungen zu finden [Sau93a].

Mit Hilfe des Und/Oder-Baums lassen sich fast alle möglichen Lösungen für ein gegebenes Ablaufplanungsproblem graphisch darstellen. Einige Hard Constraints sind bereits per Definition enthalten, z.B. lhc1, lhc2 und lhc5. Weitere, z.B. die Reihenfolge-constraints, müssen noch explizit überprüft werden, d.h. es lassen sich mehr als die gültigen Lösungen darstellen. In Abb. 2.7 ist eine Lösung durch die dunkel gefärbten Knoten angedeutet. Ein Pfad von der Wurzel zu einem Blatt entspricht dabei einer Belegung.

Komplexität von Ablaufplanungsproblemen

Bei Komplexitätsüberlegungen kann man Ablaufplanungsprobleme unter verschiedenen Gesichtspunkten betrachten.

Eine Möglichkeit ist Ablaufplanung als Reihenfolgeproblem zu sehen, da eine bzgl. einer Bewertungsfunktion optimale Reihenfolge von Operationen auf Maschinen gesucht ist. Für das einfachste Problem von n Aufträgen auf einer Maschine (Flow Shop-Struktur), müssen bei n Aufträgen theoretisch n! verschiedene Reihenfolgen betrachtet werden, um die optimale Lösung zu finden. Bei der Job Shop-Struktur sind es bei n Aufträgen mit m Operationen (Maschinen) sogar $(n!)^m$ verschiedene Reihenfolgen.

Ablaufplanung mit dem Ziel der Optimierung einer Zielfunktion lässt sich allgemein zu den kombinatorischen Optimierungsproblemen [Bru96, Bru97] rechnen, wobei die meisten Ablaufplanungsprobleme schon bei kleinen Mengengerüsten zu den NP-harten Problemen zählen [BESW94, Bru00, Pin95].

Betrachtet man den Suchraum für einen Ablaufplan etwas allgemeiner, so kann man Ablaufplanung auch als Zuordnungsproblem betrachten. Van Dyke Parunak [Par91] definiert einen Plan als Teilmenge des kartesischen Produkts aus

- Operationen ("what"), das sind alle Operationen, die zur Herstellung der durch Aufträge festgelegten Produkte nötig sind (Varianten werden dabei nicht betrachtet),
- Intervallen ("when"), das sind alle möglichen Intervalle, in denen Operationen auf Ressourcen ausgeführt werden können,
- Ressourcen ("where"), das sind die für die Produktion möglichen Ressourcen.

Hierbei werden allerdings Constraints nicht betrachtet, so dass hier auch alle „unmöglichen" bzw. ungültigen Pläne berücksichtigt sind. Dies scheint aber die für reale Ablaufplanungsprobleme angemessene Betrachtungsweise zu sein, da man im Allgemeinen nach konsistenten Plänen sucht, die als Zuordnung von Ressourcen zu Operationen definiert werden können. Es ist allerdings schwierig, Aussagen über den Aufwand zum Finden gültiger, konsistenter bzw. optimaler Pläne zu machen, d.h. es ist schwierig zu sagen, wie lange es dauert, bis der erste konsistente Plan gefunden wird (oder ob überhaupt einer existiert).

Auch die Betrachtung auf Basis der Darstellung mit einem Und/Oder-Baum ist interessant, da hier bestimmte Hard Constraints schon dargestellt sind, die Verbindung von Aufträgen zu Operationen deutlich wird und Alternativen betrachtet werden können. Das Finden eines Ablaufplans entspricht hier dem Finden einer Lösung für den Und/Oder-Baum, wobei allerdings zusätzlich die noch nicht berücksichtigten Constraints erfüllt werden müssen. Im schlechtesten Fall müssen alle möglichen Lösungen betrachtet werden, um eine „geeignete" Lösung, die dann auch optimal ist, zu finden.

Für eine Abschätzung der Anzahl möglicher Lösungen kann nach [Sau93a] die Formel $L = ((I \bullet R)^{Op} \bullet V)^A$ verwendet werden, wobei gilt:

A die Anzahl der gegebenen Aufträge,

V die Anzahl der möglichen Varianten, V sei für alle a $\in$ A gleich,

Op die Anzahl der Operationen pro Variante, Op sei für alle v $\in$ V gleich,

R die Anzahl der möglichen Ressourcen pro Operation, R sei für alle op $\in$ Op gleich,

I die Anzahl der möglichen Intervalle pro Ressource, I sei für alle r $\in$ R gleich.

Die Anzahl gültiger bzw. konsistenter Pläne kann nur schwer abgeschätzt werden, da die Auswirkungen von Constraints meist nicht vorausgesagt werden können.

2.4   Verfahren zur Lösung von Ablaufplanungsproblemen

Bei der algorithmischen Lösung von Ablaufplanungsproblemen wurden und werden vor allem die Aufgabenkomplexe *prädiktive* und *reaktive* Ablaufplanung betrachtet.

Im Bereich des Operations Research werden bereits seit Anfang der 50er Jahre Ablaufplanungsprobleme untersucht, wobei der Schwerpunkt auf prädiktive Probleme und hierbei die Optimierung einzelner Zielfunktionen gelegt wird. Da bereits einfache Problemstellungen NP-hart sind, werden hier im Allgemeinen idealisierte Probleme (z.B. Flow-Shop- oder Job-Shop-Scheduling) betrachtet, die Komplexitätsbetrachtungen erlauben und der Suche nach geeigneten Heuristiken zur Lösung dieser Problemstellungen dienen. Verwendet werden auf die Optimierung ausgerichtete Algorithmen, zum Teil Spezialalgorithmen oder auch Näherungsverfahren. Übersichten finden sich u.a. in [BESW94, Bru81, Pin95, SM00, SWM95].

Die Optimierungsverfahren werden im Folgenden nicht näher betrachtet. Die Arbeit beschränkt sich auf ausgewählte Näherungsverfahren, die auch in realen Anwendungsszenarien getestet wurden. In aktuellen PPS-Systemen dominieren noch einfache Verfahren wie Netzplantechnik oder Prioritätsregeln.

Seit Anfang der 80er Jahre werden Methoden der KI eingesetzt, um die Lösung prakti-
scher Ablaufplanungsprobleme vor allem durch neue Modellierungs- und Problemlösungstechniken zu unterstützen, die u.a. die explizite Darstellung und Verarbeitung von
anwendungsspezifischem Problemlösungswissen erlauben. Im Folgenden werden die
wichtigsten Verfahren kurz beschrieben und ihre Eignung bzgl. prädiktiver bzw. reaktiver Ablaufplanung gewürdigt. Weitere Übersichten und Zusammenfassungen aktueller
Forschungsergebnisse finden sich in [AAA92, BS95, DF93, Dor95, Fox88, Int97,
Kem89, KLSF91, KS95, LeP94, LL87, Lug98, MH95, Par98, Par99, Sad93, Sad95,
Sau00, SK94, SM00, Smi92, SWM95, Syc90, Tat85, Tat96, Wal96, ZF94].

2.4.1   Ablaufplanung mit Heuristiken

Der Einsatz von Heuristiken zur Lösung von Ablaufplanungsproblemen stützt sich auf
zwei grundlegende Bereiche: heuristische Suche und allgemeine Problemlösungsheuris-
tiken, wie z.B. Problemzerlegung. Diese allgemeinen heuristischen Prinzipien werden
mit spezifischem Problemlösungswissen verbunden, um effizient nach Lösungen in dem
bekannt großen Problemraum der Ablaufplanung zu suchen. Spezifisches Problemlösungswissen kann u.a. von den Domänenexperten übernommen werden. Auch
Constraints, die im folgenden Abschnitt noch genauer betrachtet werden, werden häufig
zur Steuerung des Suchprozesses eingesetzt. Sie können durchaus zu den heuristischen
Ansätzen gezählt werden, sollen aber wegen der häufigen Verwendung gesondert beschrieben werden. Die Repräsentation des Wissens erfolgt im Allgemeinen regel- oder
frame-basiert, neuere Ansätze verwenden auch eine objektorientierte Repräsentation.
Viele bisher beschriebene Verfahren haben als grundlegende Heuristik die Problemzerlegung und können dementsprechend nach der Perspektive der Problemzerlegung unterteilt werden. Dies definiert dann jeweils einen entsprechenden Durchlauf durch einen
Und/Oder-Baum.

- Auftragsbasiert *(order-based)*, d.h. jeweils ein bisher noch nicht eingeplanter Auftrag
  wird gewählt und dieser wird vollständig verplant, d.h. für alle Schritte des Auftrags
  werden passende Ressourcen und Zeitintervalle gewählt. Dies wird wiederholt, bis
  alle Aufträge verplant sind. Bekannte Systeme, die diesen Ansatz nutzen, sind ISIS
  [Fox87], PROTOS [Sau91], Keng [KYR88].

- Ressourcenbasiert *(resource-based)*, d.h. jeweils eine Ressource wird gewählt und darauf der am besten passende Schritt eines Auftrags verplant. Dies wird ebenfalls so lange wiederholt, bis alle Aufträge (alle Schritte aller Aufträge) verplant sind. Ein Beispiel eines solchen Ansatzes ist in [Liu91] zu finden.

- Operationsbasiert *(operation-based)*, d.h. solange bis alle Aufträge verplant sind, wird eine Operation gewählt und dazu die passende Ressource und ein passendes Zeitintervall gesucht. Nach diesem Prinzip arbeitet z.B. das in [KYR88] vorgestellte System.

- Zusätzlich kann noch ein zeitbasierter Ansatz verwendet werden, um die Auswahl der nächsten Operation zu steuern, d.h. dass zeitliche Kriterien, z.B. zeitlich aufsteigend, verwendet werden, um einen Zeitpunkt zu bestimmen, zu dem eine planbare Operation gewählt wird. Nach diesem Prinzip arbeitet z.B. der Ansatz von [Gür89, NS89].

Tabelle 2.9 zeigt die oben beschriebenen Strategien in Pseudocode-Darstellung. In den Algorithmen werden jeweils alternative Ressourcen und Varianten berücksichtigt. Für die Auswahlentscheidungen (wähle-statements) bestehen jeweils unterschiedliche Möglichkeiten. Hier können bekannte Regeln, z.B. Prioritätsregeln [Hau89, PI77] oder Expertenwissen der Benutzer oder auch Kombinationen verschiedener Wissensarten, z.B. gewichtete Prioritätsregeln oder situationsbedingte Auswahl zwischen mehreren Regeln, eingesetzt werden. Tabelle 2.10 zeigt einige der für Auswahlentscheidungen nutzbaren Regeln. Natürlich könnte auch immer zufällig (RANDOM-Regel) gewählt werden, was vor allem zu Vergleichszwecken interessant ist.

Diese Sichtweise von Planungsalgorithmen dargestellt durch Planskelette mit einsetzbaren Auswahlregeln führt zu einer Fülle konkret ausformulierbarer Verfahren, die für bestimmte Planungssituationen verwendet werden können. Dies wird ausführlich in [Sau93a] betrachtet.

auftragsbasiert (order-based)	ressourcenbasiert (resource-based)

WHILE Aufträge zu planen
  wähle Auftrag
  wähle Variante für Auftrag
  WHILE Operationen zu planen
    wähle Operation
    wähle Ressource
    wähle Intervall
    plane Operation oder löse Konflikt
  END WHILE
END WHILE
	wähle Variante für jeden Auftrag
	ermittle alle Operationen der Aufträge
	WHILE Operationen zu planen
	  wähle Ressource
	  wähle Operation
	  wähle Intervall
	  plane Operation oder löse Konflikt
	END WHILE

zeit- und auftragsbasiert	operationsbasiert (operation-based)

ermittle frühesten Start aller Aufträge
WHILE Aufträge zu planen
  wähle zu planenden Termin
  WHILE Aufträge für aktuellen
      Termin zu planen
    wähle Auftrag
    wähle Variante für Auftrag
    WHILE Operationen zu planen
      wähle Operation
      wähle Ressource
      plane Operation oder löse Konflikt
    END WHILE
  END WHILE
END WHILE
	wähle Variante für jeden Auftrag
	ermittle alle Operationen der Aufträge
	WHILE Operationen zu planen
	  wähle Operation
	  wähle Ressource
	  wähle Intervall
	  plane Operation oder löse Konflikt
	END WHILE

Tabelle 2.9: Planungsstrategien

Die daraus entstehenden Algorithmen unterscheiden sich damit im Wesentlichen im problemspezifischen Wissen, das an bestimmten Stellen eingesetzt wird. Dadurch sind die entstehenden Verfahren teilweise auch nur für genau eine Problemstellung geeignet. In neueren heuristischen Ansätzen werden meist Teile der oben vorgestellten Verfahren verwendet und um neue Auswahlprinzipien oder andere Features ergänzt, z.B. um eine Kapazitätsanalyse, die dann für Auswahlentscheidungen genutzt wird, vor allem, um mögliche Engpässe möglichst frühzeitig zu lokalisieren. Beispiele für solche Ansätze sind u.a. der OPT-Ansatz, bei dem zunächst die Operationen, die Engpassressourcen nutzen, und danach die restlichen Operationen verplant werden, oder der MICROBOSS

Ansatz, der darauf aufbaut und zusätzlich eine dynamische Kapazitätsanalyse zur Auswahl nutzt. Beide sind in Tabelle 2.11 dargestellt ([BF98, Kje98, Sad91]).

Auswahl von Aufträgen

1. EST-Regel: earliest start time first, Auftrag mit frühestem Start zuerst
2. EDD-Regel: earliest due date first, Auftrag mit frühestem Ende zuerst
3. SPT-Regel: shortest processing time first: Auftrag mit kürzester Länge zuerst
4. kritische Produkte zuerst, z.B. nach aufsteigender Anzahl von Alternativen
5. SLACK-Regel: Auftrag mit geringstem Slack zuerst (Slack := Due Date - geplantes Ende)
6. nach Benutzerpriorität

Auswahl von Varianten (routings)

1. Stammvariante (Benutzerpriorität) zuerst
2. LCFS-Regel: last come first served, zuletzt eingetragene zuerst
3. kritische Varianten zuerst (mit Bewertung für "kritisch")
4. einfache Varianten zuerst (mit Bewertung für "einfach")

Auswahl von Operationen

1. FCFS-Regel: first come first served: nach aufsteigender Operationsnummer
2. LCFS-Regel: absteigend nach Operationsnummer
3. kritische Operationen zuerst, z.B. wenige alternative Ressourcen zuerst
4. einfache Operationen zuerst, z.B. viele alternative Ressourcen zuerst

Auswahl von Ressourcen

1. nach Benutzerpräferenz (Stamm-Ressource)
2. kritische Ressource zuerst (mit Bewertung für "kritisch")
3. einfache Ressource zuerst (mit Bewertung für "einfach")

Auswahl von Intervallen

1. vorwärts vom gegebenen Starttermin
2. rückwärts vom gegebenen Liefertermin (JIT = Just in Time).

Konfliktlösung

1. Suche alternatives Zeitintervall innerhalb des vorgegebenen Zeitfensters
2. Suche alternative Ressource
3. Suche alternative Variante
4. ändere vorgegebenes Zeitfenster (delay)

Tabelle 2.10: Mögliche Auswahlregeln

Weitere Heuristiken werden z.B. beschrieben in [KYR88, Liu91, SF96, SS90].

Für die reaktive Planung werden ebenfalls überwiegend Heuristiken eingesetzt. Dazu sind sowohl Teile der oben beschriebenen Strategien und Regeln als auch spezielle Reparaturheuristiken entwickelt worden. Beispiele werden u.a. in [Hen95, KS95, SK94] beschrieben. Ziel der speziellen Heuristiken ist es, auf die spezifischen Ereignisse der Planungsumgebung zu reagieren. Die Heuristiken dienen dabei vor allem dazu, mögliche Umplanungsalternativen bzw. mögliche Positionen, an die eine Operation platziert werden kann, zu finden und zu bewerten. Bisher gibt es aber erst wenige Vergleiche bzw. Vergleichsversuche der verschiedenen möglichen Strategien [BF98].

OPT-Strategie	MICROBOSS-Strategie	Basis-Repair-Strategie
finde Engpassressourcen (bottlenecks) ermittle alle Operationen der Aufträge WHILE (Operationen auf Engpassressourcen zu planen) wähle Operation plane Operation oder löse Konflikt END WHILE WHILE Operationen zu planen plane Operation oder löse Konflikt END WHILE	ermittle alle Operationen der Aufträge WHILE Operationen zu planen Kapazitätsanalyse wähle Engpassressource wähle Operation plane Operation oder löse Konflikt END WHILE	WHILE Konsistenzverletzungen vorhanden wähle Konsistenzverletzung repariere Konsistenzverletzung END WHILE

Tabelle 2.11: Weitere Strategien

Die allgemein verwendete Strategie (Basis-Repair-Strategie) ist in Tabelle 2.11 angegeben. Mögliche Reaktionen können nur auf einzelne Ereignisse ausgerichtet sein, andere Reaktionen können aber auch als Maßnahme für verschiedene Ereignisse angewendet werden. Auch die direkte Interaktion durch den Benutzer ist zur Lösung von Konsistenzverletzungen möglich. Tabelle 2.12 stellt die in Abschnitt 2.3 vorgestellten Ereignisse und darauf anwendbare Reaktionen aus [Hen92] dar.

Ereignisse	Verletzte Constraints	Reaktion
le_1, le_{10}	lhc 1	*auftrag_addieren*
le_2	lhc 1, lhc 11	*auftrag_löschen*
le_3	lhc 9, lhc 11	*starttermin_ändern*
le_4, le_6	lsc 1, lsc 7	*neuplanen*
le_5, le_7, le_{11}, le_{14}, le_{15}	lhc 2, lhc 3, lhc 5, lhc 7, lhc 11	*produkt_ändern*
le_8	lhc 1, lhc 2, lhc 7, lhc 11	*produkt_ändern* *auftrag_addieren*
le_9, le_{12}, le_{13}	lhc 10, lhc 7, lhc 11	*zeitachse_ändern*

Tabelle 2.12: Reaktion auf Ereignisse

Als Reaktionen sind danach vorgesehen:

- *auftrag_addieren*: bringt den Auftrag in die Lösung ein, d.h. er wird in einem Pufferbereich noch zu verplanender Aufträge abgelegt; abei wird schon die Zuordnung
  zur gewünschten Ressource und zum gewünschten Termin vorgenommen.
- *auftrag_löschen*: entfernt die Operationen eines Auftrags aus dem Plan.
- *starttermin_ändern*: die erste Operation eines Auftrags wird ausgeplant und mit den
  neuen Daten im Pufferbereich abgelegt.
- *neuplanen*: überprüft, ob der Auftrag teilweise oder ganz bzgl. der Einhaltung der
  Soft Constraints neu eingeplant werden kann, um die Qualität des Ablaufplans möglichst hoch zu halten.
- *produkt_ändern*: befasst sich mit den bei der Änderung des zum Auftrag gehörenden
  Produktes auftretenden Problemen; entweder durch Umplanen einer Operation auf
  der gleichen Maschine oder durch Ausplanen und Ablegen in den Pufferbereich.
- *zeitachse_ändern*: reagiert auf eine Änderung der Zeitachse (Verfügbarkeit) einer
  Maschine; dabei müssen die Operation entplant oder eine entstandene Lücke gefüllt
  werden.

Hinzu kommen noch spezielle Reaktionen für im Pufferbereich liegende Operationen,
für die Lösung entstandener Reihenfolgekonflikte und zur Überprüfung von Soft
Constraints, z.B. bei entstandenen Lücken durch Ausplanungen. Dabei werden Heuristiken verwendet, die die geeignete Position für umzuplanende Operationen bestimmen
helfen. Mit der Reaktion können evtl. wieder die genannten Konsistenzbedingungen
verletzt werden, wofür entsprechende Folgeaktionen durchgeführt werden müssen.
Durch die vorgesehene beliebige zeitliche Verschiebung von Operationen ist die Termi-
nierung des Verfahrens gesichert.

Auch die Interaktionen des Benutzers spielen für die reaktive Planung eine wichtige
Rolle. Sie können z.B. integriert werden, indem sie als Ereignisse oder als erlaubte Manipulationen angesehen werden. Wichtige Interaktionen wären dann

- Operationen festlegen, d.h. Teilpläne erzeugen,
- Varianten/Alternativen vorgeben und
- Zeitintervalle vorgeben.

Durch die Festlegungen und Präferenzen des Benutzers wird als positiver Nebeneffekt
möglicherweise sogar der Suchraum eingeschränkt.

Zusammenfassend lässt sich sagen, dass Heuristiken die größte Gruppe anwendbarer Verfahren darstellen und dementsprechend auch am häufigsten in Anwendungen zu finden sind. Heuristische Algorithmen, die unterschiedliche Prioritätsregeln verwenden, werden auch im OR untersucht, sodass in diesem Bereich keine klare Grenzlinie zwischen OR und KI gezogen werden kann.

2.4.2   Ablaufplanung mit Constraints

Nebenbedingungen bzw. Constraints sind ein wesentlicher Teil jedes Ablaufplanungsproblems. Dies wird auch in der in Abschnitt 2.3.2 beschriebenen Dominanz bei den Modellierungsansätzen deutlich. Constraint-basierte Ansätze gehören zu den ersten im Bereich der KI vorgestellten Lösungsansätzen (ISIS 1979 -1983) [Fox84, Fox87]. Seitdem haben sich Constraint-basierte Ansätze stark weiterentwickelt und gehören aktuell zu den dominierenden Techniken zur Lösung von Ablaufplanungsproblemen (und auch anderer kombinatorischer Probleme) [BF98, LeP94]. Bei der Verwendung von Constraints sind besonders zwei Aspekte hervorzuheben: *Repräsentation von Constraints* und *Constraint Programmierung.*

Im ersten Fall werden spezielle Repräsentationsformalismen, z.B. bei [Fox87], verwendet, um Hard und Soft Constraints explizit darzustellen und für den Problemlösungsprozess zu verwenden, z.B. zur Steuerung der Suche bzw. zur Einschränkung des Suchraums. Constraint-basierte Suche kann damit durchaus auch als eine besondere Art der heuristischen Suche angesehen und auch zu dieser Klasse gezählt werden. Die Systeme ISIS, OPIS, CORTES, MICROBOSS, SONJA, DAS, GERRY, MINCONFLICTS, DLHS [BF98] und verschiedene andere benutzen eine explizite Repräsentation von Constraints und proprietäre Lösungsverfahren, d.h. es wird ein „eigenes" Verfahren zur Verarbeitung der Constraints verwendet und nicht auf ein allgemeines Verfahren oder eine der Constraint-Sprachen, die nachfolgend beschrieben werden, zurückgegriffen.

Im zweiten und auch neueren Fall werden Techniken der Constraint Programmierung verwendet um Ablaufplanungsprobleme zu lösen. Dabei wird das Ablaufplanungsproblem als Constraint Satisfaction Problem (CSP) dargestellt und mit speziellen Techniken (s.u.) eine Lösung gesucht [BF98, Din88a, Kum92, LeP94, Van89, Wal96].

Ein Constraint Satisfaction Problem (CSP) wird dargestellt durch ein Tripel (V, D, C), wobei gilt:
- $V = \{V_1, ..., V_n\}$ ist eine endliche Menge von Variablen.
- $D = \{D_1, ..., D_n\}$ ist eine endliche Menge von Wertebereichen (Domains). Jede Variable $V_i \in V$ kann nur Werte aus ihrer zugehörigen endlichen Domain D_i annehmen. Durch die Endlichkeit der Domains werden Variablen in diesem Zusammenhang oft auch als Domain-Variablen oder fd-Variablen (abgeleitet von „finite domain") bezeichnet.
- C ist eine endliche Menge von Constraints (Relationen) zwischen den Variablen. Ein Constraint $C(V_{i,1}, ..., V_{i,k})$ zwischen k Variablen aus V ist eine Teilmenge S des kartesischen Produktes $D_{i,1}$ x... x $D_{i,k}$ und definiert eine k-stellige Relation. Es beschränkt die Werte-Kombinationen und damit die Anzahl gültiger Instantiierungen der im Constraint referenzierten Variablen.

Ein CSP ist dann korrekt gelöst, wenn jede Variable mit einem Wert aus ihrer Domain instantiiert werden kann und dadurch alle Constraints erfüllt sind. Durch die Endlichkeit der Domains wird garantiert, dass theoretisch alle Lösungen untersucht werden können. Wenn alle Variablen genau einen Wert annehmen, liegt eine eindeutige Lösung vor.

Da eine Variable durchaus in mehreren Constraints enthalten sein kann, somit von mehreren Constraints referenziert wird, existieren die Constraints nicht unabhängig voneinander. Sie bilden vielmehr Constraint-Netzwerke aus Variablen (Knoten des Netzwerks) und den sie verbindenden Constraints (Kanten des Netzwerks). Die Graphstruktur erlaubt die Propagierung von Werten oder Wertebereichen instantiierter Variablen entlang der sie verbindenden Kanten. Die Propagierung besteht darin, dass die Einschränkung der Domain einer Variablen durch die mit ihr in Relation gesetzten Constraints an andere Variablen weitergeleitet wird und diese entsprechend eingeschränkt werden. Die Erfüllung eines gewählten Constraints kann damit auch die Erfüllung anderer Constraints verhindern.

Unterteilen kann man die Lösungsverfahren in systematische „generate and test"-Verfahren, die Constraints nur passiv verwenden, wenn für eine Variablenbelegung eine Inkonsistenz entdeckt wurde, und in Lösungsverfahren, die einen aktiven Gebrauch der Constraints machen, um den Suchraum mit ihrer Hilfe schon vor der eigentlichen Suche zu begrenzen.

Die einfachsten Lösungsverfahren basieren auf dem „generate and test" Prinzip oder nutzen einen Algorithmus mit Backtracking. Bei „generate and test" wird zuerst eine Belegung aller Variablen aus ihren jeweiligen Wertebereichen generiert, und im zweiten Schritt wird diese mit den Constraints auf Korrektheit getestet. Ist die erzeugte Belegung keine gültige Lösung, so wird eine andere Belegung erzeugt. Das Verfahren terminiert, sobald eine Lösung gefunden wird oder alle möglichen Belegungen erfolglos getestet wurden. Beim Lösen von CSP mit Backtracking wird eine Variable mit einem Wert aus ihrer Domain instantiiert, so dass ihr Wert mit den bereits instantiierten Variablen konsistent ist. Kann eine Variable ein Constraint nicht erfüllen, so wird die letzte Belegung zurückgenommen und eine alternative Instantiierung erzeugt. Es werden sukzessiv alle Variablen nacheinander instantiiert und dabei ein Constraint nach dem anderen gelöst. Bei einer schlecht gewählten Reihenfolge der Instantiierung von Variablen kann sich Backtracking als sehr ineffizientes Suchverfahren erweisen. Daher setzen Verbesserungen bei der Auswahl der zu instantiierenden Variablen und dem zu wählenden Wert aus der Domain an.

general constraint satisfaction procedure	
definiere Variablen und Constraints	
WHILE es gibt uninstantiierte Variablen	
wähle Variable v	% selection
IF Wertebereich von v leer	
THEN löse Konflikt	% (z.B. backtrack)
ELSE wähle konsistenten Wert aus dem	
Wertebereich von v	% assignment
propagiere (neue) Constraints	% propagation
ENDIF	
END WHILE	

Tabelle 2.13: Allgemeine Constraint Satisfaction Prozedur

„Intelligente" Lösungsverfahren führen einen aktiven Gebrauch von Constraints durch. Mit ihnen wird der zu betrachtende Suchraum, gebildet durch die Domains der Variablen, über die Propagierung von Constraints eingeschränkt. Beim „Forward Checking"-Verfahren werden bei jeder Instantiierung von Variablen die Domains aller noch nicht instantiierter Variablen, die vom Constraint betroffen sind, mit eingeschränkt. In den so eingeschränkten Domains der Variablen sind nur noch Werte enthalten, die zu den Werten der bereits instantiierten Variablen konsistent sind. Wird eine Domain leer, muss z.B. über Backtracking eine andere Instantiierung gesucht werden. Tabelle 2.13 zeigt den Basisalgorithmus für die intelligente Lösung des CSP bestehend aus einer wiederholten Variablen-Auswahl (selection), Variablen-Instantiierung (assignment) und Constraint-Propagierung (propagation).

Beim sogenannten „Partial oder Full Looking Ahead" wird ein Constraint dann ausgewertet, wenn sich die Domain einer Variablen geändert hat. Es wird dann wieder aktiv benutzt, wenn weitere Propagierungen der Domains von Variablen erfolgen und somit weitere Werte aus den Domains der im Constraint referenzierten Variablen entfernt werden können.

Ausführliche Übersichten über Verfahren zur Lösung von CSP sind bei [Kum92, Wal96] zu finden. Die beschriebenen Verfahren sind auch Teil von Systemen zur Constraint Programmierung, die zur Lösung von CSP entwickelt wurden, z.B. ECLIPSE, CHIP oder ILOG [BLN95, DSH89]. Sie bieten Möglichkeiten zur Definition und Lösung von Constraints sowie eine Einbindung in bestehende Softwaresysteme.

```
ILCGOAL0 (schedule)
...
% Definition der Variablen (=Ressourcen und Aktivitäten)
% Definition der Ressourcen
  IlcDiscreteResource Machines[20] ;
  Machines[0] = createMachine( Schedule, "R1", 100 ) ;
  Machines[1] = createMachine( Schedule, "R2", 100 ) ;
....
 % Definition der Aktivitäten
  IlcIntervalActivity Activities[20] ;
  Activities[0] = createActivity( Schedule, "PA1-P1-V1-S1", 0,300 , 100 ) ;
  Activities[1] = createActivity( Schedule, "PA1-P1-V1-S2", 0,300, 50 ) ;
.....
 % Definition von Constraints
  IlcPost( Activities[1].startsAfterEnd( Activities[0], 0 ) ) ;
  IlcPost( Activities[2].startsAfterEnd( Activities[1], 1 ) ) ;
  IlcPost ( Activities[0].requires( Machines[0], 60 ) ) ;
  IlcPost ( Activities[1].requires( Machines[2], 60 ) ) ;
  IlcPost( Makespan >= Activities[0].getEndVariable() ) ;
  IlcPost( Makespan >= Activities[1].getEndVariable() ) ;
...
% Aufruf des Optimierungsalgorithmus
if (IlcMinimize(IlcSetTimes(Schedule, Makespan), Makespan))
...
% Aufruf des Solvers
if(IlcSolve(schedule()))
...
```

Tabelle 2.14: Ausschnitt aus ILOG Scheduler Programm

Normalerweise wird die Suche beendet, wenn die erste Lösung gefunden wird. In einigen kommerziellen Systemen sind zusätzliche Algorithmen, wie z.B. Branch and Bound Verfahren, integriert, die auch eine Optimierung bzgl. bestimmter Zielfunktionen möglich machen.

Da das allgemeine Verfahren zur Constraint Verarbeitung sehr breit angelegt ist, müssen oft problemspezifische Heuristiken, die z.B. die Suche nach der nächsten zu betrachtenden Variable unterstützen, explizit hinzuprogrammiert werden.

Um ein Planungsproblem als CSP darzustellen, müssen Variablen des Problems mit ihren Wertebereichen und die diese Wertebereiche einschränkenden Constraints beschrieben werden [Kum92]. Die oben aufgelisteten Systeme bieten teilweise spezielle Erweiterungen zur Definition von Constraints des Planungsbereichs. Tabelle 2.14 zeigt einen Ausschnitt aus einem für ILOG Scheduler [Ilo97] geschriebenen Programm zur Lösung eines einfachen Planungsproblems. Im Wesentlichen besteht es aus der Definition der Variablen (Ressourcen/Aktivitäten) und der Constraints sowie dem Start des Solvers.

In der Literatur werden Lösungen für unterschiedliche Planungsprobleme mit Hilfe der Constraint Programming Systeme vorgestellt, u.a. in CHIP [Bau89, BL93, Din88b, Sim95], ECLIPSE [Wal96] und ILOG [BL95a, BL95b, Ilo97, LPMD00]. Als problemspezifische Heuristiken, die die Suche nach der nächsten zu betrachtenden Variable unterstützen, wurden u.a. textures (heuristische Bewertungen) [Bec97] oder spezielle Heuristiken [SF96] vorgestellt.

Ein Nachteil der vorgestellten Lösungsverfahren aus Sicht der Ablaufplanung besteht darin, dass sie in der Regel alle Constraints als Hard Constraints betrachten. Das heißt, bei „überspezifizierten" CSP („overconstraint") kann keine Lösung gefunden werden, in der alle Constraints erfüllt sind. Hier muss dann ein „neues" CSP definiert werden, in dem einige Constraints verändert (relaxiert) werden.

Auch für die reaktive Ablaufplanung lassen sich Constraint-basierte Verfahren einsetzen. Um die für die reaktive Planung wichtigen Ziele zu erreichen, kann der bestehende Plan als Constraint vorgegeben und die Ereignisse bzw. deren Auswirkungen in zusätzlichen Constraints formuliert werden [EFA88, SK94]. Das erfordert aber im Allgemeinen einen Eingriff durch den Benutzer oder den Modellierer/Programmierer.

Detaillierte Übersichten über Constraint-basiertes Scheduling finden sich in [BF98, LeP94, Wal96].

Die Lösung eines Constraint Satisfaction Problems mit Hilfe von Heuristiken kann auch als heuristische Suche interpretiert werden, so dass die Grenzen hier fließend sind.

2.4.3   Ablaufplanung mit Fuzzy-Techniken

Die Ablaufplanung mit Fuzzy-Techniken (Fuzzy-Scheduling) wurde speziell unter dem Gesichtspunkt der Darstellung und Verarbeitung des im Planungsbereich vorhandenen dynamischen und unvollständigen Wissens untersucht. Fuzzy-Logik stellt ein Modell für die Darstellung und Verarbeitung von unscharfen Informationen dar [Kru96, NK98]. Ungenaue bzw. unscharfe Aussagen kommen im allgemeinen Sprachgebrauch und auch bei der Beschreibung von Planungsproblemen durch menschliche Disponenten recht häufig vor, z.B. „ungefähr 7", „mittelgroß", „sehr wichtig". Die Repräsentation des ungenauen Wissens wird über Fuzzy-Mengen und linguistische Variablen möglich. Unscharfe Mengen werden verwendet, um die ungenauen Aussagen darzustellen. Dazu werden graduelle Zugehörigkeiten zwischen 0 und 1 eines Elements zu einer Menge zugelassen und durch eine Zugehörigkeitsfunktion modelliert. Häufig verwendete Zugehörigkeitsfunktionen sind Dreiecks- oder Trapezfunktionen. Mit ihnen lassen sich dann Informationen wie "ungefähr 2" oder "zwischen 6 und 8" recht einfach darstellen (siehe Abbildung 2.8 oben). Die Funktion stellt dar, mit welcher „Wahrscheinlichkeit" die Aussage durch einen eingegebenen „scharfen" Wert erreicht ist.

Damit lassen sich nun auch sprachliche Konzepte wie „wenig, mittel, hoch" oder „kleiner, mittlerer oder großer Bedarf an Ressourcen" als Fuzzy-Mengen darstellen (siehe Abbildung 2.8 unten). Diese werden als linguistische Variablen bezeichnet. Die wichtigsten Arten von ungenauem Planungswissen, die mit Hilfe von Fuzzy-Mengen verarbeitet werden können, umfassen:

• ungenau definierte Datumsangaben oder Ausführungszeiten, z.B. due dates,

• ungenaue Definitionen von Soft Constraints, z.B. Präferenzen für bestimmte Alternativen,

• Unsicherheit bzgl. des Wertes von bestimmten Planungsparametern, z.B. ungefähre Ausführungszeiten,

• aggregiertes Wissen, z.B. Maschinengruppen an Stelle von einzelnen Maschinen.

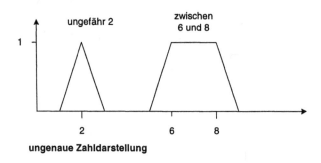

ungenaue Zahldarstellung

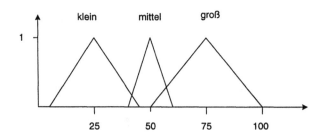

Fuzzy-Menge: Ressourcenbedarf in Prozent

Abbildung 2.8: Beispiel von Zugehörigkeitsfunktionen

Über Fuzzy-Regeln kann aus diesen Werten neues (ungenau formuliertes) Wissen abgeleitet werden. Dazu werden Verknüpfungsoperationen für die einzelnen Fuzzy-Mengen
und ein Inferenzverfahren verwendet (z.B. minmax-Verfahren), um aus den fuzzifizierten Eingabewerten und der Verknüpfung über die Regeln die gewünschten fuzzifizierten
Ausgangswerte zu bestimmen. Mit Hilfe der Regeln lassen sich z.B. Einplanungsreihen-
folgen oder Einplanungspositionen bestimmen. Fuzzy-Systeme sind damit spezielle
regelbasierte Systeme, die auch als wissensbasierte Interpolationstechniken zur Beschreibung von Funktionen (universelle Approximatoren) [Sla94] bezeichnet werden.

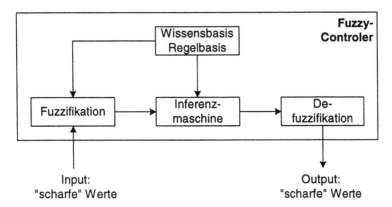

Abbildung 2.9: Fuzzy-Controler

Die Verarbeitung wird in der Regel mit einem sogenannten Fuzzy-Controler durchgeführt. Der Controler arbeitet mit scharfen Ein- und Ausgabewerten, in der internen Verarbeitung werden unscharfe Größen und Fuzzy-Regeln, die die Planungsstrategie repräsentieren, verwendet. Um das vage, unpräzise Wissen mit Hilfe eines Fuzzy-Controlers
verarbeiten zu können, müssen die folgenden Schritte ausgeführt werden:

1. Transformation des Planungswissens in die Repräsentationsform, die vom Fuzzy-
   Controler verarbeitet werden kann (Fuzzifikation). Dabei wird die unpräzise Information im Allgemeinen durch linguistische Variablen beschrieben, die die Ungenauigkeit des Wissens beschreiben, z.B. die Kapazität von Maschinengruppen (durch
   sehr gering, gering, normal, hoch, sehr hoch). Für jede dieser Ausprägungen wird eine Zugehörigkeitsfunktion angegeben, die den Grad an Ungenauigkeit beschreibt
   und zur Kombination von Fuzzy-Werten verwendet wird.

2. Verarbeitung der Fuzzy-Mengen mit Fuzzy-Operatoren und Regeln, die Lösungen
   ermitteln lassen. Fuzzy-Operatoren erlauben die Zusammenfassung von Fuzzy-
   Werten, z.B. durch eine Und-Funktion oder eine Oder-Funktion.

   Fuzzy-Mengen und zugehörige Regeln sind in der Wissensbasis des Fuzzy-
   Controlers abgelegt. Die Inferenzmaschine realisiert die Anwendung von Regeln und
   damit die Ableitung von neuem Wissen. Tabelle 2.15 zeigt ein Beispiel einer Fuzzy-
   Regel. Eine andere Darstellungsform ergibt sich auch durch die direkte Angabe der
   Zugehörigkeitsfunktionen der beteiligten Variablen (siehe Abbildung 2.8 als Bei-
   spiel).

```
/* Regel zur Ermittlung der Wichtigkeit von Aufträgen */
    IF      kapazitaetsbedarf(sehr gering)
            FUZZY_AND prioritaet(normal)
            FUZZY_AND fertigstellung(bald)
    THEN wichtigkeit(normal);
```

Tabelle 2.15: Beispiel für Fuzzy-Regel

3. Transformation der Fuzzy-Scheduling Ergebnisse in konkrete Werte (crisp values), was auch als Defuzzifikation bezeichnet wird, z.B. in konkrete Werte für Zeitpunkte der Operationen.

In Abschnitt 3.5.2 wird ein Ansatz zur globalen Ablaufplanung auf Basis der Fuzzy-Technik vorgestellt. Der prinzipielle Vorteil von Fuzzy-Scheduling ist die Möglichkeit sich auf die wichtigen Planungsentscheidungen zu konzentrieren, ein wesentlicher Nachteil ist die benötigte Rechenleistung. Erste Ansätze wurden Ende der 80er Jahre vorgestellt [Kje98, Sla94] und auch aktuell werden neue Systeme entwickelt [KS94, SAS97]. Übersichten über Anwendungen findet man u.a. bei [BHKN97, Pop94, Sla98].

2.4.4   Ablaufplanung mit Neuronalen Netzen

Neuronale Netze [Bra95, Zel98] gehören neben den Genetischen Algorithmen zu den sogenannten naturanalogen Verfahren, in denen biologische Prinzipien für die Lösung von Problemen angewendet werden. Ein Neuronales Netz besteht aus einer Menge von Knoten, den sogenannten Neuronen, die auf unterschiedliche Art miteinander verbunden sein können. Jedes Neuron wird charakterisiert durch die Summe von n gewichteten Eingangswerten, die mittels einer Schwellwertfunktion S (auch Aktivierungs- oder Thresholdfunktion genannt) das Schalten (Feuern) des Neurons und damit die Weitergabe des berechneten Ausgangswertes bewirken, d.h. jedes Neuron realisiert eine Funktion $y = S (\Sigma\ Wi * Xi)$, mit Eingabewerten Xi und zugehörigen Gewichten Wi. Typischerweise ist das Netz in mehreren Schichten (layer) angeordnet, eine Eingabeschicht, eine Ausgabeschicht und evtl. mehrere innere Schichten (hidden layer). Nur Eingabe- und Ausgabeschicht sind für den Nutzer sichtbar. Das gesamte Netz realisiert eine Funktion, die eine Menge angelegter Eingabewerte über die gewichteten Inputfunktionen und die Schwellwertfunktionen in eine Menge von Ausgabewerten überführt. Abbildung 2.10 zeigt den allgemeinen Aufbau eines Neurons sowie ein Beispiel eines neuronalen Netzes mit einer Eingabeschicht aus neun Neuronen, einer Ausgabe von fünf Werten und einer versteckten (inneren) Schicht.

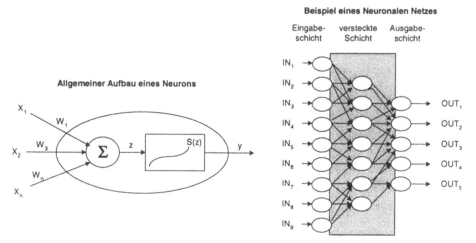

Abbildung 2.10: Neuron und Neuronales Netz

Auf diesem Aufbau beruhen die Stärken und Schwächen Neuronaler Netze. Zu den Stärken gehören

- Lernmöglichkeiten über die Anpassung von Gewichtsfunktionen (Trainieren des Netzes)
- Parallelität, da alle Knoten einer Schicht prinzipiell parallel schalten können
- Komplexe Funktionen sind realisierbar
- Robustes Verhalten gegenüber "verrauschten", ungenauen Eingaben.

Zu den Nachteilen zählen

- Mangelnde Transparenz: nur durch mühsame Analyse kann das Verhalten eines Netzes nachvollzogen werden
- Starre Struktur bezüglich Ein- und Ausgabe, d.h. eher statische Probleme sind lösbar.

Diese Charakteristika beschränken ebenfalls die Anwendungsbereiche, in denen Netze erfolgversprechend eingesetzt werden können. Verfahren mit Neuronalen Netzen werden hauptsächlich für Probleme der Mustererkennung, Prognose, Klassifizierung und Datenanalyse verwendet. Weitergehende Literatur, Literaturhinweise und Übersichten zu Anwendungen finden sich u.a. bei [Arb95, BHK+98, CM95, Zel98].

Im Bereich der Ablaufplanung wurden auch einige Ansätze mit Neuronalen Netzen vorgestellt. Fast alle verwenden die Sichtweise der Planung als Optimierungsproblem [ZF94]. Insgesamt können die bisherigen Ablaufplanungsanwendungen mit Neuronalen

Netzen in zwei Gruppen eingeordnet werden: Optimierungsansätze mit Netzwerken vom Hopfield-Tank-Typ, mit denen eine Auswahlfunktion optimiert werden kann, sowie Verfahren mit lernfähigen Netzen, deren Schwellwerte durch spezielle Lernverfahren auf unterschiedliche Eingaben angepasst (trainiert) werden können. Zur ersten Gruppe zählen z.B. betriebliche Planungssysteme [Fai93, RS92, ZCBO91], Algorithmen zur Beobachtungszeitplanung für Weltraumteleskope [Ado92, AJ90] und für die reaktive Planung [GT95]. In die zweite Gruppe fallen u.a. Systeme, die das Planungsverhalten menschlicher Experten nachbilden sollen [LMY92], sowie Netze für Teilaufgaben der Planung wie etwa Prognose [Zie92], Klassifizierung [GGMT90] oder Auswahl von Heuristiken [RAK90].

Als wesentlicher Nachteil erweist sich bei Planungsproblemen die Inflexibilität der Netzwerke, d.h. für leicht geänderte Problemstellungen müssen jeweils neue Netze konstruiert werden. Daher beschränken sich die vorgestellten Ansätze im Allgemeinen auch auf Aufgaben der prädiktiven Ablaufplanung. Keines der angeführten Systeme betrachtet Fertigungsvarianten, meist auch keine alternativen Maschinen. Wegen der hohen Komplexität der vorgeschlagenen Netze werden nur kleine Probleme mit wenigen Aufträgen betrachtet. Einige Systeme werden zwar auch mit größeren Auftragsmengen fertig, schränken dann aber die Problemstruktur noch weiter ein, indem sie beispielsweise auf Fertigstellungstermine oder Reihenfolgebeziehungen verzichten. Zudem sind die meisten Ansätze auf eine bestimmte Zielfunktion festgelegt.

In [MS98] wird ein Ansatz vorgestellt, der auch alternative Produktionsabläufe und alternative Ressourcen berücksichtigt. Er kombiniert das heuristische Prinzip der Problemzerlegung mit der Anwendung von Neuronalen Netzen zur Lösung von Teilproblemen. Zum Einsatz kommen dabei Hopfield-Tank-Netze und LP-Netze, die jeweils Auswahl- bzw. Lineare Programmierungsprobleme lösen. Ziel dieses Ansatzes ist es, mit Neuronalen Netzen realistische Planungsszenarien hoher Komplexität zu bearbeiten, in denen größere Auftragsmengen, früheste Start- und späteste Endzeitpunkte, verschiedene Fertigungsvarianten (inklusive Vorzugsvarianten) für jeden Auftrag, mehrere, in fester Reihenfolge auszuführende Operationen pro Variante, alternative Maschinen (inklusive Vorzugsmaschinen) für die einzelnen Operationen sowie unterschiedliche Bewertungskriterien für „gute" Pläne modelliert sind. Während bei früheren Ansätzen die Problemstruktur eingeschränkt wurde, um die effiziente Bearbeitung in einem einzigen Netz zu ermöglichen, kommt bei [MS98] eine Kombination von Heuristiken und drei

Neuronalen Netzen zum Einsatz. Grundlage ist eine heuristische Zerlegung der Ablaufplanung in die folgenden drei Planungsstufen:

- Auswahl einer Fertigungsvariante für jeden Auftrag:

  Hier sollen Varianten für die betrachtete Menge von Aufträgen derart ausgewählt
  werden, dass die zur Verfügung stehenden Maschinen möglichst gleichmäßig ausgelastet werden. Hierzu wird ein modifiziertes Hopfield-Tank-Netz eingesetzt, das im
  wesentlichen zwei Kenngrößen verwendet: die Maschinenkonkurrenz je zweier Varianten unterschiedlicher Aufträge, die anhand des Anspruchs beider auf Benutzung
  gleicher Maschinen gemessen wird, sowie die erwartete Belastung jeder Maschinengruppe durch jede Auftragsvariante, die stochastisch auf das im Grobplan vorgegebene Zeitintervall verteilt wird. Als Eingabe des Algorithmus dienen eine Menge von
  Aufträgen, eine Liste von Fertigungsvorschriften sowie eine Menge von Maschinen,
  die in Maschinengruppen eingeteilt sind.

  Das *Hopfield-Tank-Netz* [HT85] stellt eine Weiterentwicklung des Hopfield-Netzes
  dar und ist speziell auf Optimierungsprobleme zugeschnitten. Es besteht aus n vollständig verbundenen Neuronen in einem symmetrischen, irreflexiven Graphen. Die
  von einem Hopfield-Tank-Netz gefundene Lösung (das vom Netz erkannte Muster)
  ist ein Minimum seiner Energiefunktion. Die Energiefunktion ist die vom Netz rep-
  räsentierte Funktion und beinhaltet die Werte der einzelnen Knoten. Sie muss für das
  Beispiel der Ablaufplanung sowohl korrekte als auch „gute" Lösungen repräsentieren. Bei falscher Gewichtung der einzelnen Schwellwertfunktionen werden die Lösungen entweder ungültig oder zu schlecht. Zum anderen kann das Verfahren in lokalen Minima der Energiefunktion stecken bleiben, so dass nicht die optimale Lösung gefunden wird.

- Auswahl einer Maschine für jede Operation der gewählten Variante:

  Die Maschinenauswahl findet nach dem gleichen Prinzip wie die Variantenauswahl
  statt. Es wird ein Hopfield-Tank-Netzwerk eingesetzt, allerdings verarbeitet es nun
  Operationen statt Aufträge und Maschinen statt Varianten. Die für jeden Auftrag
  ausgewählte Variante wird in die nach der Fertigungsvorschrift vorgesehenen Operationen zerlegt. Für jede erlaubte Zuordnung von Operation zu Maschine wird ein
  Neuron erzeugt. Dies geschieht für alle Aufträge.

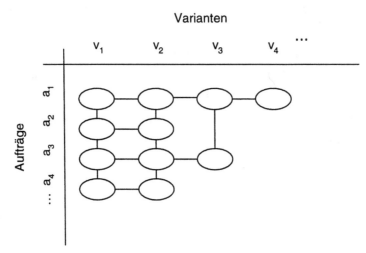

Abbildung 2.11: Hopfield-Tank-Netz zur Variantenauswahl (vereinfacht)

- Zeitliche Festlegung der Operationen:

  Die dritte Planungsstufe wird als Problem der Linearen Programmierung formuliert und mit einem LP-Netz bearbeitet. Das LP-Netz löst Aufgaben der Linearen Programmierung [TH86]. Bei dieser Problemklasse sind n Variablen so zu belegen, dass eine lineare Zielfunktion optimiert wird, wobei m Nebenbedingungen in Form linearer Ungleichungen einzuhalten sind. Das Netz besteht daher aus $n + m$ Neuronen in einem vollständig bipartiten Graphen, so dass jede Variable und jede Ungleichung durch jeweils ein Neuron repräsentiert wird.

  Als Variablen für die LP-Planungsaufgabe werden die Startzeitpunkte der einzelnen Operationen gewählt (alle anderen Parameter sind bereits bestimmt). Die Constraints zur Termineinhaltung, zur Ausführungsreihenfolge und zur Vermeidung von Doppelbelegungen werden als Ungleichungen formuliert und jeweils durch ein Ungleichungsneuron repräsentiert.

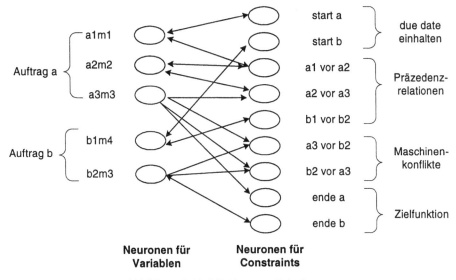

Abbildung 2.12: LP-Netz zur Zeitplanung

Die Leistung des Systems wurde in verschiedenen Testreihen analysiert [Mär96]. Dabei wurden sowohl synthetische als auch authentische Planungsdaten (Fertigungsvorschriften und Grobpläne) in Auftragsmengen unterschiedlicher Größe für Fließ- und Werkstattfertigung eingesetzt. Als Vergleichsalgorithmus diente ein heuristisches Verfahren, das die Aufträge nach einer Prioritätsregel wie EDD (earliest due date first) oder LPT (longest processing time first) sequentiell verplant. Zur Einplanung eines jeden Auftrags werden alle Varianten und alle alternativen Maschinen ausprobiert, um die frühestmögliche Fertigstellung zu garantieren (vollständiges Backtracking). Allerdings wird ein bereits verplanter Auftrag später nicht mehr verschoben (etwa um einem anderen Platz zu machen).

In den Tests zeigte sich, dass die Planungsstrategie überaus erfolgreich ist. Die parallele Betrachtung aller Aufträge bzw. Operationen in jeder Planungsstufe erweist sich als großer Vorteil gegenüber der sequentiellen Arbeitsweise des heuristischen Verfahrens. Hinderlich sind jedoch die zu hohen Laufzeiten, so dass u. a. keine Resultate für größere Auftragsmengen ermittelt werden können.

2.4.5 Ablaufplanung mit iterativen Verbesserungstechniken

Die in diesem Abschnitt vorgestellten Verfahren werden unter dem Begriff Iterative Verbesserungsverfahren (lokale Suchverfahren, Iterative Improvement Techniques) zusammengefasst und werden vor allem bei kombinatorischen Optimierungsproblemen eingesetzt [Rei98, Sch97a]. Die Verfahren beruhen im Wesentlichen auf der Suche und Bewertung von benachbarten Lösungen im Lösungsraum, d.h. im Falle der Ablaufplanung nach Ablaufplänen, die sich nur wenig unterscheiden, um so zu einer optimalen oder näherungsweise optimalen Lösung zu kommen. Im Gegensatz zu den bisher betrachteten Verfahren konstruieren die im Folgenden betrachteten Verfahren keine Lösungen, sondern arbeiten auf Mengen von existierenden Lösungen, um diese zu verbessern. Sie können damit vor allem dann eingesetzt werden, wenn genügend Zeit vorhanden ist, um nach besseren Lösungen zu suchen und Bewertungsfunktionen existieren, die die Güte von Lösungen feststellen oder zumindest abschätzen lassen. Alle Verfahren starten mit einer (oder einer Menge von) initialen Lösung(en) und versuchen, ausgewählte Lösungen durch schrittweise Verbesserungen zu einer optimalen Lösung zu bringen [Dor95]. Positiv ist auch die „anytime"-Eigenschaft der Verfahren, d.h. zu jeder Zeit existieren Lösungen, die weiter verwendet werden können. Die verwendeten Operationen zur Veränderungen der Lösung (lokale Suchoperatoren) und auch die Bewertungen sind die kritischen Elemente der Verfahren, da sie die Richtung dieser sogenannten lokalen Suche bestimmen. Durch die Operatoren wird die Lösung jeweils nur leicht verändert, so dass eine Lösung "in der Nachbarschaft" entsteht.

Mögliche Operatoren für die Veränderung von Ablaufplänen und damit zur Erzeugung der Nachbarlösungen sind z.B.

* die Vertauschung von Operationen oder Aufträgen,
* die zeitliche Verschiebung von Operationen oder Aufträgen oder
* die Verwendung von alternativen Ressourcen.

Diese Operatoren können in allen Verfahren verwendet werden. Die Verfahren basieren auf dem "Hill Climbing"-Algorithmus (siehe Tabelle 2.16), der als einfachster Algorithmus zur iterativen Verbesserung bezeichnet werden kann.

```
Hill Climbing
Wähle initiale Lösung OLD;
WHILE not Abbruchbedingung
        wähle Nachbarlösung NEW von OLD;
        IF f (NEW) > f (OLD)
                THEN OLD := NEW
        ENDIF
END WHILE
```

Tabelle 2.16: Hill Climbing Verfahren

Initiale Lösungen können z.B. mit einfachen Heuristiken ermittelt werden. Das Verfahren wird z.B. abgebrochen (Abbruchbedingung), wenn längere Zeit keine Verbesserung der Lösung erreicht wurde oder wenn eine bestimmte Zeitschranke erreicht ist.

Wesentlicher Nachteil des Hill Climbing Verfahrens ist, das es in einem lokalen, aber bei weitem nicht globalen Optimum stecken bleiben kann. Als Alternative, um diesen Nachteil zu überwinden, wurden auf dem beschriebenen Ansatz aufbauende Verfahren entwickelt, die im Laufe der Lösungssuche auch schlechtere Lösungen akzeptieren. Sie unterscheiden sich vor allem in der Aktzeptanzregel für schlechtere Lösungen. Die wichtigsten dieser Verfahren sind Simulated Annealing, Threshold Acception, Sintflut-Algortihmen und Tabu Search.

Simulated Annealing (simuliertes Ausglühen)

Das Verfahren basiert auf einem Vorbild aus der Metallurgie. Wenn Material erhitzt wird und dann langsam abkühlt, ändert sich je nach Temperatur die Bewegungsfreiheit der Atome im Kristallgitter, bis ein Zustand minimaler freier Energie erreicht ist.

```
Simulated Annealing
wähle initiale Lösung OLD;
BEST := OLD;
wähle initiale Temperatur T > 0;
WHILE not Abbruchbedingung
        wähle Nachbarlösung NEW von OLD;
        DIFF := f (NEW) - f (OLD);
        IF DIFF > 0
                THEN OLD := NEW
                ELSE mit Wahrscheinlichkeit p (DIFF, T) OLD := NEW
        ENDIF;
        update (OLD, BEST);
        IF längere Zeit keine Verbesserung
                THEN senke T
        ENDIF
END WHILE
```

Tabelle 2.17: Simulated Annealing

Übertragen auf den Algorithmus (siehe Tabelle 2.17) bedeutet das, dass die Wahrscheinlichkeit, eine Lösung zu akzeptieren, vom Verschlechterungsgrad und der aktuellen Temperatur abhängt. Dabei werden geringere Verschlechterungen öfter akzeptiert als starke. Die Temperatur wird schrittweise von einem Ausgangswert bis auf 0 gesenkt, d.h. dass schließlich keine schlechteren Lösungen mehr akzeptiert werden. Die update-Funktion dient zur Speicherung der jeweils besten Lösung. Durch die Verwendung der Wahrscheinlichkeitsfunktion zählt das Verfahren zu den probabilistischen Verfahren. Ablaufplanungsansätze mit Simulated Annealing werden u.a. in [Dor95, Pin95] beschrieben.

```
Threshold Accepting
wähle initiale Lösung OLD;
BEST := OLD;
wähle initiale Schwelle S > 0;
WHILE not Abbruchbedingung
        wähle Nachbarlösung NEW von OLD;
        IF f (NEW) >= f (OLD) - S
                THEN OLD := NEW;
        ENDIF
        update(OLD, BEST);
        IF längere Zeit keine Verbesserung
                THEN senke S;
        ENDIF
END WHILE
```

Tabelle 2.18: Threshold Accepting

Threshold Accepting (Toleranzschwelle) für Maximierung

Dieses Verfahren (siehe Tabelle 2.18) akzeptiert jede neue Lösung, die „nicht wesentlich" schlechter ist als die bisherige. Diese Abweichungsmöglichkeit wird durch die Toleranzschwelle S festgelegt. Das Verfahren ist deterministisch und die Toleranzschwelle wird von einem Startwert aus sukzessive auf 0 abgesenkt.

Sintflut-Algorithmus (Great Deluge Algorithm)

Bei diesem Verfahren (siehe Tabelle 2.19) wird mit einer unteren Schranke gearbeitet, die jeweils um einen vordefinierten Wert „up" nach oben gesetzt wird. Dies simuliert das Ansteigen des Wasserstandes wie bei einer Sintflut. Schließlich sollen nur noch die Lösungen (peaks) gefunden werden, die über dieser Schranke liegen. Hier besteht aber auch die Gefahr, dass das Verfahren in einem lokalen Optimum bleibt und keine bessere

Lösung mehr findet, wenn die Lösungen zu weit auseinander liegen und somit nicht in der „Nachbarschaft" zu finden sind.

Sintflut-Algorithmus (Great Deluge Algorithm)
wähle initiale Lösung OLD;

BEST := OLD;
wähle "Regenstärke" UP > 0;
wähle initialen Wasserstand WATER > 0;
WHILE not Abbruchbedingung
       wähle Nachbarlösung NEW von OLD;
       IF f (NEW) > WATER
              THEN OLD := NEW;
              update(OLD, BEST);
              WATER := WATER + UP
       ENDIF
END WHILE

Tabelle 2.19: Sintflut Algorithmus

Tabu Search

Tabu Search (siehe Tabelle 2.20) [Glo89, Glo90] verwendet eine Art Kurzzeitgedächtnis, einen Ringpuffer der Größe n, in dem die n zuletzt besuchten Zustände abgelegt sind. Der Ringpuffer hält jeweils die n zuletzt besuchten Nachbarn und vergisst bei den nächsten neuen Lösungen dann jeweils den ältesten gemerkten Zustand. Das bedeutet auch, dass ein besuchter Zustand in den nächsten n Schritten nicht nochmals erreicht werden kann. Das Verfahren wird abgebrochen, falls {Nachbarschaft \ Ringpuffer} = Ø ist, da alle Nachbarn dann bereits besucht worden sind.

Tabu Search

wähle initiale Lösung OLD;
Ringpuffer := Ø;
WHILE N(OLD) \ Ringpuffer ≠ Ø
       wähle NEW ∈ (N (OLD) \ Ringpuffer) mit bestem Zielfunktionswert f (NEW);
       ergänze Ringpuffer um OLD;
       OLD := NEW;
END WHILE

Tabelle 2.20: Tabu Search

2.4.6   Ablaufplanung mit Genetischen Algorithmen

Genetische Algorithmen [BFM97, Bru96, Nis97] weisen starke Ähnlichkeiten zu den zuvor betrachteten (lokalen Such-) Verfahren auf, besitzen aber auch einige Besonderheiten, so dass sie gesondert betrachtet werden sollen. Basierend auf einem einfachen algorithmischen Prinzip (siehe Tabelle 2.21) werden - ebenso wie bei den iterativen Verbesserungsverfahren aus dem vorigen Abschnitt - ausgehend von einer (oder einer Menge von) Anfangslösung(en) so lange neue (möglichst bessere) Lösungen gesucht, bis ein bestimmtes Abbruchkriterium erfüllt ist. Allerdings können dabei auch Lösungen entstehen, die nicht unbedingt der Nachbarschaft zuzuordnen sind.

Die Vorgehensweise und die Begriffswelt sind bei Genetischen Algorithmen an die biologische Evolution angelehnt. Ausgehend von einer Menge von Individuen (Lösungen, hier Plänen), die die Anfangspopulation bilden, werden die Schritte „Selektion" (Auswahl einer Teilmenge zur Rekombination), „Crossover" (Erzeugung neuer Lösungen durch Rekombination von Individuen), „Mutation" (Veränderung einzelner Individuen) so lange durchlaufen, bis ein bestimmtes Kriterium erfüllt ist, z.B. bis ein bekanntes Optimum gefunden oder eine Anzahl von Iterationen durchlaufen ist. Meist wird dabei ein Optimierungsproblem betrachtet, für das eine entsprechende Evaluierungsfunktion angegeben wird. Genetische Algorithmen werden mittlerweile in einer großen Anzahl von Anwendungsbereichen eingesetzt, da sie sich auch für komplexe Suchräume eignen, keine prinzipiellen Restriktionen an die Zielfunktion stellen und gut kombinierbar mit anderen Verfahren sind. Übersichten über Anwendungen von Genetischen Algorithmen finden sich u.a. in [Bru96, Bru97, Nis97].

```
Genetischer Algorithmus
erzeuge initiale Menge von Lösungen M_OLD;
bewerte alle Lösungen aus M_OLD;
WHILE not Abbruchbedingung
        M_SEL  := selection (M_OLD)    // wähle Lösungen für crossover;
        M_NEW := crossover (M_SEL)     // erzeuge neue Lösungen
        M_NEW := mutation (M_NEW)      // mutiere zufällig einige Lösungen
        M_OLD := M_NEW
        bewerte alle Lösungen aus M_OLD;
END WHILE
gebe beste Lösung aus M_OLD aus;
```

Tabelle 2.21: Genetischer Algorithmus

Die Effizienz eines Genetischen Algorithmus ist von verschiedenen Parametern abhängig, die u.a. die Laufzeit und die Lösungsqualität bestimmen. Neben der Größe der Population und der Anzahl durchlaufener Generationen ist dies vor allem die Ausgestaltung der Funktionen zur Bewertung, zur Selektion, zum Crossover und zur Mutation. Das Spektrum möglicher Ansätze auf Basis von Genetischen Algorithmen reicht daher von Verfahren mit kleinen Mengengerüsten (Population, Durchläufe) auf Basis der Repräsentation durch Bitstrings, die nur Mutation verwenden, bis hin zu komplexen Verfahren, die neuartige Repräsentationen und wissensbasierte Funktionen für Selektion, Crossover und Mutation verwenden. Diese Parameter bedingen auch einige Nachteile Genetischer Algorithmen, z.B. die hohen Laufzeiten und generell das Finden der geeigneten Parametereinstellung.

Der im Rahmen der Oldenburger Arbeitsgruppe untersuchte Genetische Algorithmus zur lokal prädiktiven Ablaufplanung [Bru93, Bru96, Bru97] enthält spezifische Erweiterungen, die für die Lösung der beschriebenen lokalen Ablaufplanungsprobleme entwickelt wurden.

Für die komplexe Problemstellung mit Varianten und Alternativmaschinen reicht eine einfache, indirekte Repräsentation des Plans, z.B. durch einen Bitstring im Allgemeinen nicht aus. Daher wurde eine direkte Repräsentation des Planungsproblems gewählt, d.h. einzelne Individuen repräsentieren eindeutige Pläne, und nicht nur Reihenfolgen von Aufträgen, die erst noch zu gültigen Plänen umgerechnet werden müssen. Ein zulässiger Ablaufplan wird durch eine Liste von Operation/Variante/Maschine/Produktionsintervall-Tupeln repräsentiert und basiert im Unterschied zu anderen GA-Ansätzen auf einer komplexen Datenstruktur, die sämtliche Information enthält, die für die eindeutige Beschreibung eines Ablaufplanes notwendig ist.

Passend zu dieser Repräsentation wurden in [Bru93, Bru96, Bru97] spezielle Operatoren für Selektion, Crossover und Mutation entworfen, die die Repräsentation und gleichzeitig bestimmte Constraints der Planungsumgebung berücksichtigen. Die Operatoren machen intensiven Gebrauch von heuristischem Problemwissen und haben die Funktionalität von wissensbasierten Planungsalgorithmen, womit auch die Zulässigkeit der generierten Nachkommenpläne garantiert wird. Ziel des Verfahrens ist dabei die Minimierung der Verzüge, was ebenfalls bei der Gestaltung der Operatoren berücksichtigt wurde. Ausgehend von einer proportionalen Selektion werden beim Crossover die Variablen auftragsweise zusammengefaßt und zunächst alle nicht verspäteten Aufträge komplett aus einem Elternteil extrahiert. Für die verspäteten Aufträge werden aus dem zweiten Elternteil die Reihenfolgen und Maschinenbelegungen übernommen und konsistent mit den frühest möglichen Startzeiten versehen. Somit werden jeweils positive Eigenschaften aus mindestens einem Elternteil vererbt. Bei der Mutation entstehen für zufällig gewählte Variablen neue Werte, indem einer Variantenvariablen zufällig eine neue Variante, einer Startvariablen der früheste (kleinste) zulässige Startzeitwert und einer Maschinenvariablen zufällig eine neue Maschine, die zum gewählten Startzeitwert verfügbar ist, zugewiesen werden.

Die Ergebnisse [Bru96] zeigen, dass teilweise erhebliche qualitative Verbesserungen der Pläne erreicht werden können, allerdings führen die hohen Laufzeiten und die Struktur der Algorithmen dazu, dass Genetische Algorithmen im Allgemeinen nur für prädiktive Aufgabenstellungen mit klaren Bewertungsfunktionen einsetzbar scheinen. Für reaktive Problemstellungen scheinen sie nicht geeignet zu sein, da geänderte Rahmenbedingungen jeweils neu modelliert werden müssen und immer eine gewisse Anzahl von Läufen mit entsprechend großen Populationen für eine „gute" Lösung nötig sind. Das würde einer schnellen Reaktion auf Ereignisse widersprechen.

2.4.7 Ablaufplanung mit Methoden der Verteilten KI

Ein Schwerpunkt der Verteilten Künstlichen Intelligenz (VKI, auch distributed artificial intelligence DAI) [Cha92] ist das verteilte Lösen von Problemen, d.h., dass mehrere „Spezialisten" gemeinsam ein Problem lösen. Als wichtigste Strukturen werden Systeme zum verteilten Problemlösen und Multiagenten-Systeme (MAS) unterschieden. In MAS betrachtet man hauptsächlich die Akteure, die Agenten, und dabei vor allem ihr Verhalten, ihre Architektur und ihre Kommunikation. Im Gegensatz dazu steht beim verteilten Problemlösen die „Kunst des Problemlösens", u.a. die Problemzerlegung, die Lösung von Teilproblemen und die Zusammenfassung von Teillösungen im Vordergrund.

Systeme aus Agenten dominieren die aktuelle Entwicklung in diesem Bereich. Dabei werden vor allem Struktur und Organisationsform des Agentensystems betrachtet, zur Problemlösung werden meist die bereits vorgestellten Verfahren verwendet, die durch die Möglichkeiten der Zusammenarbeit erweitert werden.

Wesentliche Merkmale eines Agenten als Softwaresystem sind nach [Hen98b, Wei99, WJ95, Woo99]:

- Autonomie: Agenten kontrollieren sich selbst, ohne Eingriff von außen.
- Reaktivität: Agenten können ihre Umgebung wahrnehmen und auf Änderungen reagieren.
- Proaktivität: Agenten handeln zielgerichtet aus „eigenem Antrieb".
- Intelligenz: Agenten haben eine gewisse Problemlösungsfähigkeit für spezielle Problemstellungen.
- „Soziale" Fähigkeiten: Agenten interagieren mit anderen Agenten. Die Kommunikation ist besonders wichtig für das gemeinsame Problemlösen.

In MAS arbeiten mehrere Agenten zusammen, um eine gegebene Problemstellung zu lösen. Wichtig ist dabei auch die Organisationsform der beteiligten Agenten, da sie Aufgabenteilung und Interaktion bestimmt. [Hen98a] nennt als wichtige Formen der Organisation:

- Zentralistische/hierarchische Organisation: die Rechte und Pflichten der beteiligten Agenten sind fest vorgegeben und implizieren dadurch eine Master-Slave-Beziehung mit klarer Festlegung der Entscheidungsbefugnisse
- Marktorientierte Organisation: alle beteiligten Agenten sind gleichberechtigt und verteilen in einem „marktähnlichen" Verfahren die gemeinsam zu lösenden Teilaufgaben
- Kooperierende Organisation: hierbei ist jeder Agent ein Spezialist für eine bestimmte Teilaufgabe, der für die Gesamtlösung einbezogen werden muss
- Teams: Agenten schließen sich zu Teams zusammen, um eine bestimmte Aufgabe zu lösen, in der Regel handelt es sich dabei um kooperierende Agenten.

Da viele Problemstellungen innerhalb der betrieblichen Planung inhärent verteilt sind und daher bisher auch durch organisatorisch verteilte menschliche Planer gelöst werden, bietet sich eine Betrachtung der Methoden der verteilten KI auch für Planungsprobleme an [Hen98a]. Bisher sind die vorgestellten Systeme auf lokale Problemstellungen beschränkt und betonen den autonomen Charakter der Agenten, d.h. der Mensch wird nur selten in den Entscheidungsprozess einbezogen und die Systeme realisieren damit eher ein steuerndes als ein planendes System.

Bei der Realisierung von Ablaufplanungssystemen als MAS müssen vor allem folgende Punkte beachtet werden (bei anderen Systemen tauchen analoge Fragestellungen auf):

- Wie soll ein System durch Agenten repräsentiert werden, d.h. wie werden die Aufgaben auf Agenten verteilt. Dabei sind mehrere Ansätze denkbar:

  - Agenten können Subsysteme eines Scheduling Systems sein und jeweils spezielle Aufgabenstellungen erledigen, z.B. gibt es dann einen prädiktiven und einen reaktiven Agent, die jeweils ein entsprechendes Verfahren realisieren.

  - Agenten können einzelne Objekte der Planungsumgebung repräsentieren, z.B. es gibt dann Maschinenagenten, die dafür sorgen, dass eine Maschine sinnvoll ausgelastet wird, und Auftragsagenten, die dafür sorgen, dass ein Auftrag optimal eingeplant wird.

- Was sind die Aufgaben eines Agenten, was muss er tun, was kann er tun?

  Abhängig von der Stellung eines Agenten im Gesamtsystem müssen die Aufgaben bzgl. Repräsentation von Daten, Problemlösefähigkeit, Kommunikation mit anderen Agenten etc. definiert werden.

- Welche Problemlösungsfähigkeiten hat ein Agent?

  Hier ist zu bestimmen, welches Planungswissen ein Agent haben soll, was auch von der generellen Aufgabe des Agenten abhängig ist.

- Wie kommunizieren die Agenten? Hierzu kann man shared memory oder message passing verwenden. Die dazu primär verwendeten Techniken sind:

  - Blackboard Ansatz [Hay85, Nii86]: Alle Agenten nutzen eine zentrale (globale) Datenstruktur zur Kommunikation. Jeder Agent hat Zugriff auf die Blackboard und kontrolliert, ob er ein anstehendes Problem lösen kann. Falls ja, so schreibt er seine Ergebnisse wieder auf die Blackboard.

  - Contract nets [Smi80]: Die Agenten nutzen ein strukturiertes Protokoll, um direkt miteinander zu kommunizieren.

Die bisher vorgestellten Ansätze zur Lösung von Planungsproblemen beziehen sich im Wesentlichen auf lokale Problemstellungen. Dabei tauchen vor allem Mengen von Maschinen- und Auftragsagenten auf, die gemeinsam einen Plan erstellen [Hen98a]. Beispiele für MAS Systeme im Ablaufplanungsbereich sind

- Systeme, die über Contract nets mit hierarchisch angeordneten Agenten einen Plan erzeugen, wie z.B. YAMS [Par88] oder DAS [BP94]

- Systeme, die über Blackboards Pläne erstellen bzw. anpassen, wie z.B. OPIS [Smi94], VerFLEX-BB [AK92] oder DUMDEX [Kot92]

- Systeme, in denen Agenten im Netz über erweiterte Protokolle verhandeln, z.B. DEPRODEX [WM91], CORTES [SRSF91], MARTIN [Hen98a].

Als Schwachstellen der bisherigen Ansätze zeigen sich [Hen98a]:

- Kommunikationsoverhead: insbesondere bei gleichberechtigten Agenten ohne übergeordneten Kontrollmechanismus kann der Kommunikationsaufwand leicht den Problemlösungsaufwand überschreiten [Par99]. Ähnliche Phänomene zeigen sich bei hierarchisch strukturierten Agenten, bei denen Agenten der untergeordneten Stufen in den Entscheidungsfindungsprozess integriert werden.
- Deadlocks, d.h. zyklisches Warten von Agenten auf die Ergebnisse anderer Agenten.
- Schleifenbildung, Chaos, Oszillation: kleine Änderungen können ungeahnte Auswirkungen erzielen, was im Allgemeinen aber nicht vorhersagbar ist.
- Globale Ziellosigkeit: da die Agenten zwar ein gemeinsames Ziel verfolgen, aber eine Präferenz auf lokale Zielsetzungen gelegt wird, ist nicht gewährleistet, dass eine „gute" globale Lösung erreicht wird.
- Benutzerintegration: sie ist bisher noch wenig behandelt worden. Da Ansätze menschlicher Eigenschaften in die Agenten „übertragen" werden, um den Problemlösungsprozess zu unterstützen, wird der konkrete Benutzer meist vernachlässigt. Henseler [Hen98a] zeigt einen Ansatz zur Integration des menschlichen Benutzers über spezielle Planungsagenten. Allerdings wird ihnen nicht die von menschlichen Benutzern gewünschte Dominanz zugeordnet. Die Agenten arbeiten alle gleichberechtigt auf einer Ebene, sodass auch hier die Kommunikation als starkes Hemmnis auftritt.
- Fairness ist nicht zu garantieren, da man nicht davon ausgehen kann, dass alle beteiligten Agenten sich an bestimmte Spielregeln z.B. im Bietverhalten zur Übernahme von (Teil-)Aufträgen gebunden fühlen.

Prinzipieller Vorteil von agentenbasierten Systemen ist die asynchrone, parallele Problembearbeitung, die zu schnelleren und besseren Ergebnissen führen kann. Beispiele dafür sind die sogenannten A-teams [RAM+99], bei denen Agenten jeweils unterschiedliche algorithmische Lösungsansätze realisieren und gemeinsam an der Verbesserung von Lösungen arbeiten. Weitere Übersichten über MAS im Bereich der Planung finden sich bei [Hen98a, JSW98, Par96, Par99, SN99, WJ95].

Zudem haben MAS noch eine Sonderstellung unter den vorgestellten Ansätzen, da sie nicht nur einen algorithmischen Ansatz - es können ja durchaus verschiedene der bisher betrachteten Verfahren als Problemlösungsintelligenz in den Agenten umgesetzt werden - sondern einen konzeptionellen Systemansatz mit einem Schwerpunkt auf Kontrollaufgaben darstellen. Dies führt dazu, dass auch die in der Arbeit betrachtete Problemstellung durch ein Multiagenten-System gelöst werden könnte. Allerdings werden einige Anforderungen gestellt, die dazu führen, dass der Multiagenten-Ansatz nicht verwendet wird (siehe dazu auch Kapitel 3).

2.4.8   Meta-Ablaufplanung

Da eine große Anzahl von algorithmischen, zumeist heuristischen Lösungsansätzen zur Lösung von Ablaufplanungsproblemen vorgestellt wurden, stellt sich die wichtige Frage, welches der geeignete Ansatz für eine gegebene Problemstellung ist. Mit diesem Problem haben sich bisher erst wenige Arbeiten beschäftigt. Hat man einen Ansatz gefunden, so stellt sich meist als zusätzliches Problem, dass die verwendeten Algorithmen nicht direkt anwendbar sind. Diese ergeben sich dadurch, dass Ansätze meist prototypisch und für spezielle Anwendungsszenarien erstellt wurden und damit eine "einfache" Weiter- bzw. Wiederverwendung nicht ohne Weiteres möglich ist. Zum einen, weil doch Spezifika der Problemstellung eingeflossen sind, und zum anderen, weil Modularisierung und Schnittstellenbeschreibung nicht auf die Wiederverwendbarkeit ausgerichtet sind. Hier setzen Vorschläge zur Meta-Ablaufplanung und zur Verwendung von dynamischem Planungswissen an.

Meta-Ablaufplanung betrachtet zwei Aspekte der Planungsproblematik:
1. Allgemeine Planungsunterstützung: hier werden generelle Aussagen über die richtige Vorgehensweise zur Erstellung eines Plans und darüber, wie ein guter Plan aussehen sollte, zusammengefasst. Die Sichtweise ist dabei bereichsunabhängig.
2. Auswahl der geeigneten Planungsstrategie zu einem gegebenen Problem: Auf Basis von Meta-Wissen über die Anwendbarkeit von Verfahren, werden geeignete Planungsstrategien vorgeschlagen oder ausgewählt.

Vor allem der zweite Aspekt soll hier näher betrachtet werden. Ein erster Lösungsansatz zur Auswahlproblematik ist im System OPIS [Smi94, SOMP90] realisiert, wo ein Algorithmus aus vier möglichen gewählt wird, um auf eine durch mehrere Parameter beschriebene Situation zu reagieren.

Der META-PLAN Ansatz [Sau93, Sau93a, Sau95] geht noch etwas weiter, um eine allgemeinere Auswahl und die dynamische Verwendung von Planungswissen zu unterstützen. Er kombiniert dazu ein Meta-Ablaufplanungssystem, das Unterstützung bei der Auswahl aus verschiedenen alternativen Algorithmen anbietet, mit der Möglichkeit, diese Algorithmen und ihre Anwendungsinformationen (das Meta-Wissen) flexibel zu beschreiben. Damit wird eine dynamische Erweiterbarkeit des Systems möglich. Zu diesem Zweck werden heuristische Verfahren als Kompositionen von Strategieskeletten und darin verwendeten Auswahlregeln gesehen und als dynamisches Planungswissen bezeichnet. Die Planskelette beschreiben dann z.B. eine auftragsbasierte Planungsstrategie und die Regeln darin die Auswahl von Aufträgen, Varianten, Ressourcen, etc. Abschnitt 2.4.1 zeigt einige Beispiele dafür. Das dynamische Planungswissen bietet die Möglichkeit, eine große Anzahl von Ablaufplanungsverfahren zu erzeugen. Zusätzlich ist dann noch Meta-Wissen über die Eignung der Skelette und Regeln nötig, um die "richtigen" auswählen zu können. Das Meta-Wissen umfasst Informationen über die angestrebten Ziele, die Ereignisse, die zu berücksichtigen sind und anderes situationsspezifisches Wissen. Dieses Wissen wird genutzt, um die geeignete Strategie bzw. das geeignete Strategieskelett und die zugehörigen Regeln oder auch fest vorgegebene Algorithmen für prädiktive und reaktive Planungsaufgaben auszuwählen.

2.4.9   Eignung von Verfahren für Planungsprobleme

Insgesamt zeigt sich bei der Betrachtung der vorgestellten und verfügbaren Verfahren, dass es „den" Planungsalgorithmus nicht gibt, sondern dass abhängig von der Planungsaufgabe, den Umgebungsbedingungen und den zu erreichenden Zielen jeweils recht unterschiedliche Verfahren zum Einsatz kommen können und dabei ein Vergleich von Verfahren häufig schwierig ist. Daher sollte es immer die Möglichkeit zum Einsatz mehrerer geeigneter Verfahren mit der Möglichkeit der Benutzerinteraktion geben, um eine größtmögliche Freiheit bei der Planung zu erhalten.

Zusammenfassend kann man die Aussagen zu den vorgestellten Verfahren und ihrer Eignung für die prädiktive und reaktive Ablaufplanung in Tabelle 2.22 darstellen. Die

Einschränkung auf lokale Problemstellung wird im Folgenden noch erweitert auf andere Probleme. Insgesamt kommen auch andere Übersichten, z.B. in [SM00] zu den gleichen Ergebnissen. In der Tabelle bedeuten

++   gut geeignet,

+   geeignet,

o   bedingt geeignet,

-         nicht geeignet.

Zusätzlich wird angegeben, in welchen Abschnitten die Verfahren ausführlich beschrieben wurden. Die Literaturangaben zeigen die Arbeiten, die im Rahmen der Oldenburger Arbeitsgruppe zu den einzelnen Themen erstellt wurden.

Problem Verfahren	lokal prädiktiv	lokal prädiktiv (optimal)	lokal reaktiv	beschrieben in Abschnitt
Heuristiken	++ [Sau93a]	+	+ [HA92, Hen95, Sau93a]	2.4.1
Optimierungs- verfahren	+	++	-	-
Iterative Verbesse- rung	+ [Ste96]	+	-	2.4.5
Genetische Algorithmen	+ [Bru96, Bru97]	+	-	2.4.6
Fuzzy-Logik	+ [ASS97, SAS97, Sue96]	-	+ [ASS97, SAS97, Sue96]	2.4.3
Constraints	+ [Sau93a, Sau98b]	+	o [Ste96]	2.4.2
Neuronale Netze	o [Mär96, MS98]	o [Mär96, MS98]	- [Mär96, MS98]	2.4.4
Multi- Agenten Systeme	- [Hen98a]	-	++ [Hen98a]	2.4.7

Tabelle 2.22: Eignung von Planungsverfahren für lokale Problemstellungen

Die in der Tabelle dargestellten Ergebnisse der Untersuchungen der Verfahren bilden auch eine Basis für die in Kapitel 3 zu treffende Auswahl von Verfahren für die dort definierten Planungsprobleme auf globaler Ebene.

2.5 Ablaufplanungssysteme

Ein Ablaufplanungssystem ist ein Softwaresystem, das einen Benutzer/Disponenten bei seinen planerischen Aufgaben unterstützen soll. Es muss dazu u.a. die Daten der Planungsumgebung geeignet darstellen, Verfahren zur Lösung der Planungsproblemstellung bereitstellen, Interaktionsmöglichkeiten und eine Einbindung in die bestehende organisatorische Umgebung bieten. Für den erfolgreichen Einsatz eines Ablaufplanungssystems sind nicht nur die in den vorhergehenden Abschnitten vorgestellten Algorithmen sondern vor allem auch andere Systemkomponenten wie z.B. die Benutzungsschnittstelle und die Einbindung in die betriebliche Umgebung von entscheidender Bedeutung. Sie sollen hier näher betrachtet werden.

In diesem Kapitel werden Anforderungen an Ablaufplanungssysteme (Abschnitt 2.5.1), Leitstände als Basis (Abschnitt 2.5.2) und verschiedene Realisierungsmöglichkeiten (Abschnitt 2.5.3) von Benutzungsschnittstellen für Planungssysteme vorgestellt. Im Anschluss daran wird in Abschnitt 2.5.4 eine prototypische Realisierung für ein wissensbasiertes Ablaufplanungssystem präsentiert.

2.5.1 Anforderungen an ein Ablaufplanungssystem

Durch ein Ablaufplanungssystem soll sein Benutzer bei der Bewältigung seiner Planungsaufgaben unterstützt werden. Wesentlich für diese Unterstützung und damit die Akzeptanz des Systems sind verständliche und klare Darstellung der Informationen, Steuerungsmöglichkeiten des Planungsablaufs, „gute" Verfahren zur Erstellung von Planvorgaben, interaktive Änderbarkeit des Plans und eine Einbindung in die Planungsumgebung. Damit sollte Ablaufplanungssystem sollte die folgende Anforderungen erfüllen [KLSF91, Kur99, SABH97]:

• Differenzierte Informationsbereitstellung
  Die für die Planungsaufgaben benötigte Information, z.B. Aufträge, Kapazitätsübersichten oder alternative Produktionsvarianten, muss übersichtlich und nach geforderten Kriterien bereitgestellt werden.

- Plandarstellung

  Der Plan sollte aus verschiedenen Sichten darstellbar sein, z.B. aus Sicht der Aufträge oder aus Sicht der Ressourcen. Die Verwendung von Farbe als Strukturierungshilfsmittel sowie das Zoomen in den Plan sollten möglich sein. Zusätzlich sollten weitere Informationen zu einzelnen Aufträgen, Operationen oder Ressourcen angezeigt werden.

- Unterstützung von interaktiven Planungsaktivitäten

  Die wichtige Rolle des menschlichen Planers, der letztendlich die Entscheidung fällen und auch die Verantwortung tragen muss, muss berücksichtigt werden. Vor allem die durch den Benutzer anzustoßenden oder ausführbaren Aktivitäten müssen in geeigneter Weise unterstützt werden, z.B. Auswahl von Verfahren, Auswahl von Aufträgen, Einplanen, Ausplanen, Verschieben, Alternativen anzeigen. Die Konsistenzsicherung und Fehlerbehandlung muss dabei vom System übernommen werden.

- Integration von Planungswissen

  Ein wesentlicher Faktor eines wissensbasierten Systems ist die Verwendung von bereichsspezifischem Wissen zur Lösung der gestellten Probleme. Dazu gehören nicht nur die vielfältigen Problemlösungstechniken aus dem Operations Research (OR) und der KI, die in Kapitel 2 vorgestellt wurden. Es werden auch spezifische, auf Expertenwissen basierende Strategien für bestimmte Probleme benötigt. Dieses Wissen muss geeignet dargestellt und angewendet werden können. Auch eine dynamische Anpassung dieses Wissens an neue bzw. geänderte Problemstellungen sollte möglich sein.

- Einbindung in die betriebliche Umgebung

  Das System muss in die betrieblichen Abläufe eingebunden werden können, z.B. durch eine gemeinsame Datenhaltung oder Schnittstellen zum Datentransfer. Damit können dann Daten übergeordneter Planungsvorgänge, Stammdaten oder die Daten der Betriebsdatenerfassung für das System nutzbar gemacht werden.

Ein Planungssystem, das die oben angegebenen Anforderungen erfüllt wird im Folgenden auch als wissensbasiertes Ablaufplanungssystem bezeichnet. Auf Basis der Anforderungen und der Analyse zahlreicher realisierter Planungssysteme ergibt sich die in Abbildung 2.13 dargestellte (Minimal)Architektur eines wissensbasierten Ablaufplanungssystems.

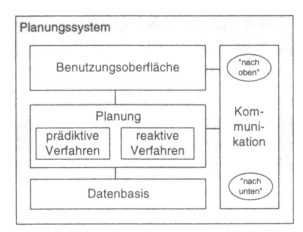

Abbildung 2.13: Allgemeine Architektur eines Ablaufplanungssystems

Die Komponente „Benutzungsoberfläche" stellt die Informationen der Planungsumgebung und den Plan dar, erlaubt die Interaktion mit dem System durch Auswahl von Planobjekten und/oder Anstoß von Planungsverfahren sowie die Verwaltung der benötigten Stammdaten. Neben den funktionalen Anforderungen müssen natürlich auch alle ergonomischen und qualitätsmäßigen Anforderungen, die an Benutzungsoberflächen bzw. Softwaresysteme insgesamt gestellt werden, erfüllt sein [Bal96, Pru00].

In der Komponente „Planung" sind die für die Durchführung der Planungsaufgaben benötigten Verfahren enthalten. Dabei müssen je nach konkretem Anwendungsfall sowohl prädiktive als auch Verfahren integriert und die interaktive Planung z.B. durch Konsistenzsicherung unterstützt werden. Zusätzlich sind hier Verfahren zum Vergleich der Planungsergebnisse zu finden. Hier kann das ganze Spektrum der in Kapitel 2 vorgestellten Ansätze zum Einsatz kommen.

In der „Datenbasis" werden die für das Planungssystem notwendigen Daten verwaltet. Dabei kann es sich z.B. um eine Datenhaltungskomponente auf Basis einer Datenbank oder von Dateien handeln. Die Datenhaltung kann eigenständig erfolgen, aber auch eine Anbindung an bestehende Datenhaltungssysteme ist denkbar. Diese Anbindung kann z.B. über gemeinsam genutzte Datenbanken oder direkten Austausch von Daten (z.B. bei R/3 über die APO-Schnittstelle) erfolgen. Im ersten Fall muss eine Anbindung an die vorhandene Datenbank realisiert werden. Die Daten müssen dann unter Umständen in das Format des Planungssystems konvertiert, bearbeitet und nach der Rückkonvertierung wieder in die Datenbank geschrieben werden. Im zweiten Fall müssen die Daten in dem von der vorgegebenen Schnittstelle definierten Format übernommen werden. Auch hier ist sicherlich eine Konvertierung vor und nach der Bearbeitung nötig, bevor die Daten wieder zurückgegeben werden können.

Die Komponente „Kommunikation" erlaubt die Einbindung des Systems in die Umgebung. Zum einen kann hier eine Anbindung „nach unten" erfolgen, um z.B. Daten der BDE zu integrieren oder den Plan an die Fertigung zu übergeben. Zum anderen ist eine Anbindung „nach oben" möglich, um z.B. die Aufträge einer übergeordneten Planungsinstanz übernehmen zu können. Auch die gemeinsame Nutzung von Datenbeständen kann man als mögliche Realisierung der Kommunikation in Betracht kommen.

In der Praxis sind unterschiedliche Realisierungsstufen von Ablaufplanungssystemen zu finden. Zum einen findet man Erweiterungen zu Standardsystemen wie R/3 oder anderen PPS-Systemen zum anderen Individuallösungen für spezielle Problemstellungen. Im ersten Fall sind häufig nicht alle Komponenten eines Ablaufplanungssystems, wie sie oben beschrieben wurden, zu finden. Insbesondere fehlt die Unterstützung der interaktiven Planung fast gänzlich. Leitstände sind das klassische Beispiel für solche Systeme der ersten Stufe. Zunächst als Erweiterung von PPS-Systemen gedacht, können sie aber auch die Basis für ein intelligentes Planungssystem sein. Sie werden daher im nächsten Abschnitt etwas genauer betrachtet. Die meisten Individuallösungen sind für spezielle Problemstellungen entworfen und nutzen dabei auch eine eigene Datenhaltung. Insgesamt ist die Einbindung in die bestehende Planungsumgebung meist nur sehr einfach, z.B. über Benutzereingaben oder einfache Datentransfers gelöst.

2.5.2   Leitstände

Das Leitstandkonzept kann als Grundlage für die Entwicklung von Benutzungsoberflächen in Ablaufplanungssystemen genutzt werden, insbesondere bzgl. Plandarstellung und einfachen Interaktionsmöglichkeiten [Kur99]), auch wenn der praktische Nutzen existierender Leitstandsysteme derzeit wieder diskutiert wird [SSE99].

Charakteristika des klassischen, zunehmend abgelösten manuellen Leitstandes in der Fertigungssteuerung ist die bis zu mehreren Metern breite Plantafel, in der für jeden Arbeitsgang eine Planungskarte mit aufgedrucktem oder eingezeichnetem Balken für seine Dauer eingesteckt wird. Die vertikale Gliederung erfolgt im Allgemeinen nach Maschinen bzw. Arbeitsplätzen, die horizontale Aufteilung gibt den Zeitverlauf wieder. Insgesamt ergibt sich ein graphischer Überblick für einzelne Ressourcen und Aufträge, die verteilten Arbeitsgänge sind häufig nur schwer zu erfassen. Das Handling ist meist sehr schwierig, Umplanungen oder gar die vollständige Neuplanung sind nicht möglich. Schon das Abbilden der aktuellen Situation ist schwierig, Planungs- und Überwachungsfehler sind daher sehr wahrscheinlich.

Elektronische Leitstände haben die manuellen Planungssysteme abgelöst und versuchen die manuellen Leitstände und die Arbeitsabläufe zu modellieren. Die am Markt verfügbaren Systeme bilden im Wesentlichen eine Verlängerung des PPS-Systems in Richtung Fertigungssteuerung mit einer eher einfachen Funktionalität [Kur99, SSE99]. Leitstände sind seit Mitte der achtziger Jahre verfügbar und werden als stand-alone Systeme oder integriert in ein PPS-System angeboten. Charakteristika sind:

* Graphische Oberfläche mit Plantafel, die mindestens als Ansichten bieten sollte:
    - auftragsorientiert: Durchlaufdiagramm mit verschiedenen Zeitanteilen und Terminrahmen
    - ressourcenorientiert: kumulierte (Säulendiagramm) und detaillierte Darstellungen.

    Weitere Ansichten sind möglich, z.B. Auftragssicht mit Situation der jeweils benötigten Ressourcen.
* Interaktive Eingriffsmöglichkeiten zur Planung, Unterstützung der Umdisposition, z.B. durch
    - Einplanen eines neuen Auftrags
    - Verschieben eines Arbeitsgangs/Operation (entweder durch Benutzer oder automatisch)
    - Verlagerung auf andere Ressourcen (Möglichkeiten dazu sollten angezeigt werden)
    - Ausplanen eines Arbeitsgangs/Operation
    - Suchen und Anzeigen von Informationen.
* Automatische Aktualisierung bei eingehenden Rückmeldungen (BDE-Anbindung nötig)
* Auftrags- und Ressourcenverwaltung, die am Leitstand erfolgen können soll
* Durchführung von Simulationen (zur Beantwortung von what-if Fragestellungen).

Die Komponenten aktuell realisierter Leitstände erfüllen leider nicht alle gewünschten Anforderungen, vor allem folgen sie noch stark der PPS-Sukzessivplanungsstrategie. Folgende Funktionalität wird im Allgemeinen angeboten [HJPD99, Kur99]:

- Auftragsübernahme: Übernahme aus PPS-System (vorterminierte grobgeplante Aufträge) durch File-Transfer zu bestimmten Zeitpunkten oder bei Statusänderung in Aufträgen bei gemeinsamer Datenbank. Bei stand-alone Systemen sind syntaktische und semantische Anpassungen durch Kopplungsprogramme nötig.
- Stammdatenverwaltung: Bei stand-alone Systemen muss sie redundant durchgeführt werden, sonst können über eine Schnittstelle PPS-Funktionen genutzt werden.
- Auftragsverwaltung: Erfassen von werkstattinternen Aufträgen (Wartung, Reparatur), Ändern von übernommenen Aufträgen (z.B. bzgl. Ressourcen, Vorgabedaten, Reihenfolgen). Problematisch ist dabei häufig der Abgleich mit Stammdaten des PPS-Systems.
- Reihenfolgeplanung: Kernfunktion des Leitstandes; im Allgemeinen mit graphischer Plantafel. Manuelles Einplanen oder Unterstützung durch Algorithmen möglich.
- Verfügbarkeitsprüfung, Freigabe und Belegerstellung: Falls alle Ressourcen verfügbar sind, werden Aufträge freigegeben und benötigte Belege erstellt.
- Rückmeldungen und Auftrags- bzw. Ressourcenüberwachung: Die Rückmeldungen führen nicht immer oder nur verzögert zu einer Aktualisierung der Übersicht.
- Datenübergabe an verschiedene Systeme: Dies erfordert meist weitere Schnittstellen.

In wichtigen Teilen sind die Anforderungen noch nicht umgesetzt [Kur99, SSE99], was zu Akzeptanzproblemen bei den Nutzern führt. Folgende Mängel werden hauptsächlich angeführt:

- Darstellungsprobleme:
  - Nicht der gesamte Plan ist darstellbar, d.h. Scrollen oder Zoomen ist nötig.
  - Nicht alle verfügbare Information wird dargestellt, z.B. fehlen auf den jeweiligen Arbeitsgang bezogene Informationen wie:
    Status (z.B. in Arbeit, gestört etc.; wäre über Farbe möglich), zugehörige Ressourcen (problematisch bei Multi-Ressourcen), Termin (due date), Wichtigkeit, Abhängigkeiten, Alternativ-Ressourcen, zeitliche Verschiebbarkeit, Ausweichmöglichkeiten, Restriktionen, Konsequenzen von Aktionen.
  - Abhängigkeiten zwischen den Ressourcen werden nicht dargestellt.

- Rückkopplung zu PPS-System ist meist lückenhaft oder fehlt ganz, d.h. das lokale Änderungen in der Planung und Planungsumgebung nicht in den nächsten Planungszyklus des PPS-Systems einfließen.

- Schlechte Planqualität und nicht nachvollziehbare Planungsaktionen, z.B. wäre interaktive Manipulation der Kapazitätsdarstellung gewünscht, was aber im Allgemeinen nicht angeboten wird. Meist sind nur manuelle Korrektur und Neuaufwurf möglich.

- bisher sehr fertigungsnah, d.h. der Leitstand dient eher der Darstellung und Umsetzung der vorgegebenen Planung und erlaubt kaum eigene Planungstätigkeiten des Leitstandnutzers.

Insgesamt bietet das Leitstandkonzept aber einen wichtigen Ansatzpunkt für die Entwicklung von Ablaufplanungssystemen, da die graphische Darstellung und die Interaktion auch hier eine wesentliche Rolle spielen. Zudem basieren die bisher vorgestellten Ablaufplanungssysteme fast ausschließlich auf dem Leitstandkonzept. Auch die anderen aufgestellten Anforderungen werden von vielen der meist als stand-alone Systeme entwickelten Ablaufplanungssysteme bereits berücksichtigt und können damit als Basis für weitere Entwicklungen genutzt werden.

2.5.3   Darstellungsmöglichkeiten für Planungssysteme

In den „klassischen" PPS-Systemen dominiert eine tabellarische Sicht auf die Daten, d.h. dass man es im Allgemeinen mit Bildschirmmasken zu tun hat, in denen Datenmengen aufbereitet dargestellt und manipuliert werden können. Für die Darstellung von Kapazitätsprofilen werden graphische Darstellungen verwendet. Als Beispiel seien die Masken aus SAP R/3 genannt, die zur Darstellung und Manipulation der verschiedenen Datenmengen dienen [Gro99]. Abbildung 2.14 zeigt als Beispiel eine Maske mit den zugehörigen Style Guide Informationen.

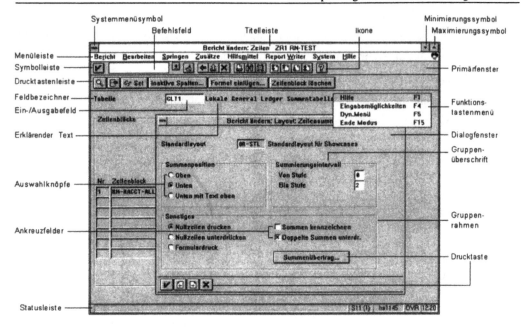

Abbildung 2.14: SAP R/3 Maske mit Style Guide

Für die Darstellung des Plans wird meist ein Gantt Chart verwendet, das die zeitliche Anordnung der einzelnen Aktivitäten und ihre Zuordnung zu Ressourcen darstellt. Die für die Leitstände aufgestellten Anforderungen können direkt, auch bzgl. der Interaktionsmöglichkeiten, übernommen werden.

Systeme, die speziell zur Realisierung von Ablaufplanungssystemen gedacht sind, bieten Werkzeuge zur Erstellung von kompletten Oberflächen, wie z.B. ILOGViews [Ilo98], in die teilweise vordefinierte Komponenten (Klassen), z.B. mit Beispielen eines Gantt-Charts, integriert sind. Diese müssen aber mühsam angepasst werden. In Verbindung mit dem DITOPS Projekt [SL94] wurde mit DJT [Lem00] ein Toolkit entwickelt, um Ablaufplanungsoberflächen in JAVA realisieren zu können. Die wichtigsten Komponenten für die Erstellung einer Planungsoberfläche sind als Klassenbibliothek vorgegeben und können zur Gestaltung des Gantt-Charts und der gewünschten Planungsfunktionalität eingesetzt werden. Als Funktionalität sind u.a. ressourcen- und aktivitätenbezogene Sichtweisen, Zusammenfassung von Aktivitäten, Manipulationen von Aktivitäten, Anzeige von Abhängigkeiten und Zoom-Funktionen für unterschiedliche Zeitachsen vorgesehen. Abbildung 2.15 zeigt eine Ressourcen- und Abbildung 2.16 eine Aktivitätsbezogene Sicht einer Beispielimplementierung mit DJT.

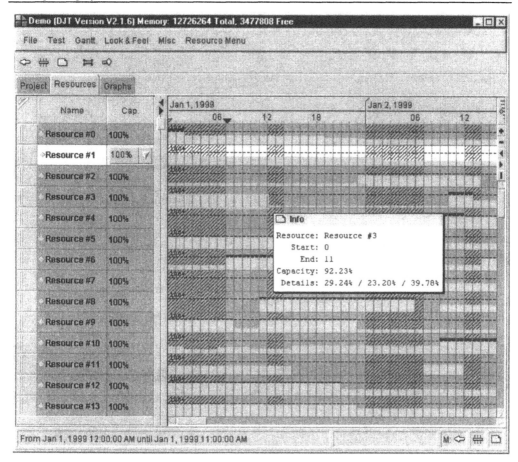

Abbildung 2.15: Ressourcenbasierte Sicht auf Plan

Ähnliche, aber einfachere Funktionalität findet man bei DejaVu [DGV98] oder im INKAD-System [Hes99].

Auch eine Anbindung von „wissensbasierten Ablaufplanungssystemen" an kommerzielle ERP- oder PPS-Systeme ist möglich, z.B. über die APO-Schnittstelle (advanced planning and optimizing) bei SAP R/3 [Sap99], allerdings ist dabei eher eine Anbindung in eine Richtung (zum wissensbasierten System) möglich.

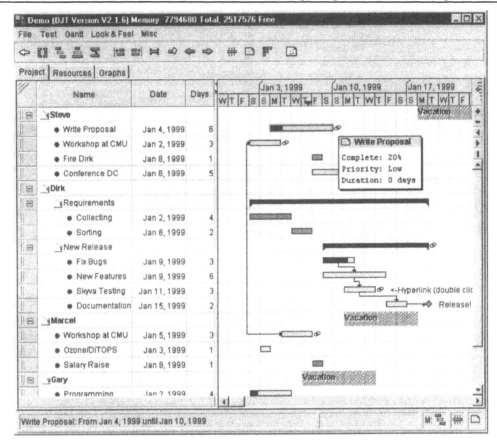

Abbildung 2.16: Aktivitätenbasierte Sicht auf Plan

2.5.4   MEDICUS: Beispiel eines lokalen Ablaufplanungssystems

Im Rahmen der Aktivitäten der Arbeitsgruppe „Wissensbasierte Planungssysteme" wurden verschiedene Ablaufplanungssysteme realisiert. Tabelle 2.23 gibt einen Überblick über die Systeme und ihre Anwendungsschwerpunkte. Etwas ausführlicher soll im Folgenden das System MEDICUS [AS98] beschrieben, werden, da an ihm viele der gewünschten Eigenschaften erläutert werden können.

Projekt Anwendungsgebiet	PROTOS Chemische Industrie	PSY/REAKTION Metallverarbeitung	MEDICUS Krankenhaus
Produkte	Farben	Spezialröhren	Herzchirurgie
Produktions- prozess	prozessorientiert	werkstattorientiert	nach Behandlungsplan
Ressourcen	Maschinen, Apparate	Maschinen	Operationsplätze, Betten
Charakteristika	Varianten, alternative Maschinen	Varianten, alternative Maschinen	alternative OPs, alternative Betten
Soft Constraints	Stammvarianten nutzen, Termine einhalten	Durchlaufzeiten mini- mieren	Wartezeit minimieren, Notfälle jederzeit oder am Wochenende
User-Interface	Auswahl alternativer Varianten und Apparate	Kapazitätsdiagramm, Grobplanung, reaktive Planung	Kapazitätsdiagramm, Zoomfunktion, reaktive Planung
Verfahren	heuristisch	heuristisch	heuristisch

Tabelle 2.23: Beispiele realisierter Planungssysteme

2.5.4.1 Die Problemstellung von MEDICUS

MEDICUS (Medizinisches Ressourcenplanungssystem) ist ein rechnergestütztes Planungssystem für die Operations- und Bettenbelegungsplanung in einer klinischen Anwendungsumgebung (Herzchirurgie der Städtischen Kliniken Oldenburg).

Das System soll einen Disponenten bei der langfristigen Planung (ca. 6-8 Wochen im voraus) von Patienten mit normaler Priorität und bei der kurzfristigen Planung von dringenden und Notfallpatienten für die jeweils folgende Woche unterstützen. Besondere Anforderungen ergeben sich aus der Notwendigkeit auf unvorhergesehene Ereignisse, z.B. Notfallpatienten, und individuelle Krankheitsverläufe (Probleme nach der Operation) angemessen reagieren zu können, um eine möglichst gute Auslastung der Operationssäle und der Intensivstation zu gewährleisten.

Das System hat zwar als Anwendungsdomäne die OP- und Bettenbelegungsplanung im Krankenhaus, die Problemstellung lässt sich aber analog zu der im Produktionsbereich beschreiben. Man hat in Anlehnung an [Sau93a] folgendes Problem:

• Ressourcen sind die Operationssäle (OP) und die Betten in den zugehörigen Bereichen (normale Station, Intensiv und Intermediate Care (IC) jeweils mit dem entsprechenden Personal).

- Aktivitäten sind die operativen Eingriffe am Herzen und die zugehörigen Behandlungs- bzw. Pflegeschritte. Abhängig von der Art des Eingriffs sind verschiedene Belegungen der einzelnen Ressourcen vorzusehen, u.a. dargestellt in Tabelle 2.24 durch folgende Informationen pro Eingriff (Beispiel mit fünf Behandlungsschritten):
  - Behandlungsschritt (hier nur nummeriert)
  - benötigte Ressource
  - Start des Behandlungsschritts (die Zeitangaben sind relativ zum Behandlungsbeginn und müssen auf konkrete Zeitachse abgebildet werden)
  - vorgesehene Dauer der Behandlung.

Behandlungsschritt	Ressource	Start bzgl. Behandlungsbeginn	Dauer
1	Station	0	2
2	OP	2	1
3	Intensiv	2	2
4	IC	4	1
5	Station	5	4

Tabelle 2.24: Beispieldaten Medicus

- Aufträgen entsprechen die Personen, die am Herzen operiert werden müssen.
- Harte Nebenbedingungen (Hard Constraints), die eingehalten werden müssen, sind z.B.:
  - Ein Schritt einer Behandlung kann nur mit einer dem Behandlungsverlauf entsprechenden Ressource, z.B. Intensivbett, durchgeführt werden. Alle Betten eines Bereichs sind hierbei gleichwertig.
  - Die Endzeit eines Schrittes ist die Startzeit des nächsten. Ausnahme hierzu bilden Schritte der Art „OP" und „Intensiv"; hier ist die Startzeit des Schrittes im „OP" die Startzeit des Schrittes im Bereich „Intensiv".
  - Jede Behandlung muss ohne Unterbrechung ausgeführt werden. Kein Schritt einer Behandlung darf über Ausfallzeiten von Betten geplant sein.
  - Zu jeder Zeiteinheit ist jedes Bett der Bereiche „Intensiv", „IC", „Station" höchstens einmal, jedes Bett des Bereichs „OP" höchstens doppelt belegt (d.h. maximal vier Operationen täglich).
- Weiche Nebenbedingungen (Soft Constraints), die eingehalten werden sollten, aber in gewissen Grenzen verletzt werden können, sind z.B.

- Es wird eine Belegung angestrebt, die es erlaubt, Notfallpatienten kurzfristig behandeln zu können, d.h. es sollte keine 100%ige Auslastung aller Kapazitäten geplant werden.
- Wochenenden sollten für Notfälle reserviert bleiben.
- Ein Patient sollte nach einer bestimmten, einstellbaren Zeit behandelt worden sein.
- Eigenblutspender sollten 6-8 Wochen vor ihrem Operationstermin benachrichtigt worden sein.

Der Ablaufplan zeigt eine terminliche Zuordnung der einzelnen Behandlungsschritte zu Ressourcen, die die gegebenen Nebenbedingungen und Zielsetzungen erfüllt.

Wichtig für die Anwendung sind vor allem die Ereignisse, die zu Störungen in der Planung führen können, und auf die entsprechend reagiert werden muss, z.B.:

- Ein Notfallpatient muss sofort operiert werden, d.h. es muss am folgenden Wochenende oder zwischendurch geplant werden.
- Ausfall eines Patienten, d.h. dringende Patienten können vorgezogen werden.
- Ausfall von Ressourcen (Betten, OPs, Personal), d.h. dadurch nötige Umplanungen müssen vorgenommen werden.

Das System MEDICUS besteht aus mehreren Modulen, die ihrerseits wiederum in Untermodule eingeteilt sind, worin sich auch die oben genannten prinzipiellen Komponenten wiederfinden. Abbildung 2.17 gibt einen Überblick über die Systemstruktur.

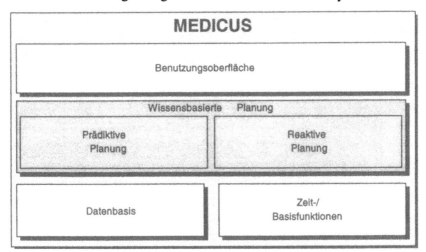

Abbildung 2.17: Systemstruktur von MEDICUS

Das Modul „Benutzungsoberfläche" stellt eine grafische Oberfläche, bestehend aus mehreren Fenstern, zur Verfügung. Im Modul „Wissensbasierte Planung" sind verschiedene Funktionen zur Planung realisiert. Die Menge der anfallenden Daten wird durch das Modul „Datenbasis" verwaltet. Das Modul „Zeit-/Basisfunktionen" schließlich dient zur Abbildung aller Termine auf eine Zeitachse und enthält weitere Basisfunktionen.

2.5.4.2 Planen mit MEDICUS

MEDICUS bietet die Möglichkeit sowohl der manuellen als auch der automatischen Plangenerierung und Umdisposition. Die manuelle Planung erfolgt mittels einer fensterorientierten Benutzungsoberfläche, die sämtliche relevanten Informationen textuell oder graphisch präsentiert und die Möglichkeit der interaktiven Auswahl von Objekten und Ausführung von Prozeduren bereitstellt.

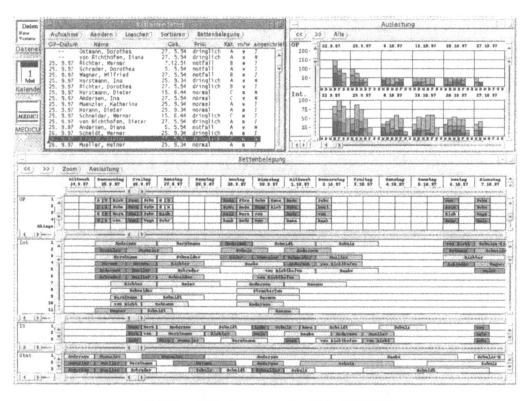

Abbildung 2.18: Benutzungsoberfläche MEDICUS

Abbildung 2.18 zeigt einen Ausschnitt aus der Benutzungsoberfläche von MEDICUS. Die Fenster „Bettenbelegung" (mitte unten), „Patientendaten" (oben links) und „Auslastung" (oben rechts) zeigen stets ein konsistentes Bild des aktuellen Plans. Das Fenster „Patientendaten" zeigt alle z.Zt. in der Planung befindlichen Patienten tabellarisch mit wichtigen zusätzlichen Informationen an. Im Fenster „Auslastung" wird die tägliche prozentuale Auslastung der Klinikbetten, getrennt nach den vier Bereichen OP, Intensiv, Intermediate Care und Station, über einen Zeitraum von zehn Wochen als Balkengraphik dargestellt. Das Fenster „Bettenbelegung" stellt, getrennt nach den vier Bereichen Operationssaal (OP), Intensiv (Int.), Intermediate Care (IC) und Station (Stat.) in jeweils eigenen Unterfenstern, für einen Zeitraum von vier Wochen die Belegung der Klinikbetten als Gantt-Diagramm dar. Eine Zeile des Diagramms repräsentiert ein Bett bzw. einen Operationstisch, eine Spalte einen Tag, der nochmals in Vor- und Nachmittag unterteilt ist. Ein Balken im Diagramm stellt jeweils eine Belegung des Bettes durch einen Patienten im durch die Länge des Balkens gegebenen Zeitraum dar. Im OP können in einer Zeiteinheit zwei Patienten eingeplant sein, d.h. zwei Operationen in einer Tageshälfte. Ansonsten ist keine Überlappung der Belegungen erlaubt.

Standardmäßig liegt der Schwerpunkt der Betrachtung auf dem OP. Dort sind alle vorhandenen Operationsmöglichkeiten sichtbar, während in den anderen Bereichen nur ein Teil aller Betten gleichzeitig angezeigt werden kann. Es gibt einen aktuellen Patienten, dessen Behandlungsschritte durch inverse Darstellung hervorgehoben werden. Eine senkrechte rote Linie durch alle Bereiche stellt den aktuellen Zeitpunkt dar. Links von ihr, also in der Vergangenheit, sind keine Änderungen möglich.

Verschiedene Planungsaktionen können interaktiv durchgeführt werden, u.a.:

- Ein Behandlungsschritt kann mit der Maus innerhalb eines Bereiches verschoben werden. Ist eine Umplanung des Patienten (mit all seinen Behandlungsschritten) der Verschiebung entsprechend möglich, sind also in allen Bereichen entsprechende Betten frei, wird diese vorgenommen. Ansonsten wird die Verschiebung rückgängig gemacht.
- Wird im Fenster „Dateneingabe" ein Patient editiert, so kann mittels Doppelklick in ein Feld im Bereich OP versucht werden, diesen in das entsprechende Bett zum entsprechenden Zeitpunkt einzuplanen. Ist eine Einplanung dort möglich, wird diese vorgenommen und das neue Operationsdatum im Fenster „Dateneingabe" ausgegeben.

- Die Ergebnisse jeder erfolgreich abgeschlossenen Planungsaktion werden sofort in die Datenbasis und alle Fenster übernommen. Schlägt eine Aktion fehl, erscheint ein Fenster mit einer Fehlermeldung, die das aufgetretene Problem näher spezifiziert. In diesem Fall wird die Datenbasis nicht verändert.

Weitere Fenster sind vorhanden, um Kalender und Systemfunktionen ausführen zu können, z.B. stellt das Fenster „Kalender" einen Kalender für den Zeitraum eines Jahres zur Verfügung, in dem alle für die Planung relevanten Feiertage, Wochenenden o.ä. markiert sind.

Die verwendeten Algorithmen zur Planung in MEDICUS sind vor allem auf die Bedürfnisse der reaktiven Ablaufplanung zugeschnitten. Dabei wird keine Bewertungsfunktion verwendet, sondern der Benutzer entscheidet über die Qualität des Plans, d.h. auch, dass seine Entscheidungen, sofern sie nicht konsistenzverletzend sind, höchste Priorität besitzen. Als unterstützende Basisheuristiken sind u.a. realisiert:

- Finden eines Behandlungsvorschlags für einen Patienten

   Ein freier Behandlungszeitraum mit entsprechenden Betten wird gesucht. Abhängig von bestimmten Merkmalen, wie z.B. der Priorität des Patienten ist dabei auch eine Verschiebung oder Ausplanung anderer Patienten möglich. Ausgeplante Patientendaten werden in einem Puffer abgelegt.

- Konsistentes Verschieben von Schritten

   Alle Behandlungsschritte eines Patienten werden konsistent auf die erste freie Position verschoben (evtl. unter Ausplanung eines anderen Patienten).

- Änderung der Länge eines Behandlungsschrittes

   Die Änderung der Länge eines Behandlungsschrittes ist nur möglich, wenn der Behandlungsschritt nicht bereits beendet ist. Weiterhin können Schritte der Art „OP" nicht verändert werden. Sämtliche Folgeschritte des geänderten Schrittes werden entsprechend verlegt. Dabei kann es durchaus vorkommen, dass blockierende Behandlungen anderer Patienten ausgeplant werden.

- Änderung planungsrelevanter Patientendaten

   Änderungen der Priorität (z.B. auf Notfall) oder des Operationsdatums müssen dann entsprechend berücksichtigt werden.

Wichtig innerhalb der Funktionen sind jeweils die heuristischen Bewertungen von Situationen, Patientenmerkmalen etc., die für die Entscheidungsfindung verwendet werden.

Die Systementwicklung wurde vom Projektpartner begleitet und das System wurde als Prototyp auch in einer Testphase eingesetzt. Leider ging das System nicht „in produktiven" Einsatz, da eine andere Lösung favorisiert wurde und die Einbindung in die bestehenden Abläufe nur schwer möglich war.

3 Ablaufplanung in verteilten Anwendungsszenarien (Multi-Site Scheduling)

Im zweiten Kapitel wurden Lösungsansätze für Ablaufplanungsprobleme aus der Sicht der Modellierung, unter algorithmischen Aspekten und aus der Sicht der Systemrealisierung betrachtet. Dabei standen Problemstellungen für einzelne Produktionsstätten oder Aufgabenbereiche im Vordergrund. In diesem Kapitel wird die Betrachtungsebene erweitert auf Einheiten, die jeweils für sich im Sinne der vorgestellten lokalen Planung planen müssen, aber mit anderen Einheiten verflochten sind, um eine gemeinsame Zielsetzung zu erreichen, z.B. ein Endprodukt, zu dem jeder Teilkomponenten liefern muss. Daraus ergibt sich die zentrale Problemstellung der Arbeit, die Ablaufplanung bei verteilten, voneinander abhängigen Produktionsstandorten bzw. -einheiten (Multi-Site Scheduling). Die verteilten, an der Leistungserstellung beteiligten Einheiten bilden sogenannte Produktionsnetzwerke. Zunächst werden die Planungsproblematik beim Multi-Site Scheduling erläutert (Abschnitt 3.1) und die Anforderungen an ein System zur Unterstützung dieser Planungsaufgaben zusammengestellt (Abschnitt 3.2) sowie bisherige Arbeiten in diesem Bereich vorgestellt (Abschnitt 3.3). In den Abschnitten 3.4 bis 3.7 wird dann ein allgemeiner Ansatz zur koordinierten Ablaufplanung über mehrere Ebenen vorgestellt, zu dem u.a. ein Planungs-, Kommunikations- und Architekturkonzept gehören. Die Umsetzung dieser Konzepte in einer prototypischen Implementierung schließlich wird in Abschnitt 3.8 beschrieben.

3.1 Charakteristika des Multi-Site Scheduling

In Kapitel 2 wie auch im überwiegenden Teil der Literatur werden Planungsprobleme primär für autonome, eigenständige Planungseinheiten, wie z.B. die Fertigung in einem Betrieb, betrachtet. In vielen industriellen Bereichen sind aber Strukturen zusammenhängender Produktions- bzw. anderer Leistungserstellungseinheiten zu finden, die gemeinsam betrachtet werden müssen. In der aktuellen Diskussion, z.B. unter den Schlagworten „Dezentralisierung", „Supply Chain Management" und „Virtuelle Unternehmen" werden dementsprechend unternehmensweite bzw. unternehmensübergreifende Planungsproblemstellungen behandelt. Betrachtet man z.B. Unternehmen, die an mehreren Standorten voneinander abhängige Teilprodukte fertigen, wie sie z.B. in der

Automobil- oder Flugzeugindustrie zu finden sind, oder auch Unternehmen, die im Zuge der aktuellen Dezentralisierung autonome Einheiten innerhalb eines Standorts oder Produktionsgebäudes schaffen, so ergibt sich häufig das in Abbildung 3.1 dargestellte Szenario der an der Planung beteiligten organisatorischen Einheiten, das zunächst zur Erläuterung der Problemstellung verwendet wird. In der auf mehrere Fertigungsstandorte verteilten Produktion ist jeweils ein Standort für die Produktion einzelner Teile des Gesamtprodukts verantwortlich, d.h. ein herzustellendes Endprodukt setzt sich aus mehreren Zwischenprodukten zusammen. Ein Zwischenprodukt kann auf einer Menge von alternativen Maschinengruppen komplett gefertigt werden. Eine Maschinengruppe umfasst in der Regel mehrere Maschinen und ist einem Betrieb eindeutig zugeordnet. Zur Produktion eines Zwischenprodukts sind im Allgemeinen mehrere Operationen notwendig, die jeweils auf einer Maschine derselben Maschinengruppe durchgeführt werden.

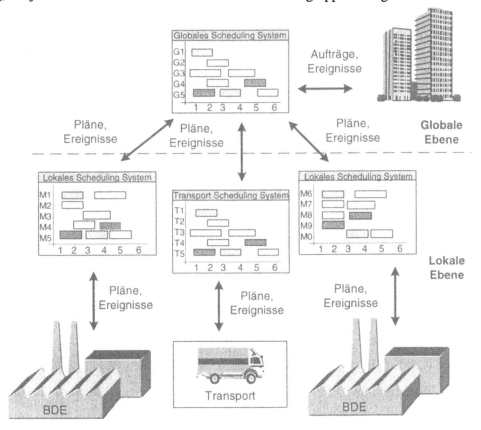

Abbildung 3.1 Das primäre Multi-Site Scheduling Szenario

Betrachtet man die Planungsaufgaben, so erkennt man auf der untersten Ebene eine Schicht mit Einheiten, die unabhängig voneinander Planungsaufgaben für Produktionsbetriebe oder -bereiche oder für Transporteinheiten wahrnehmen. Diese Ebene wird im Folgenden auch als lokale Planungsebene bezeichnet. Hier werden die Pläne/Vorgaben für die Produktion erzeugt und entsprechend der Ereignisse der lokalen Planungsumgebung an die aktuelle Situation angepasst. Das bedeutet auch, dass hier lokal prädiktive und lokal reaktive Planungsaufgaben zu bewältigen sind. Dies entspricht im Wesentlichen der Aufgabenstellung, wie sie in Kapitel 2 bereits beschrieben wurde.

Diese lokalen, dezentralen Planungen müssen nun so aufeinander abgestimmt werden, dass die übergeordneten Unternehmenszielsetzungen wie z.B. Termintreue, Kosten- und Lageroptimierung erreicht werden. Dazu ist meist eine hierarchisch übergeordnete Instanz vorhanden, die im Sinne der Ziele des Gesamtunternehmens Planungs- und Koordinationsaufgaben erfüllen muss. Diese übergeordnete Ebene wird hier als globale Ebene bezeichnet und hat vor allem folgende Aufgaben:

- Vorgaben machen: d.h. einen Plan erzeugen, der die übergeordneten Ziele wie Termineinhaltung oder Kostenminimierung erfüllt und als Rahmen für die lokalen Planer gilt. Das bedeutet auch, dass z.B. für einen Kundenauftrag zentral möglichst gute Liefertermine berechnet werden können, ohne dass die vollständige Information über alle Details der Produktion vorliegt. Die Vorgaben haben den Charakter eines Grobplans. Eine detaillierte zeitliche Planung aller auszuführenden Produktionsschritte ist auf dieser Ebene vor allem aus Komplexitätsgründen nicht möglich. Die Planung muss aber trotzdem genügend genau sein, um dem Kunden realistische Liefertermine anbieten (zusagen) zu können.
- Verteilung der Teilaufgaben/Aktivitäten auf die einzelnen Einheiten (produktive/nicht-produktive): entsprechend der ermittelten Vorgaben müssen Aufträge an die einzelnen Untereinheiten verteilt werden. Dies setzt eine geeignete Kommunikationsmöglichkeit zwischen den beteiligten Systemen voraus.
- Koordination der Planungsaktivitäten, d.h. vor allem reaktive Planung und Generierung neuer bzw. geänderter Vorgaben, falls Teilaktivitäten nicht oder nicht rechtzeitig erledigt werden können. Besondere Beachtung findet natürlich auch hier die Kommunikation zwischen den beteiligten Einheiten/Ebenen.

Aus planerischer Sicht ergibt sich ein Modell von über- bzw. untergeordneten Planungseinheiten, das im Wesentlichen bestehende organisatorische Strukturen abbildet.

Erweitert man das Beispielszenario und betrachtet eine Lieferkette (Supply Chain) oder ein Virtuelles Unternehmen, dann lassen sich ähnliche Aussagen bzgl. der Planungsproblemstellung treffen.

Beim Supply Chain Management steht die sogenannte Zulieferkette (Supply Chain) im Vordergrund der Betrachtung. Aus Sicht der zu erstellenden Leistung (des Endprodukts) müssen alle zugehörigen Prozesse der Leistungserstellung koordiniert werden [Kur99, SKT00, Sta00]. Diese Prozesse sind typischerweise über mehrere rechtlich selbständige Unternehmen verteilt, die u.a. als Zulieferer, Lager, Produzenten, Transporteinheiten oder Händler auftreten und sich längerfristig miteinander verbinden. Meist handelt es sich nicht nur um eine Kette sondern eher eine netzwerkartige Struktur der Verflechtung der einzelnen beteiligten Einheiten, sodass häufig auch von Logistiknetzwerken oder Produktionsnetzwerken gesprochen wird [Kur99, SD97, Zäp01]. Ziele dieser Kooperation in der Supply Chain sind

* schnelle Anpassung an Kundenwünsche
* Abbau unnötiger Bestände
* „optimaler" Einsatz von Ressourcen
* schnellerer Durchlauf (Abstimmungsprobleme werden vermieden)
* Verringerung der Transaktionskosten.

Insgesamt lassen sich dann sogenannte WIN-WIN Konstellationen erreichen [Zäp01], bei denen alle Beteiligten Vorteile erzielen. Das Supply Chain Management hat nun die Aufgabe, alle Aktivitäten ausgehend vom Endkunden bis hin zum Rohstofflieferanten, die zur Bewegung und Transformation von Gütern notwendig sind, zu integrieren [SKT00] und dabei die genannten Zielsetzungen zu beachten. Als Hauptaufgaben werden dabei genannt [SKT00, Sta00, Zäp01]:

* strategische Ebene: Konfiguration des Materialflusses (Konfiguration des Netzwerkes)
* taktische Ebene: Planung des Materialflusses (Absatzplanung mit Prognosemodellen, Lieferkettenplanung (Losgrößenberechnung und Verteilung der Aufgaben auf die einzelnen Knoten))
* operative Ebene: Steuerung des Materialflusses (die einzelnen Knoten werden als innerbetriebliches Materialflussnetzwerk betrachtet und die entsprechenden Planungsaufgaben durchgeführt, u.a. Produktionsplanung, Transportplanung, Vertriebsplanung).

Die dabei verwendeten (Unter-) Funktionen sind zum Teil auch in bestehenden PPS-Systemen vorhanden und werden nun auf die unternehmensübergreifende Sichtweise angepasst [CG01b].

Virtuelle Unternehmen entstehen durch die kurzfristige Kooperation rechtlich unabhängiger Ko-Hersteller im Logistiknetzwerk zur Entwicklung und Herstellung eines Produktes [Sch98]. Das Virtuelle Unternehmen tritt gegenüber Dritten wie ein einziges Unternehmen auf und entspricht von Aufbau und Zielsetzung her einer Kooperation in der Supply Chain, ist dabei aber eher kurzfristiger Natur. Auch hier müssen Einzelaktivitäten im Hinblick auf gemeinsame Zielsetzungen abgestimmt werden.

Da bei gleichberechtigten Unternehmen normalerweise keiner dem anderen Aufträge und Lieferkonditionen aufzwingen kann, werden bei beiden Kooperationsformen vorausgesetzt [Zäp01]:

- Fairness (faires Verhalten bzgl. Informations- und Datenaustausch), insbesondere
  - Keine verfälschten Daten
  - Einhaltung getroffener Vereinbarungen
  - Keine übertriebenen Versprechungen.
- Gegenseitiges Vertrauen (kein opportunistisches Verhalten einzelner Einheiten)
- Offene unkomplizierte Kommunikation.

Das Nichteinhalten dieser Bedingungen ist ein häufiger Grund für das Scheitern von Kooperationsbeziehungen.

Aus Planungssicht sind beim Supply Chain Management und in Virtuellen Unternehmen vor allem Aufgaben der Erstellung guter Planvorgaben für die kooperierenden Einheiten, die Koordination der beteiligten Einheiten (Verteilung der Aufgaben) und die Planung der einzelnen Einheiten selbst zu identifizieren. Dies sind Aufgabenstellungen, die auch im ersten „innerbetrieblichen" Szenario zu finden sind.

Für die Koordination der Aktivitäten in der Lieferkette bestehen prinzipiell zwei Möglichkeiten [CG01a, CG01b, Zäp01], siehe auch Abschnitt 3.3:

- Koordination nach dem hierarchischen Prinzip: Ein oder mehrere ausgewählte Partner (fokale Unternehmen) koordinieren durch Vorgaben, Pläne, Regelungen. Durch Delegation von Koordinationsaufgaben kann eine verschachtelte Hierarchie entstehen. Meist werden zunächst sukzessive hierarchische Vorgaben ohne Rückkopplung angenommen, da eine simultane Planung über alle Stufen aus Komplexitätsgründen nicht praktikabel erscheint. Als wesentlicher Vorteil der hierarchischen Koordination werden die Effizienz vor allem bzgl. Abstimmungsgeschwindigkeit und die Komplexitätsreduktion in den Planungsaufgaben genannt (siehe auch Abschnitt 3.3).

• Koordination nach dem heterarchischen Prinzip: es erfolgt eine Abstimmung zwischen den prinzipiell gleichberechtigten Partnern (einer Ebene), z.B. durch einen Verhandlungsmechanismus. Wichtige Vorteile sind hier die Flexibilität der Partner und eine bessere Reaktionsgeschwindigkeit bei Änderungen.

Bei den bisher vorgestellten Ansätzen (siehe Abschnitt 3.3) dominiert aus Gründen der Praktikabilität und der Abbildung organisatorischer Gegebenheiten der hierarchische Ansatz. Er wird auch hier als Basis verwendet, allerdings erweitert durch ein Planungskonzept, das „bessere" Vorgaben und über eine ereignisbasierte Rückkopplung die reaktive Planung über mehrere Ebenen möglich macht, womit auch hier eine gute Reaktivität erreicht werden kann.

Insgesamt lassen sich aus Planungssicht alle dargestellten Szenarien durch hierarchisch verbundene Planungseinheiten modellieren. Abbildung 3.2 zeigt verschiedene Konstellationen/Szenarien. Dabei ist der Materialfluss eher horizontal und netzwerkartig. Die grau hinterlegten ovalen Knoten stellen zur Veranschaulichung die auf der lokalen Ebene verwendeten Ressourcen dar, die aber keine Planungseinheiten sind. Szenario 1 modelliert eine Supply Chain mit einem fokalen Unternehmen bzw. ein Virtuelles Unternehmen mit den zugehörigen Untereinheiten. Im zweiten Szenario wird ein innerbetriebliches Planungsszenario mit einer integrierten externen Transportplanung dargestellt. Szenario 3 schließlich stellt eine Multi-Hierarchie dar, die durch Integration der Transporteinheit in zwei unterschiedliche innerbetriebliche Planungsszenarien entsteht. Aus (globaler) Sicht der Unternehmen ergibt sich keine Änderung der Planung, lediglich die betroffene Transporteinheit muss bei der Planung und vor allem bei der Weitergabe der Daten die Quelle bzw. das Ziel berücksichtigen. Auch beim bei der Transporteinheit eingesetzten Planungsverfahren können sich zusätzliche Anforderungen ergeben, wenn übergeordnete Systeme unterschiedlich bedient werden sollen.

Das in dieser Arbeit vorgestellte Planungskonzept beruht auf dieser hierarchischen Darstellung eines Planungsnetzwerks und bezieht jeweils zwei Ebenen über eine Rückkopplung in den Abstimmungsprozess mit ein (siehe Abschnitt 3.4).

Die heterarchische Abstimmung wird hier nicht im Detail betrachtet. Zum einen sind die prinzipiellen Überlegungen durch neue Softwareansätze (z.B. Multiagenten-Systeme) erst seit kurzem realisierbar, zum anderen stellen sie zusätzliche Anforderungen, die zu einem wesentlich anderen Ansatz führen und den Rahmen der Arbeit sprengen würden, wie z.B.

- Identifizierung der gleichberechtigt agierenden Einheiten, da eine Abstimmung über das gesamte Netzwerk nur bei kleinen Netzwerken realistisch ist.
- Entwicklung von Verhandlungsmechanismen, die alle Facetten der Kooperation berücksichtigen, u.a. auch die Einbeziehung der menschlichen Disponenten.
- Modellierung und Realisierung der Einheiten z.B. als Agenten in einem Multiagenten-System.

Erste Ansätze in diesem Bereich werden in [CG01a] vorgestellt und im DFG-Schwerpunktprogramm „Intelligente Agenten und betriebliche Anwendungsszenarien" [Kir01, Kir02] sowie im Folgeprojekt AMPA [ASFT00] untersucht.

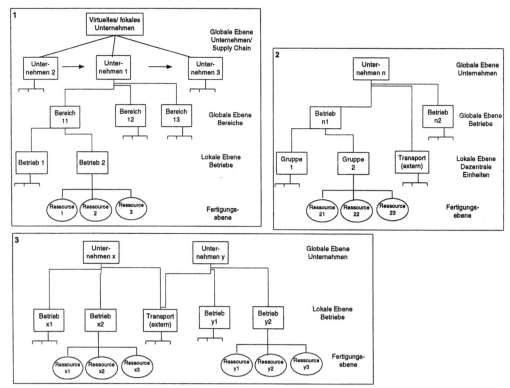

Abbildung 3.2: Globale und lokale Planung über mehrere Ebenen

Insgesamt wird in der vorliegenden Arbeit von einem Planungsszenario ausgegangen, für das folgende Charakteristika gelten:

- Die Planung wird über mehrere Ebenen durchgeführt, die sich hierarchisch anordnen lassen.
- Die Knoten des so entstehenden hierarchischen Modells (auch Multi-Hierarchien sind möglich) sind eigenständige Planungseinheiten und möglicherweise rechtlich selbständig.
- Innere Knoten haben globale Planungsaufgaben und koordinieren jeweils eine untergeordnete Schicht.
- Blattknoten sind Planungseinheiten, die für konkrete einzelne Ressourcen planen.
- Für die Kooperationsbeziehungen gelten die oben gemachten Aussagen bzgl. Fairness und Vertrauen, vor allem wenn es sich um rechtlich selbständige Einheiten handelt.

Wie die Beispielszenarien und Abbildung 3.2 zeigen, lassen sich viele realistische Konstellationen durch dieses Modell abbilden. Die Problemstellung ist nicht nur auf die „produzierenden" Anwendungsbereiche beschränkt. Auch in vielen Projektplanungen, z.B. im Schiffbau oder auch für Softwareentwicklungen, findet sich eine Verteilung auf eigenständige Einheiten wieder, die hierarchisch dargestellt werden kann. Im folgenden Abschnitt werden nun die sich daraus ergebenden Anforderungen aus Planungssicht zusammengestellt.

3.2 Anforderungen an ein Multi-Site Scheduling System

In diesem Abschnitt werden die sich ergebenden Anforderungen an ein Multi-Site Scheduling System zusammengefasst und durch ein Beispiel beschrieben bevor dann in Abschnitt 3.4 ein Lösungsansatz für die gestellten Aufgaben präsentiert wird.

Ausgehend vom hierarchischen Koordinationsmodell, das im Weiteren als Grundlage betrachtet wird, müssen aus Planungssicht beim Multi-Site Scheduling auf mehreren Ebenen geplant und diese Planungen koordiniert werden. Die zu koordinierenden Planungssysteme werden im vorgestellten Modell jeweils durch den übergeordneten Knoten definiert. Auf den übergeordneten Ebenen werden Vorgaben erstellt, auf der untersten Ebene (auf Ebene der Blattknoten) wird die konkrete Produktion an den Standorten geplant. Treten in der Umsetzung Probleme auf, so wird zunächst auf der betroffenen Ebene reaktiv geplant, haben die Veränderungen Auswirkungen auf Planungseinheiten derselben Ebene und damit auch auf die übergeordnete Planung, so werden entsprechend dem hier verwendeten Koordinationsmodell die betroffenen Systeme derselben Ebene sowie das übergeordnete System mit einbezogen und der Konflikt gelöst. Bei der Erfüllung der Planungsaufgaben auf den globalen Ebenen müssen ähnliche aber auch unterschiedliche Aufgaben wie bei der lokalen Planung berücksichtigt werden. Die globalen Aufgaben lassen sich charakterisieren durch:

1. Globale **Zielsetzungen** müssen eingehalten werden. Die globalen Zielsetzungen können je nach Ebene und natürlich von den lokalen Zielsetzungen differieren, z.B.:

   - Termineinhaltung ist für die oberste globale Ebene sicher ein sehr wichtiges Kriterium, wie auch die Kostenoptimalität.

   - Bei der Verteilung können Kostenaspekte eine wichtige Rolle spielen, z.B. wenn die Produktion an einem Standort günstiger ist als an einem anderen oder wenn der Transport zwischen zwei Standorten zu zeit- oder kostenintensiv ist.

   - Auf „globalen" Ebenen zwischen Wurzel und Blattknoten können auch Zielsetzungen wie „optimale" Auslastung von Betrieben gelten.

   - Um die Planung durchführbar zu machen, sollte auch die Robustheit von Plänen als Kriterium beachtet werden.

2. Auf der globalen Ebene sollen **Vorgaben** für die darunter liegenden Planungsebenen bis hin zur lokalen Planung gemacht werden, die dort dann in jeweils „eigene" Pläne umgesetzt werden. Dabei wird jede Ebene die eigenen Zielsetzungen berücksichtigen, d.h. die globale Ebene betrachtet im Wesentlichen ihre eigenen Zielsetzungen. Die erstellten Vorgaben enthalten z.B. eine Verteilung der externen Aufträge für Endprodukte auf die verschiedenen Produktionsstandorte, an denen die Teil- bzw. Zwischenprodukte hergestellt werden. Bei der Verteilung der Produktion auf mehrere Betriebe sind einige spezifische Probleme zu lösen. Sie sind bedingt durch

   • komplexe Abhängigkeiten zwischen den Produktionsprozessen in verschiedenen Betrieben, u.a.

      - zeitliche Abhängigkeiten zwischen Produkten und Zwischenprodukten, z.B. wird ein in Fabrik A hergestelltes Zwischenprodukt in Fabrik B benötigt,

      - dasselbe Zwischenprodukt kann in mehreren Betrieben gefertigt werden, möglicherweise zu unterschiedlichen Kosten,

-    der Transport von Zwischenprodukten zwischen einzelnen Betrieben be-
     nötigt Transportkapazitäten und ist zeit- und kostenintensiv.

•   die Art der zur Verteilungsplanung verwendeten Informationen, da man im
     Allgemeinen nicht mit präzisen sondern kumulierten oder verallgemeinerten
     Daten arbeitet (siehe auch Punkt 3 unten). Es sind dies u.a.

-    Kapazitätsinformationen, die sich auf Maschinengruppen und nicht auf
     einzelne Maschinen beziehen,

-    Angaben über die Dauer für die Fertigung von Produkten bzw. Zwi-
     schenprodukten, die häufig nur Schätzwerte sind.

3. Auf der globalen Ebene muss teilweise mit **kumulierten Werten** gearbeitet werden.
    Da aus Komplexitätsgründen im Allgemeinen nicht global für alle Maschinen ge-
    plant werden kann (was dann ja auch eine lokale Planung überflüssig machen würde
    und damit den Planungsspielraum der lokalen Einheit), müssen entsprechende Zu-
    sammenfassungen von Daten vorgenommen werden. Z.B. betrachtet man dann Ma-
    schinengruppen oder ganze Standorte als planbare, kapazitätsbeschränkte Ressour-
    cen, wobei allerdings dann meist nur prozentuale Aussagen über die Belastung ge-
    macht werden können.

4. Auf der globalen Ebene wird häufig mit **geschätzten Werten** gearbeitet. Stärker
    noch als auf der lokalen Ebene wird mit ungenauen Werten gearbeitet, die zum einen
    extern bedingt sind, z.B. durch schwankende, flexible Bestellmengen, die den Kun-
    den angeboten werden. Zum anderen sind sie intern bedingt, da Zeiten und Kapazitä-
    ten in der Regel nur ungenau angegeben werden können und meist noch mit Puffern
    versehen sind, um Planungsspielraum zu haben. Das hat zum einen mit der Kumulie-
    rung der Information zu tun; man kennt nun nicht mehr die einzelnen Dauern, son-
    dern arbeitet mit einem aus mehreren Dauern abgeleiteten Wert z.B. Summe oder
    Mittelwert, zum anderen können meist nicht alle Faktoren, die Einfluss auf die Dauer
    einer Aktivität haben, berücksichtigt werden, da diese häufig situationsbedingten
    Änderungen unterworfen sind.

5. Auf der globalen Seite werden nicht nur produzierende sondern auch **nicht-
    produzierende Einheiten**, die in den Produkterstellungsprozess involviert sind, be-
    trachtet. Dies sind vor allem Transporteinheiten, die für den (hoffentlich reibungslo-
    sen, termingerechten) Transport von Zwischenprodukten zwischen den Produktions-
    betrieben zuständig sind, und natürlich auch eigenständige Lager oder auch Zuliefe-
    rer. Am Beispiel einer Transporteinheit wird dies später noch verdeutlicht.

6. Die globale Ebene soll alle untergeordneten Einheiten mit **aktueller, konsistenter Information** versorgen. Insbesondere sollen alle untergeordneten Einheiten die aktuell gültigen Vorgaben, den globalen Plan, und durch Ereignisse notwendige Umplanungen, kennen. Das gilt natürlich auch umgekehrt, d.h. dass alle untergeordneten Planungseinheiten die globale Planung mit den für sie wichtigen Informationen, wie z.B. Maschinengruppenausfällen oder zeitlichen Verschiebungen, versorgen. Hier wird, wie bereits erwähnt, eine gewisse Fairness von allen Beteiligten vorausgesetzt.

7. Auf der globalen Ebene müssen bekannte und neue **Ereignisse** verarbeitet werden. Die Ereignisse beziehen sich dabei auf die Objekte der globalen Planung, d.h. die globalen, externen Aufträge, die herzustellenden Zwischenprodukte und die Maschinen-/Ressourcengruppen. Ereignisse sind sowohl von der übergeordneten Logistikebene als auch von den untergeordneten lokalen Einheiten zu erwarten und zu verarbeiten. Von der Logistikebene sind das z.B. neue oder geänderte Aufträge, von der lokalen Ebene z.B. Rückmeldungen über mögliche oder nicht mögliche lokale Einplanungen, Maschinengruppenausfälle oder auch Vorschläge für Umplanungen.

8. Die globale Ebene muss eine **Koordinationsfunktion** übernehmen. Diese ist notwendig, da mehrere Planungsebenen mit jeweils unterschiedlichen Planungssystemen und Zielsetzungen zusammenarbeiten müssen. Vor allem muss die globale Ebene dabei die Umsetzung ihrer eigenen Ziele verfolgen.

9. Durch die Zusammenfassung der globalen und lokalen Ebenen kommt zusammen mit der Koordination als weitere Aufgabe die **Kommunikation** hinzu. Zum einen müssen die globalen Vorgaben an die lokalen Planungssysteme verteilt werden. Treten Ereignisse auf, die die globalen Vorgaben beeinflussen, sei es z.B., dass auf der einen Seite neue externe Aufträge erteilt werden oder auf der anderen Seite eine lokale Umsetzung nicht in der vorgesehenen Zeit möglich ist, so müssen auch auf der globalen Ebene reaktive Planungsaufgaben durchgeführt werden, um die gesamte Planung konsistent zu halten. Die Ereignisverteilung ist damit ein wesentlicher Bestandteil der Kommunikation zwischen den verschiedenen beteiligten Systemen. Weitere Aufgaben ergeben sich, wenn bisher nicht direkt in den Ablaufplanungsprozess integrierte Subsysteme, die z.B. für Transport oder Lagerhaltung zuständig sind, betrachtet werden sollen. Im Folgenden wird auch gezeigt, dass sie wie lokale Planungssysteme betrachtet werden können.

10. Es müssen **global prädiktive und global reaktive Planungsaufgaben** erfüllt werden. In der global prädiktiven Planung werden Vorgaben im globalen Plan erzeugt.

In der global reaktiven Planung muss auf die Ereignisse der globalen Planungsumgebung reagiert werden.

Aus Modellierungssicht müssen für die globale Planung damit beschrieben werden:

- **Globale Ressourcen,** d.h. in der Regel **Ressourcen-/Maschinengruppen** als Ressourcen mit unterschiedlichen kumulierten Kapazitätsangaben sowie Transportzeiten und -kosten und die Menge aller Materialien in der Fertigungsstätte. Die Informationen über die zusammengefassten Ressourcengruppen werden dabei im Allgemeinen von den untergeordneten Planungseinheiten geliefert.

- **Globale Produkte/Endprodukte**, die jeweils in mehreren Varianten produziert werden können. Jede Variante besteht aus mehreren Zwischenprodukten – diese entsprechen dann den Produkten, die z.B. in den lokalen Betrieben hergestellt werden -, die auf verschiedenen Maschinengruppen mit unterschiedlicher Kapazitätsbelastung und Dauer mit bestimmten Materialien gefertigt werden können.

- **Globale/externe Aufträge** zur Herstellung jeweils eines Endprodukts mit einer Mengenangabe, dem Starttermin, dem Endtermin und einer Gewichtung des externen Auftrages.

- Die **globalen Hard Constraints**, u.a.:
  - Alle externen Aufträge sind auszuführen.
  - Genau eine Variante mit allen Zwischenprodukten ist für jeden externen Auftrag zu verwenden.
  - Die Reihenfolge entsprechend der Präzedenzrelation der Zwischenprodukte ist einzuhalten.

- Die **globalen Soft Constraints**, u.a.:
  - Der vorgegebene Endtermin eines Endproduktes sollte von keinem seiner Zwischenprodukte überschritten werden.
  - Die Transportzeiten und -kosten sind minimal zu halten.
  - Die Fertigungsstätten sind gleichmäßig zu belasten.
  - Die Lösung des globalen Ablaufplanungsproblems sollte möglichst robust sein, d.h. genügend Planungsspielraum für den lokalen Planer lassen.

- **Globale Ereignisse**, wie z.B. neue oder geänderte externe Aufträge, Ausfall von Ressourcengruppen, auf die entsprechend reagiert werden muss.

- **Globale Ziele**, die für die Gesamtlösung gelten sollten. Dabei können sie durchaus auch teilweise den lokalen Zielen wie z.B. Termineinhaltung entsprechen.

Als wichtigstes Element der Lösung des globalen Ablaufplanungsproblems ergibt sich ein **globaler Plan** als Vorgabe für die lokale Planung, der die zeitliche Zuordnung von Zwischenprodukten zu Ressourcen-/Maschinengruppen darstellt. Die eingeplanten Zwischenprodukte mit den geplanten Intervallen werden als interne Aufträge an die untergeordnete Einheit weitergegeben.

Damit lässt sich dann ein globales Ablaufplanungsproblem auch als Und/Oder-Baum (Abbildung 3.3) darstellen, der durch die Verknüpfung von Aufträgen für globale Produkten und deren Herstellmöglichkeiten (Varianten für Endprodukte, die aus mehreren Zwischenprodukten bestehen und Ressourcengruppen für die einzelnen Zwischenprodukte) mit möglichen Herstellintervallen entsteht. Die grau hinterlegte Fläche zeigt dabei die Herstellbeschreibung für ein globales Produkt.

Gesucht werden nun Planungsansätze für die prädiktiven und reaktiven Aufgaben innerhalb der globalen Planung. In Abschnitt 3.4.4 und den darauf folgenden werden mögliche Verfahren vorgestellt.

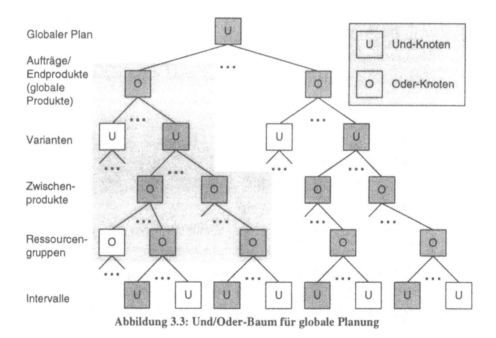

Abbildung 3.3: Und/Oder-Baum für globale Planung

Die **lokale Planungsebene** existiert in der Regel schon. Hier können bereits existierende Ansätze zur lokalen (prädiktiv und reaktiv) Planung, wie sie z.B. in [KS95, Sau00, Smi92, ZF94] beschrieben sind, integriert werden. In der lokal prädiktiven Planung wird ausgehend von den globalen Vorgaben ein lokaler Plan erstellt. Störungen auf der lokalen Ebene werden zunächst durch die lokal reaktive Planung behandelt. Haben diese Störungen auch Auswirkungen auf andere lokale Systeme oder die Herstellung des Gesamtprodukts, falls z.B. Zwischenprodukte, die an anderem Ort benötigt werden, nicht rechtzeitig fertig werden, so müssen über einen Koordinationsmechanismus die entsprechenden Systeme eingeschaltet und dort auf die veränderte Situation reagiert werden. Die lokalen Systeme müssen dementsprechend um Kommunikations- und Koordinationsmöglichkeiten und eine entsprechende Ereignisbehandlung erweitert werden.

Der **Kommunikation** zwischen den einzelnen Ebenen fällt eine besondere Bedeutung zu, da nur so die Koordination der verschiedenen Planungsaktivitäten möglich ist. Dabei sollten von der globalen zur lokalen Ebene mindestens folgende Informationen weitergegeben werden:

- der globale Plan bestehend aus den internen Aufträgen, den zugehörigen Zwischenprodukten, den zu benutzenden Maschinengruppen, den (möglichst) einzuhaltenden Zeitfenstern und den benötigten Mengen der Zwischenprodukte,
- Ereignisse mit Bedeutung für die lokale Ebene (z.B. Ausfall eines Auftrags).

Von der lokalen zur globalen Ebene sollten weitergegeben werden:

- die lokale Realisierung der globalen Vorgaben mit den internen Aufträgen, den zugehörigen Zwischenprodukten, jeweils Anfang und Ende der lokalen Einplanung und verwendete Maschinengruppen,
- aufgetretene Fehler,
- Vorschläge für eine mögliche lokale Umplanung.

Im Rahmen der Koordination sollte auch eine Konsistenzsicherung bzgl. des Datenbestandes durchgeführt werden, damit alle beteiligten Planungssysteme auf einem aktuellen Datenbestand arbeiten können. Dazu muss u.a. eine Ereignisverarbeitung realisiert werden, die alle auftretenden Ereignisse auch für die entsprechenden Systeme verfügbar macht und sie in der richtigen Reihenfolge verarbeiten kann.

Aus **Systemsicht** stellen sich die Anforderungen wie sie bereits in Kapitel 2 für lokale Planungssysteme beschrieben wurden auch für die am Multi-Site Scheduling beteiligten Teilsysteme, d.h. Informationspräsentation, Interaktion und Integration von Planungswissen sind wichtige Merkmale der Teilsysteme. Hinzu kommt die Möglichkeit der Kommunikation mit den anderen Teilsystemen.

Betrachten wir nun ein zweistufiges Beispiel, an dem die wichtigsten Charakteristika aus Sicht der Planung deutlich werden.

Beispiel 4: Globale Planung

*In diesem Beispiel sollen die wichtigsten Probleme des Multi-Site Scheduling auf Basis einer dreistufigen Problemstellung illustriert werden. Tabelle 3.1 zeigt in den ersten drei Spalten die für die globale Planung wichtigen Informationen zu **Ressourcen**, das sind die Angabe von Maschinengruppen, ihre Zuordnung zu Betrieben und Angaben zu ihrer Kapazität. Die Angaben zur Kapazität der Maschinengruppen werden von den lokalen Betrieben als kumulierte Angaben über die zugehörigen Einzelmaschinen geliefert. In den grau hinterlegten Spalten vier und fünf sind zur Erläuterung die Angaben zu den lokal vorhandenen Ressourcen und deren Kapazität aufgelistet. Dabei wird auch die Zugehörigkeit von Maschinen zu Maschinengruppen dokumentiert. Diese Informationen sind in der Regel für die globale Ebene nicht sichtbar. Da die Informationen über Maschinengruppen und deren Kapazität von den lokalen Betrieben zur Verfügung gestellt werden, hat die Qualität dieser kumulierten Informationen entscheidenden Einfluss auf die Güte und die Robustheit des globalen Plans.*

Betrieb	Maschinen-gruppe	Kapazität der MGruppe	zugehörige Maschinen	Kapazität der Maschinen
b1	mg11	200	m111, m112, m113, m114, m115	100
b1	mg12	140	m121, m122, m123, m124, m125	70
b1	mg42	200	m421, m422, m423, m424, m425	100
b2	mg13	200	m131, m132, m133, m134, m135	100
b2	mg32	100	m321, m322, m323, m324, m325	50
b2	mg33	140	m331, m332, m333, m334	70
b3	mg21	200	m211, m212, m213, m214, m215	100
b3	mg41	200	m411, m412, m413, m414	100
b4	mg22	200	m221, m222, m223, m224, m225	100
b4	mg31	200	m311, m312, m313, m314, m315	100

Tabelle 3.1: Globale und lokale Ressourcen

*Die weitere wichtige Information für den globalen Planer ist der Arbeitsplan für die Endprodukte. Tabelle 3.2 zeigt die Beschreibung für ein **Endprodukt** ep10, das in diesem Beispiel verwendet wird. Es existiert nur eine Variante zur Herstellung, in der vier*

*Schritte, die der Erstellung bestimmter **Zwischenprodukte** dienen, durchzuführen sind. Diese Schritte können auf den angegebenen alternativen Maschinengruppen durchgeführt werden. Sie belasten die Maschinengruppen jeweils mit einer bestimmten Kapazität und benötigen die angegebene Zeit.*

Endprodukt	Variante	Schritt/Zwischenprodukt	Alternative Ressourcen (MGrp, Kapazität, Dauer)
ep10	1	1/zp02	(mg21, 60, 7) (mg22, 40, 4)
		2/zp08	(mg41, 50, 7) (mg42, 60, 6)
		3/zp05	(mg11, 60, 8) (mg12, 60, 6) (mg13, 60, 7)
		4/zp09	(mg41, 50, 4) (mg42, 40, 5) (mg21, 40, 6) (mg22, 60, 6)

Tabelle 3.2: Produktionsbeschreibung für Endprodukt

Auf lokaler Ebene sind die in Tabelle 3.3 aufgelisteten Informationen gegeben, die schon im ersten Beispiel zur Ablaufplanung in Abschnitt 2.1 näher erläutert wurden.

*In Tabelle 3.3 werden nach Betrieben getrennt die herstellbaren Produkte (Zwischenprodukte) mit ihren Herstellvarianten dargestellt. Jede Variante besteht aus mehreren Schritten, in denen wiederum alternative Maschinen einsetzbar sind. Auch hier werden Angaben zu Dauer und Rüstzeit der einzelnen Schritte gemacht. Für das Beispiel seien zwei **externe Aufträge** (Kundenaufträge) ea3 und ea8 mit Angaben zum gewünschten Produkt, der Menge und dem gewünschten Produktionszeitraum sowie einer externen Priorität gegeben (Tabelle 3.4).*

*Die globale Planung ermittelt nun einen **globalen Plan** als Vorgabe für die lokalen Planer. In der Tabelle 3.5 ist ein möglicher Plan mit den zusätzlich erzeugten Transportaufträgen (jeweils Schritt xa, x=1,2,3) aufgelistet. Die Planeinträge dienen gleichzeitig als **interne Aufträge**, die so an die lokalen Betriebe weitergegeben werden.*

*In Tabelle 3.3 bedeuten: **B**: Betrieb; **P**: Produkt; **V**: Variante; **S**: Schritt; **A**: Alternative Ressourcen; **D**: Dauer; **R**: Rüstzeit.*

B	P	V	S	A	D	R
b1	zp05	1	1	m111	1	0
				m112	1	1
				m113	1	0
b1	zp05	1	2	m114	1	2
				m113	1	1
				m115	2	1
b1	zp05	1	3	m115	1	1
				m114	2	1
b1	zp05	2	1	m122	2	1
				m121	2	0
				m123	2	0
				m124	1	1
b1	zp05	2	2	m124	1	1
				m123	1	1
				m125	1	0
b1	zp05	2	3	m125	1	0
				m124	1	0
b1	zp08	2	1	m423	1	1
				m422	1	1
				m424	1	1
b1	zp08	2	2	m424	1	0
				m424	2	0
				m424	1	0
b1	zp08	2	3	m425	1	0
				m423	1	0
				m424	1	1
b1	zp09	2	1	m422	1	0
				m423	1	0
				m424	1	1
b1	zp09	2	2	m425	1	1
				m424	2	1
b2	zp05	3	1	m133	1	0
				m132	1	0
				m134	2	0
b2	zp05	3	2	m134	1	2
				m132	1	2
				m133	1	1
b2	zp05	3	2	m135	2	1
b2	zp05	3	3	m135	1	0
				m133	1	0
				m134	2	0

B	P	V	S	A	D	R
b3	zp02	1	1	m211	1	1
				m212	1	0
				m213	1	1
b3	zp02	1	2	m212	1	0
				m213	1	0
				m214	1	1
b3	zp02	1	3	m213	2	0
				m212	2	0
				m214	2	1
				m215	1	1
b3	zp08	1	1	m412	2	2
				m411	2	1
				m413	3	2
b3	zp08	1	2	m414	2	0
				m413	2	0
b3	zp09	1	1	m411	2	0
				m412	2	0
				m413	1	1
b3	zp09	1	2	m414	1	0
				m412	2	0
				m413	1	0
b3	zp09	3	1	m211	1	1
				m212	1	1
				m213	2	1
b3	zp09	3	2	m214	2	0
				m213	2	0
				m215	2	1
b4	zp02	2	1	m221	1	1
				m222	1	1
				m223	1	0
b4	zp02	2	2	m222	1	0
				m223	2	0
				m224	1	0
b4	zp09	4	1	m223	1	2
				m222	1	2
				m224	1	1
b4	zp09	4	2	m224	1	0
				m222	1	0
				m223	2	0
				m225	1	0
b4	zp09	4	3	m225	1	0

Tabelle 3.3: Lokale Herstellbeschreibung

Auftrag	Produkt	Menge	Start	Ende	Priorität
ea 3	ep10	2	10	83	2
ea 8	ep10	1	12	61	5

Tabelle 3.4: Externe Aufträge

Auftrag	Schritt	Produkt	Ressource	Von	Bis	Menge	Priorität
3	1	zp02	mg21	14	28	2	2
3	2	zp08	mg42	30	41	2	2
3	3	zp05	mg11	48	65	2	2
3	4	zp09	mg22	69	83	2	2
8	1	zp02	mg22	14	17	1	5
8	2	zp08	mg41	26	34	1	5
8	3	zp05	mg13	42	48	1	5
8	4	zp09	mg21	56	61	1	5
3	1a	zp02	b3, b1	29	29	2	2
3	2a	zp08	b1, b1	42	47	2	2
3	3a	zp05	b1, b4	66	68	2	2
8	1a	zp02	b4, b3	18	25	1	5
8	2a	zp08	b3, b2	35	41	1	5
8	3a	zp05	b2, b3	49	55	1	5

Tabelle 3.5: Globaler Plan/Lokale Aufträge

Die lokalen Betriebe erzeugen mit den vorgegebenen Aufträgen jeweils einen eigenen lokalen Plan. Ein möglicher Plan wird in Tabelle 3.6 dargestellt. Der globale Plan mit den lokalen Realisierungen (schwarze Balken unterhalb des Planungsbalkens) ist in Abbildung 3.4 skizziert.

Lässt sich nun z.B. in Betrieb b3 der im Plan vorgesehene Schritt 3 von Auftrag 3/1 für Zwischenprodukt zp02 nicht im Zeitraum 19 - 22 durchführen, so kann zunächst die lokal reaktive Planung versuchen, eine Alternative zu finden, die den globalen Plan nicht beeinflusst. Dies wäre z.B. durch Verlagerung auf Maschine m214 (Alternative 1 in Abb. 3.5) möglich. Das würde auch keine Veränderungsmeldung an den globalen Planer erfordern. Bei einer Verschiebung auf den Zeitraum 25 - 28 würde der globale Plan ebenfalls nicht beeinflusst, allerdings müsste hier eine Meldung erfolgen, da sich der Realisierungszeitraum verändert hat. Wird eine Verschiebung wie in Alternative 2 in Abbildung 3.5 auf den Zeitraum 37 - 40 nötig, so wird auch der globale Plan betrof-

fen, da jetzt eine Konsistenzverletzung bzgl. der Reihenfolge mit den nachfolgenden Schritten auftritt. Diese muss nun ebenfalls gelöst werden.

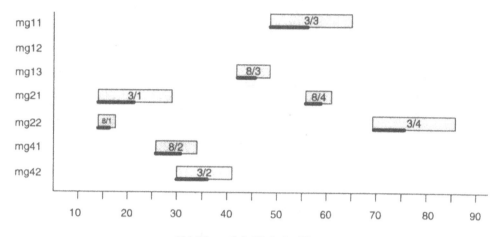

Abbildung 3.4: Globaler Plan

Betrieb	Auftrag	Produkt	Schritt	Maschine	Von	Bis
b1	3/2	zp08	1	m423	30	32
			2	m424	33	34
			3	m425	35	36
b1	3/3	zp05	1	m111	48	49
			2	m114	50	53
			3	m115	54	56
b2	8/3	zp05	1	m133	42	42
			2	m134	43	45
			3	m135	46	46
b3	3/1	zp02	1	m211	14	16
			2	m212	17	18
			3	m213	19	22
b3	8/2	zp08	1	m412	26	29
			2	m414	30	31
b3	8/4	zp09	1	m211	56	57
			2	m214	58	59
b4	3/4	zp09	1	m223	69	72
			2	m224	73	74
			3	m225	75	76
b4	8/1	zp02	1	m221	14	15
			2	m222	16	16

Tabelle 3.6: Lokaler Plan

Lässt sich nun z.B. in Betrieb b3 der im Plan vorgesehene Schritt 3 von Auftrag 3/1 für Zwischenprodukt zp02 nicht im Zeitraum 19 - 22 durchführen, so kann zunächst die lokal reaktive Planung versuchen, eine Alternative zu finden, die den globalen Plan nicht beeinflusst. Dies wäre z.B. durch Verlagerung auf Maschine m214 (Alternative 1 in Abb. 3.5) möglich. Das würde auch keine Veränderungsmeldung an den globalen Planer erfordern. Bei einer Verschiebung auf den Zeitraum 25 - 28 würde der globale Plan ebenfalls nicht beeinflusst, allerdings müsste hier eine Meldung erfolgen, da sich der Realisierungszeitraum verändert hat. Wird eine Verschiebung wie in Alternative 2 in Abbildung 3.5 auf den Zeitraum 37 - 40 nötig, so wird auch der globale Plan betroffen, da jetzt eine Konsistenzverletzung bzgl. der Reihenfolge mit den nachfolgenden Schritten auftritt. Diese muss nun ebenfalls gelöst werden.

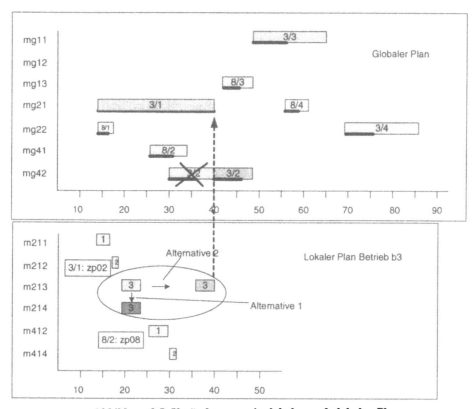

Abbildung 3.5: Veränderungen im lokalen und globalen Plan

Zu dieser reaktiven Planung auf globaler Ebene sollten folgende Aktionen, falls möglich, in der gegebenen Reihenfolge durchprobiert werden, da dies die global reaktiven Zielsetzungen am besten erreichen lässt:

- *Suche nach einer alternativen Ressource (und damit einer möglichst geringen Beeinträchtigung des Restplanes).*

- *Verschiebung des Zeitfensters ohne Beeinträchtigung der nachfolgenden Schritte und Umplanung durch die betroffenen Betriebe (Abb. 3.5 zeigt dies am Beispiel einer Verkürzung und Verschiebung des Zeitfensters für Auftrag 3/2, allerdings darf die Verkürzung natürlich nicht die minimale Realisierungszeit unterschreiten).*

- *Verschiebung aller betroffenen nachfolgenden Zeitfenster innerhalb des gegebenen Zeitrahmens und Umplanung durch die betroffenen Betriebe.*

- *Suche nach einer anderen Variante innerhalb des vorgegebenen Zeitrahmens (erst jetzt, da durch eine andere Variante stärkere Änderungen am Plan nötig sein können als bei der Verschiebung im vorgegebenen Rahmen).*

- *Verschiebung aller betroffenen Zeitfenster und des vorgegebenen globalen Zeitrahmens.*

Analysiert man die in Beispiel 4 betrachteten Planungsaufgaben, so ergibt sich, dass für die lokalen Aufgaben alle bereits in Kapitel 2 erwähnten Lösungsansätze zur Modellierung und Planung auch hier zum Einsatz kommen können. Zu betrachten sind daher vor allem die Aufgaben der globalen Planung und der Koordination. Dabei ist die Hierarchie durchaus nicht nur auf die zwei Ebenen des Beispiels beschränkt. Es können weitere Ebenen hinzukommen, z.B. bei der Betrachtung von Supply Chains oder Virtuellen Unternehmen. Grundsätzlich gilt aber für alle Schichten über der lokalen Ebene, dass sie globale Planungsaufgaben zu erfüllen haben. Die Planungsaufgaben auf der globalen Ebene werden bislang gar nicht oder nur unzureichend unterstützt, was einen wesentlichen Ausgangspunkt für diese Arbeit bildet.

Auf Basis der oben genanten Anforderungen stellt sich als Ziel der Arbeit die Konzeption eines Multi-Site Scheduling Systems als einem rückgekoppelten Gesamtsystem bestehend aus kooperierenden Planungssystemen auf mehreren Ebenen, wobei die Systeme einer Ebene von dem ihnen übergeordneten System koordiniert werden.

Nach einem Überblick über bisherige Arbeiten im Bereich des Multi-Site Scheduling wird die Idee des Gesamtsystems vorgestellt, danach werden die einzelnen Teilaufgaben näher erläutert. Dies sind zum einen die globalen Planungsaktivitäten, für die ein Mo-

dellierungsansatz und Planungsalgorithmen vorgestellt werden. Als Beispiel eines „neu"
integrierten nicht produzierenden lokalen Systems wird eine Transporteinheit verwendet. Hierbei werden neben den sich ergebenden Integrationsgesichtspunkten auch
„neue" Planungsproblemstellungen vorgestellt.

3.3   Bisherige Ansätze im Bereich des Multi-Site Scheduling

Die wesentliche Anforderung an ein Multi-Site Scheduling System aus Sicht der Planung ist die abgestimmte Planung aller Abläufe bei allen beteiligten Einheiten, d.h. ausgehend von einer Planung von globalen längerfristigen Vorgaben über Mengen und
Termine von Produkten, die gewünschte Absatzmengen repräsentieren, werden die entsprechenden Vorgaben für die einzelnen beteiligten Einheiten ermittelt und dann von
diesen evtl. wieder in einer abgestimmten Planung umgesetzt. Bisher vorgestellte Ansätze behandeln meist nur Teilaspekte der geschilderten Planungsproblematik in einem
Multi-Site Scheduling Szenario. In diesem Abschnitt werden zunächst die Möglichkeiten „klassischer" ERP-Systeme und anschließend die Erweiterungen durch Advanced
Planning Systems (APS) betrachtet. Danach werden spezielle Ansätze für den Bereich
Multi-Site Scheduling vorgestellt.

PPS-Systeme sehen in der Regel eine aggregierte Sicht auf Ressourcen bzw. Arbeits-
plätze vor [Sap99]. Diese wird aber nur zur Grobplanung verwendet und beachtet nicht
die aktuelle Kapazitätssituation im Unternehmen. Mit den bestehenden Systemen wäre
eine zentrale Grobplanung im Sinne einer standortübergreifenden Durchlaufterminierung möglich [SSW99]. Allerdings scheitert dies in der Praxis wegen folgender Gegebenheiten [Kur99, Sch99, SSW99]:

1. Durch die großen Mengengerüste, die zu berücksichtigen sind, wird die Komplexität
   einer zentralen Planung zu hoch. Stellt man z.B. für ein nur zweistufiges Beispiel die
   Verknüpfung der externen Aufträge für Endprodukte mit deren Herstellbeschreibungen, die verschiedene Zwischenprodukte enthalten, mit den daraus resultierenden
   Aufträgen für die lokale Herstellung dieser Zwischenprodukte als Und/Oder-Baum
   dar, so ergibt sich der in Abbildung 3.6 dargestellte Baum. Die Abschätzung der
   möglichen Lösungen ergibt

$L=((((R*I)^O*V)^{IA})* VAR)^{EA}$ mit

- R   Anzahl der Ressourcen pro Operation
- I   Anzahl der Intervalle pro Ressource
- O   Anzahl an Operationen pro Zwischenproduktvariante
- V   Anzahl von Varianten pro Zwischenprodukt
- IA   Anzahl interner Aufträge (= Anzahl von Zwischenprodukten) pro Endproduktvariante
- VAR   Anzahl von Varianten pro Endprodukt
- EA   Anzahl von Endprodukten.

Daran ist zu erkennen, dass selbst bei kleinen Mengengerüsten nur ein Bruchteil der Lösungen betrachtet werden kann (sind alle Größen gleich 3, so hat man bereits $3*10^{31}$ mögliche Lösungen).

Ähnlich verhält es sich, wenn man das zentrale Planungsproblem als Optimierungsproblem betrachtet [Kur99, SSW99].

Daher wird im in der Arbeit beschriebenen Ansatz eine Aufspaltung des Baumes (auf der dunkel hinterlegten Stufe) durchgeführt, um effizient die Planungsprobleme einzelner Stufen lösen zu können.

2. Es wird zentral mit enormem Aufwand ein optimaler Plan für die Standorte ermittelt, der nicht alle lokalen Gegebenheiten berücksichtigen kann und nur eine extrem kurze Gültigkeitsdauer hat, da jede Änderung in der Planungsumgebung, z.B. durch ein lokales Ereignis, den Plan ungültig machen kann. Dies ist um so kritischer, da im Allgemeinen eine Rückkopplung nicht vorgesehen ist.

3. Die Entscheidungsbefugnisse der lokalen Ebenen werden geschwächt, was zu Akzeptanzproblemen einer solchen Lösung führen würde. Zudem ist die Reaktionszeit gemindert, da global auch auf die kleinsten Störungen im Betrieb reagiert werden muss.

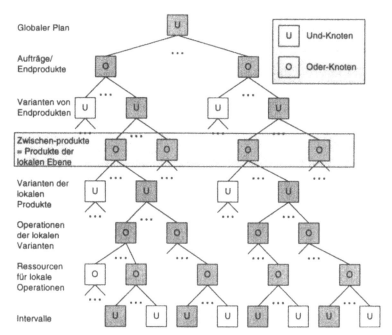

Abbildung 3.6: Und/Oder-Baum für zentrale globale Planung

Ein zentraler Ansatz kann für eine prädiktive globale Planung genutzt werden, wenn die Komplexität handhabbar ist, für die gewünschte Reaktivität reicht er aber nicht aus.

In den PPS-Systemen werden die komplexen Planungsaufgaben in arbeitsteilig zu erledigende Teilaufgaben zerlegt, die dann von Spezialisten auch in verschiedenen Organisationseinheiten erledigt werden können. Aus der Arbeitsteilung resultiert die Notwendigkeit der Koordination der Aktivitäten. Diese kann durch den Einsatz von Hierarchien vereinfacht werden [Sch93], die gleichzeitig auch die bestehenden hierarchischen Weisungsverhältnisse berücksichtigen und die Komplexität der Planungsproblematik reduzieren helfen. Daher dominieren Lösungsansätze auf Basis einer hierarchischen Delegation von Planungsaufgaben.

Stützt man sich auf eine dezentrale Verteilung von Planungsaufgaben, so bleibt das Koordinationsproblem zu beachten. Dazu wird eine übergeordnete Stelle benötigt, die die lokalen Planungen zusammenführt, Konflikte erkennt und mit den lokalen Stellen löst. Damit wird aber die Reaktionsfähigkeit einzelner Einheiten und auch des Gesamtsystems verringert [SSW99]. Dieses Konzept wird von PPS-Systemen allerdings bisher nicht unterstützt, so dass menschliche Planer eingesetzt werden müssen.

Vorgeschlagene Ansätze zur Lösung der Koordinationsproblematik setzen daher an zwei verschiedenen Stellen an. Zum einen wird versucht, diese Koordination dezentral (in eigener Regie) durchzuführen. Zum anderen wird eine Koordinationsinstanz eingeführt, die die Aufgaben der Koordination übernimmt.

Insgesamt ergeben sich die bereits in Abschnitt 2.2 beschriebenen Koordinationsszenarien [Kur99, Sch99]:

1. **Zentrale Koordination**: PPS ←→ ein zentraler Leitstand

    ein zentraler Leitstand setzt die Vorgaben des PPS-Systems um: Charakteristika sind eine zentrale Planung, ein starres System, da die Bereichsleitstände nur der Visualisierung dienen, keine Rückkopplung und damit auch kein Dispositionsspielraum.

2. Zentraler **Koordinationsleitstand**: PPS ←→ Koordinationsleitstand (Master-Leitstand) ←→ dezentrale Leitstände:

    Der Master-Leitstand regelt die Koordination zwischen den Leitständen und kann Aufgaben der Vorgabeplanung übernehmen, ohne aber das PPS-System einzubeziehen, d.h. im einfachsten Fall wird die Fertigungssteuerung entkoppelt.

3. **Dezentrale Koordination**: PPS ←→ mehrere vernetzte Leitstände

    mehrere vernetzte Leitstände setzen die Vorgaben des PPS-Systems um: Die Leitstände koordinieren sich in diesem Modell selbst. Auch weitere (Planungs-) Funktionen können im Abstimmungsprozess erledigt werden, aber im Allgemeinen sehr hoher Koordinationsaufwand. Hier kommen vor allem Ansätze aus der KI (MAS) zum Einsatz.

4. **Verteilte Koordination**: PPS ←→ zentraler Leitstand ←→ vernetzte Leitstände

    Mischform aus 2 und 3. Ein zentraler Koordinationsleitstand überwacht die Vorgaben und Zielsetzungen, die dezentralen Leitstände können sich zusätzlich selbst koordinieren.

Zu beachten ist bei den Lösungsansätzen, dass mit wachsender Dezentralisierung der Koordinationsaufwand wächst und die Einhaltung der globalen Unternehmensziele schwieriger wird. Dafür wächst der lokale Dispositionsspielraum was die Reaktion auf Ereignisse deutlich verbessert. Insgesamt soll eine Koordinationsform gefunden werden, die einen möglichst hohen Koordinationsnutzen bei möglichst geringem Koordinationsaufwand bringt. Das ist schwierig, da sich die zu beachtenden Zielsetzungen meist entgegenstehen (Polylemma der innerbetrieblichen Koordination). [Sch99] favorisiert das Konzept des Koordinationsleitstandes, da es flexible dezentrale Leitstände zulässt, aber trotzdem nicht auf die zentrale Kontrolle der Unternehmensziele verzichtet. Da das Konzept einen hohen Entwicklungsaufwand erfordert, stellt er selbst einen Ansatz auf Basis einer Koordinationsdatenbank vor, die den Leitstand mit seiner Planungsfunktion ersetzen soll [Sch99]. Im Gegensatz dazu setzt der Ansatz dieser Arbeit die Ideen des Koordinationsleitstandes um und gibt eine Realisierungsmöglichkeit dafür an.

Tabelle 3.7 fasst die Bewertung der Koordinationsformen zusammen [Sch99].

Kriterium/Szenario	Zentrale Koordination	Koordinations-leitstand	Dezentrale Koordination	Verteilte Koordination
Koordinationsaufwand	gering	mittel	groß	groß
Beeinflussungsmöglichkeiten innerhalb der Bereichsleit-stände	gering	mittel	groß	groß
Koordinationsnutzen	mittel	groß	mittel	groß
Koordinationskosten	gering	mittel	groß	groß
Entwicklungsaufwand	gering	mittel	groß	groß
Erreichung bereichsbezoge-ner Ziele	gering	mittel	groß	mittel
Erhaltung globaler Unter-nehmensziele	groß	mittel	gering	mittel
Reaktionsschnelligkeit	gering	mittel	groß	mittel

Tabelle 3.7: Bewertung der Koordinationsszenarien

Die in letzter Zeit entstandenen Advanced Planning Systems (APS), die speziell für die Planung innerhalb des Supply Chain Management gedacht sind, erweitern die Planungs-sicht auf rechtlich selbständige Unternehmen, die einer Supply Chain angehören. Sie basieren auf einer hierarchischen Anordnung der Planungsbefugnisse mit einem „foka-len" Unternehmen an der Spitze und einer Einbindung „herkömmlicher" PPS-Systeme zur Umsetzung der Planvorgaben in den untergeordneten Einheiten.

Die APS verfolgen zentralisierte Planungsansätze, z.B. in der Hauptproduktionspro-grammplanung, in der auf aggregierten Modellen Optimierungsansätze verwendet wer-den, oder in der Detailplanung, in der für die einzelnen Unternehmen der Supply Chain über Constraint-basierte Ansätze oder Genetische Algorithmen mit großen hauptspei-cherresidenten Datenmengen eine Ablaufplanung durchgeführt wird [CG01b]. Aller-dings wird hier einschränkend erwähnt, dass es sich dabei um Grundlagen der Entschei-

dungsfindung handeln soll und der Anspruch auf eine optimale Planung, die alle Gege-
benheiten berücksichtigt, wird aufgegeben. Die Weitergabe der Daten an ein ERP-
System im Unternehmen ist dementsprechend als nächster Schritt vorgesehen. Mit dem
Ansatz können die Anforderungen der global prädiktiven Planung erfüllt werden.

Die APS-Konzepte haben bisher keine oder nur wenig Rückkopplung vorgesehen. Auch
eine reaktive bzw. interaktive Planung auf der übergeordneten Ebene ist nur rudimentär
vorhanden. Vorgesehen ist eine Neuplanung mit Hilfe der genannten „optimierenden"
Verfahren (Genetische Algorithmen und Constraint Systeme), die aufgrund sehr hoher
Hauptspeicheranforderungen auch größere Problemstellungen in annehmbarer Zeit lösen können. Dabei ist die Planung aber weder optimal noch simultan, da nicht alle Kriterien der Planungsumgebung berücksichtigt werden [CG01b].

Aus Systemsicht müssen APS Systeme entweder aus einer Sammlung von Tools be-
darfsgerecht zusammengestellt werden, oder Systeme gewählt werden, die bereits einen
größeren Teil der SCM-Aufgaben abdecken, z.B. von SAP, I2, Manugistics [SKT00,
Zäp01]. Die Integration von anderen Systemen oder Komponenten geschieht bisher
über Datenschnittstellen, z.B. können Daten aus einem ERP-System genutzt werden,
nach der Planung ist allerdings eine Koordination der Daten nötig.

Neben der hierarchischen Koordination bietet sich wie bereits erwähnt prinzipiell auch
die heterarchische Koordination an. Die Abstimmung unter gleichberechtigten Partnern
einer Ebene geschieht dabei über Verhandlungsmechanismen, wie sie z.B. in Agentensystemen zu finden sind. Eine Abstimmung über alle Ebenen hinweg ist aus Aufwands-
gründen nicht praktikabel (siehe auch Abschnitt 2.4).

Im SFB 331 [RA97] wurde ein Ansatz entsprechend der verteilten Koordination untersucht. Hierbei wird die Koordination der lokalen Planungseinheiten über einen marktähnlichen Verhandlungsmechanismus realisiert. Auf globaler Ebene ist nur die Neuplanung im Falle von nicht lösbaren lokalen Konflikten vorgesehen. Weitergehende Ansätze werden derzeit u.a. im DFG-Schwerpunktprogramm „Intelligente Agenten und betriebswirtschaftliche Anwendungsszenarien" [Kir01, Kir02] und im Projekt AMPA
[ASFT00] untersucht.

Neben der Betrachtung der gesamten Multi-Site Scheduling Problematik bzw. der Koordinationsproblematik wurden einige Ansätze entwickelt, die speziell das Problem der

Verteilung der Produktion auf mehrere Standorte effizient und mit guten Plänen lösen sollen. Auch die Betrachtung als zentrales Optimierungsproblem wäre möglich, wird aber aus den oben genannten Gründen nicht weiter verfolgt.

In [BT93, GLC98, Wau92] werden Ansätze auf Basis von Constraints und speziellen Heuristiken zur Verteilungsplanung vorgestellt, die aber keine Rückkopplung enthalten, also eher prädiktiv sind.

In [SD97] wird ein Verfahren für die Grobplanung in Produktionsnetzwerken vorgestellt, bei dem mit Hilfe eines Neuronalen Netzes auf Basis der geplanten Bestände ein Liefertermin prognostiziert und mit Hilfe eines Genetischen Algorithmus die Verteilungsplanung auf die beteiligten Unternehmen durchgeführt wird.

Im ESPRIT Projekt DISCO [BFL97] wurde eine Modellierung für die verteilte Produktion entwickelt, die zugehörige algorithmische Bearbeitung wird im Nachfolgeprojekt MUSSELS [Mus00] zur Zeit erforscht. Im SFB 376 (Massive Parallelität) [BDSS96] wurden u.a. Möglichkeiten der agentenbasierten Zerlegung von Aufgaben eines PPS-Systems untersucht und am Beispiel eines einfachen Planungsszenarios dargestellt. Hierbei wird im Sinne der bereits vorgestellten Multiagenten-Systeme nur eine lokale Planung bzgl. einer Engpassressource durchgeführt.

In Tabelle 3.8 werden die verschiedenen Ansätze bzgl. der Anforderungen an den hier verfolgten hierarchisch kooperativen Ansatz zusammenfassend bewertet. Dabei bedeutet ein „X", dass diese Anforderung erfüllt ist, ein „o", dass sie nur mit Einschränkungen erfüllt ist, und ein „-", dass sie nicht erfüllt wird.

Ansatz/Kriterium	global prädiktiv	global reaktiv	Koordination	lokal prädiktiv	lokal reaktiv
MUST	X	X	hierarchisch	X	X
DISCO	X	X			
[Sch99]	-	-	hierarchisch	-	-
MARTIN [Hen98a]	-	-	heterarchisch	X	X
APS	X	o	hierarchisch	o	o
[Wau92]	X	-	-	-	-
[BT93]	X	-	-	ʼ	-
[GLC98]	X	-	-	-	-
[SD97]	X	-	-	-	-
AMPA	X	X	hybrid	X	X

Tabelle 3.8: Vergleich von Ansätzen im Bereich Multi-Site Scheduling

3.4   MUST: Ein umfassendes Multi-Site Scheduling Konzept

In diesem Abschnitt wird das Konzept einer verteilten, rückgekoppelten und wissensbasierten Planung vorgestellt, das dem MUST-Ansatz (**Mu**lti-Site **S**cheduling Sys**t**em) zugrunde liegt. Dazu werden im Einzelnen das Planungskonzept, das Architekturkonzept sowie die Modellierung und algorithmische Lösung betrachtet.

3.4.1   Das Planungskonzept

In den bisherigen Abschnitten wurde die Planungs- und Ausführungsebene als einfacher lokaler Regelkreis bestehend aus *Planung -> Realisierung -> Rückmeldung -> Planung* betrachtet. Um die in Abschnitt 3.2. beschriebenen Aufgaben erfüllen zu können, wird ein mehrstufiges, rückgekoppeltes Planungskonzept verwendet. Basis des Konzepts ist die Abbildung von Multi-Site Scheduling Systemen als hierarchisch angeordnete Menge von Planungseinheiten mit lokalen Planungsaufgaben für die Blattknoten und globalen Planungsaufgaben für alle übergeordneten Ebenen.

Die globalen Aufgaben umfassen dabei:

*   Erstellung möglichst guter globaler Vorgaben (Pläne) und Verteilung dieser Vorgaben als interne Aufträge auf die untergeordneten Einheiten (global prädiktive Planung). Um gute Pläne zu erhalten, muss eine übergeordnete Ebene mit geeignet zusammengefassten Daten der untergeordneten Ebenen arbeiten. Hier kann man sich die z.T. schon existierende Aggregation von Maschinen zu Maschinengruppen (so z.B. auch in R/3) zunutze machen. Allerdings müssen die für die Planung wichtigen Daten über Dauern und Kapazitäten z.T. noch ergänzt werden.
*   Anpassung eines globalen Plans aufgrund von Ereignissen, die von über- oder untergeordneten Ebenen stammen können (global reaktive Planung).
*   Koordination der untergeordneten Systeme durch einen Rückkopplungsmechanismus, der ein globales System mit den jeweils untergeordneten Systemen der nächsten Ebene verknüpft (s.u.)
*   Integration bestehender lokaler Planungssysteme (für die Blattknoten), die jeweils lokal prädiktive und lokal reaktive Planungsaufgaben erfüllen.

Das Koordinationsmodell beruht auf der Rückkopplung zwischen einer übergeordneten Planungseinheit und den bzgl. der Einheit zusammengehörenden Planungseinheiten der darunter liegenden Ebene. Dies entspricht dem Konzept des Koordinationsleitstandes aus Abschnitt 3.3. und erlaubt zudem eine sukzessive Verknüpfung von Planungssystemen über mehrere Planungsebenen. Es ergibt sich jeweils ein Regelkreis aus globaler Vorgabe/Anpassung, untergeordneter Umsetzung/Plankorrektur, Rückmeldung von untergeordneter Ebene zur globalen Ebene und damit eine Verknüpfung eines top-down und eines bottom-up Vorgehens. Um den Regelkreis nicht beliebig mit Koordinationsaufgaben zu belasten, wird auf der globalen Ebene versucht, eine Vorgabe zu erzeugen, die den globalen Zielsetzungen entspricht, aber trotzdem den untergeordneten Ebenen genügend Planungsspielraum speziell zur Plankorrektur ohne Einfluss auf die anderen Einheiten der untergeordneten Ebene lässt.

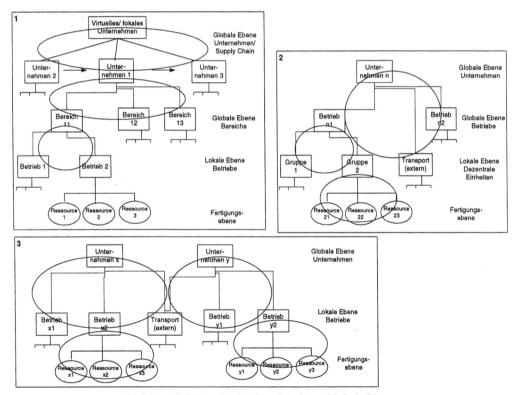

Abbildung 3.7 Regelkreise für globale und lokale Planung

Abbildung 3.7 illustriert den hier verwendeten hierarchischen Ansatz an den bereits vorgestellten Szenarien. Die Regelkreise deuten die sukzessive Koordination über meh-

Abbildung 3.7 illustriert den hier verwendeten hierarchischen Ansatz an den bereits vorgestellten Szenarien. Die Regelkreise deuten die sukzessive Koordination über mehrere Ebenen an, bei dem auf den globalen Ebenen Vorgaben für Zwischenprodukte erzeugt werden. Auf der untersten (der lokalen) Ebene werden diese zu konkreten Produktionsablaufplänen (in den einzelnen Produktionsstandorten) umgesetzt, die die Belegung der einzelnen Maschinen durch einzelne Operationen darstellen. Dabei werden sowohl prädiktive als auch reaktive Aufgabenstellungen bearbeitet, da nicht nur Vorgaben erzeugt, sondern diese auch entsprechend der aktuellen Situation innerhalb der Produktion angepasst werden müssen.

Der Ansatz nutzt ein hierarchisches Modell, da

* dies häufig auch so in den Unternehmen bzw. Projektorganisationen wiederzufinden ist und damit ein Abbild der Realität modelliert wird. Auch die APS für unternehmensübergreifende Planungen nutzen diese Sichtweise. An den entsprechenden Stellen sind Mitarbeiter zu finden, die die Planung bisher durchführen, Entscheidungen treffen und sie auch zu verantworten haben. Auch die Mehrzahl der Arbeiten, die sich mit der Koordinationsproblematik innerhalb der Ablaufplanung beschäftigen, präferieren einen Ansatz, der möglichst dezentrale Planung auf lokaler Ebene zulässt, und eine Koordinationsebene für unverzichtbar hält.

* eine hierarchisch übergeordnete Ebene effizient Planungsentscheidungen in Bezug auf die übergeordneten Ziele treffen kann. Dazu gehört auch die Suche nach alternativen Lösungswegen, die wegen der Kenntnis aller untergeordneten Einheiten hier durchgeführt wird. Damit sind die Aufgaben der globalen Planung und Koordination hier angesiedelt.

* die Hierarchie Effizienzvorteile bzgl. der Abstimmungsgeschwindigkeit gegenüber einer verteilten Lösung aufweist, bei der alle Planungseinheiten auf nur einer Ebene angesiedelt sind oder auch hierarchisch über mehrere Ebenen abgestimmt werden muss. Dies zum einen deshalb, da alle lokalen Planungseinheiten sonst neben ihrem lokalen Planungsprozess auch noch globales Planungswissen, Koordinationsfähigkeiten und Mechanismen zur Berücksichtigung von globalen Zielen integrieren müssten, was die lokalen Planungssysteme sehr groß und unhandlich werden ließe. Auf der anderen Seite zeigen Versuche mit Multiagenten-Systemen einen sehr großen Verwaltungs- und Kommunikationsoverhead, der durch ständige Abstimmungsprozesse mit zu vielen beteiligten Systemen (Agenten) entsteht.

Im Gegensatz zur „klassischen" hierarchischen Produktionsplanung, bei der die Hierarchie vor allem zur Problemreduktion und dem gleichzeitigen Einsatz formaler, optimierender Verfahren für die reduzierten Teilprobleme gedacht ist und typischerweise kaum Rückkopplungen vorgesehen sind, sind die Prämissen hier:

- Die Planvorgaben auf allen Ebenen sind möglichst „gut", d.h. viel Planungswissen und intelligente Verfahren werden eingesetzt und der Benutzer an der Planung beteiligt.
- Durch Rückkopplungen werden die Planvorgaben an die aktuelle Situation angepasst d.h. auch, dass der übergeordnete Planer immer in die Koordination einbezogen wird und damit auch der genannte Nachteil der strengen hierarchischen Systeme abgefedert wird.

Die Einbeziehung des jeweils übergeordneten Planungssystems in den Abstimmungsprozess hat folgenden Hintergrund:

- Der übergeordnete Planer hat primär „seine" globalen Zielsetzungen im Blick und wird bei der Planung (und der Umplanung) diese Ziele verstärkt beachten.
- Der übergeordnete Planer ist meist besser über Alternativen für untergeordnete Leistungserstellungsprozesse (z.B. externe Anbieter) informiert als die untergeordneten Systeme, die evtl. bei der Abstimmung auf „ihrer" Ebene wichtige Partner evtl. auch bewusst „vergessen" würden.
- Die übergeordnete Ebene ist bei diesem Ansatz immer über den aktuellen Stand der Planung in den untergeordneten Systemen informiert und kann so alle Entscheidungen mit möglichst „wirklichkeitsnahen" Informationen treffen. Zudem soll durch den Einsatz „intelligenter" Verfahren hier die Erstellungen möglichst guter Pläne auf jeder Ebene garantiert werden.

Der heterarchische Abstimmungsprozess wird hier nicht weiter verfolgt. Er stellt zusätzliche Anforderungen, die zum Teil erst in aktuellen Forschungsprojekten untersucht werden (siehe Abschnitt 3.3), u.a.:

- Für diesen Abstimmungsprozess müssten zunächst alle relevanten Einheiten identifiziert und die „Geschäftsgrundlagen" für die Verhandlungen festgelegt werden. Bei der Realisierung in Multiagenten-Systemen ist zudem die Modellierung des Verhaltens der einzelnen Agenten und die Einbeziehung menschlicher Nutzer festzulegen.
- Der Plan entspricht jeweils einem Schnappschuss aus dem Abstimmungsprozess. Es ist daher häufig schwierig für eine übergeordnete Einheit, verbindliche Zusagen zu

geben, da die aktuelle Situation nicht direkt erfassbar und transparent ist. Zudem kann bei einem reinen Abstimmungsprozess kein einzelner „Verantwortlicher" identifiziert und dann „haftbar" gemacht werden.

Das hier vorgestellte Konzept eines Systems aus kooperierenden Planungssystemen wird nicht als agentenbasiertes System bzw. ein System kommunizierender Agenten angesehen, da ein wesentliches Merkmal von Agenten fehlt: die Proaktivität. Die hier verwendeten Planungseinheiten sind als entscheidungsunterstützende Systeme für die menschlichen Disponenten auf den verschiedenen Ebenen gedacht, und „verlangen" daher die Interaktion des menschlichen Disponenten, obwohl auch eine automatische Reaktion einstellbar ist. Eine Erweiterung auf Basis von agentenbasierten Systemen ist Forschungsgegenstand im Folgeprojekt AMPA der Oldenburger Arbeitsgruppe [AFST99, ASFT00, SFT00]. Hier wird ein hybrider Ansatz aus hierarchischen und heterarchischen Abstimmungsprozessen untersucht.

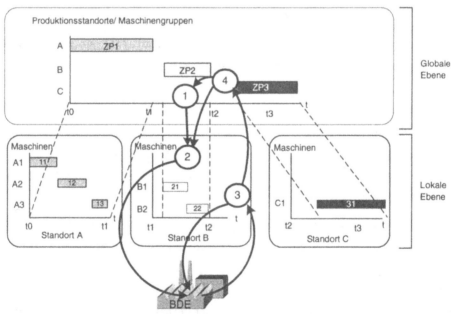

Abbildung 3.8: Schematischer Ablauf des Multi-Site Scheduling

Insgesamt lässt sich der so entstehende Planungsablauf wie in Abbildung 3.8 darstellen. Dabei wird hier wie bei den folgenden exemplarischen Beschreibungen eine zweistufige organisatorische Struktur und Aufgabenteilung verwendet, die so auch in der Realität

Abbildung ist aus Gründen der Übersichtlichkeit nur die Verbindung zu einer Einheit der untergeordneten Ebene dargestellt. Für den Gesamtablauf müssten analog auch die anderen beiden Einheiten der lokalen Ebene betrachtet bzw. eingezeichnet werden.

Der Ablauf lässt sich folgendermaßen charakterisieren

Basis ist die Vorgabe einer Menge externer Aufträge.

1. Die **global prädiktive Planung** erzeugt eine Vorgabe mit einer Verteilung der internen Aufträge auf die lokalen Betriebe. Dabei werden auch Transporte zwischen den Betrieben berücksichtigt. Ein Hauptaugenmerk dieser Verteilungsplanung liegt in der frühen Erkennung von Kapazitäts- engpässen sowie der Koordination der Produktion der einzelnen Betriebe.

2. Ausgehend von den globalen Vorgaben erstellen die Betriebe z.B. mit der **lokal prädiktiven Planung** jeweils einen lokalen Plan.

3. Bei lokal auftretenden Störungen wird zunächst versucht, diese durch die **lokal reaktive Planung** zu beheben.

4. Können Probleme nicht lokal behoben werden, oder beeinflusst der geänderte lokale Plan andere lokale Planungen, wird die **global reaktive Planung** eingeschaltet. Diese kann dann eine Umver- teilung der internen Aufträge auf die Betriebe ausarbeiten und den globalen Plan anpassen. Wei- ter bei Schritt 2.

Die Schritte 1 und 2 stellen ein reines top-down Vorgehen dar. In den Schritten 3 und 4 sind top-down und bottom-up Vorgehensweise integriert. Werden neue externe Aufträge oder andere externe Ereignisse an das System gemeldet, so beginnt der Ablauf wieder bei Schritt 1. Treten lokale Ereignisse auf, so wird bei Schritt 3 angesetzt. Um eine Überdeckung der globalen Vorgaben mit den lokalen Realisierungen zu erhalten, müssen die Schritte 2 bis 4 möglicherweise mehrmals durchlaufen werden. Hier ist es dann besonders wichtig, dass der Aufwand, d.h. die Anzahl der Schleifendurchläufe, begrenzt bleibt, was durch entsprechende Gestaltung der Planungsalgorithmen gewährleistet werden kann. Zudem sollte man auf allen Ebenen möglichst viel des bestehenden Plans beibehalten, um bei Umplanungen nicht zu viele beteiligte Planungseinheiten zu beein- flussen und damit die beschriebene „Nervosität" (siehe Abschnitt 2.1) aufkommen zu lassen. Dies kann z.B. dadurch gewährleistet werden, dass schon bei der Erstellung des globalen Plans das spätere Auftreten von Konflikten in Betracht gezogen und daher für notwendige Umplanungen ein gewisser Spielraum gelassen wird, d.h. dass hier robuste Pläne gefordert sind.

Die Koordination der Ebenen wird durch einen Austausch an aktuellen und konsistenten Daten gewährleistet, der im Wesentlichen auf dem Austauschen von Ereignissen basiert. Ereignisse können auf allen Ebenen auftreten. Ihre Auswirkungen können auf die Ebene beschränkt sein, in der ein Ereignis auftritt, oder auch die Generierung von *Folgeereig-nissen* beinhalten, die die andere Ebene betreffen. Außerdem kann ein Ereignis in einem Betrieb Folgen für einen anderen Betrieb haben (z.B. kann die verspätete Fertigung eines Zwischenprodukts aufgrund der Vorrangrelation den verspäteten Beginn der Produktion eines anderen Zwischenprodukts bewirken).

Somit ergeben sich die in Abbildung 3.9 dargestellten miteinander verbundenen Regelkreise für das in Abbildung 3.1 dargestellt Multi-Site Scheduling Szenario, die den Austausch möglichst aktueller Planungsinformation innerhalb des Kreises erfordern.

Der lokale Regelkreis besteht im Wesentlichen aus dem Erstellen von Vorgaben für den Betrieb und die Reaktion auf die Ereignisse aus dem Betrieb. Die konkrete Umsetzung im Betrieb mit der Meldung von Störungen gehört als unterste Stufe dazu.

Der globale/lokale Regelkreis umfasst die Vorgabe und Umsetzung des globalen Plans, die Kommunikation zwischen den Einheiten, die Meldung von Ereignissen und Störungen von der lokalen an die globale Ebene und die Reaktion auf diese Ereignisse auf der globalen Ebene.

Der Regelkreis zwischen zwei globalen Ebenen entspricht im Prinzip dem zwischen globaler und lokaler Ebene. Von der oberen globalen Ebene werden Vorgaben gemacht und reaktiv angepasst. Die Vorgaben werden auf der unteren globalen Ebene umgesetzt und im Fall von nicht lösbaren lokalen Störungen werden entsprechende Ereignisse an die übergeordnete Ebene gemeldet.

Der oberste Regelkreis zwischen globaler Ebene und externem (Logistik-) System umfasst die Vorgaben und Änderungen des externen Systems, die im globalen System in einen globalen Plan umgesetzt werden. Dieser wird entsprechend der externen Vorgaben und der Abstimmung mit den darunter liegenden Ebenen entsprechend angepasst.

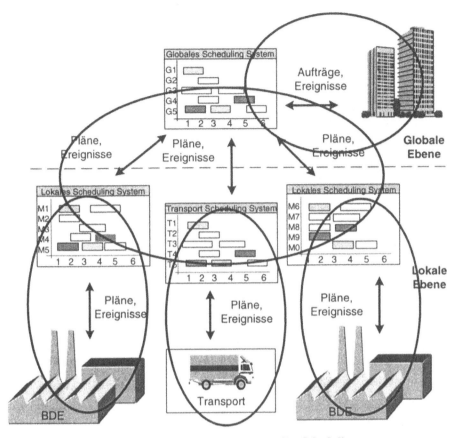

Abbildung 3.9: Regelkreise des Multi-Site Scheduling

Die Regelkreise oberhalb der lokalen Planung werden bisher nur mangelhaft unterstützt. Verschiedene Systeme, u.a. auch die vorherrschenden ERP-Systeme, erlauben zwar eine Verteilung der Aufgaben auf Maschinengruppen, wobei meist größere Planungsgranulate angenommen werden, eine Rückkopplung ist aber dabei nicht vorgesehen. Zudem wird der ungenaue Charakter der verwendeten Informationen nicht berücksichtigt. Eine Koordination geschieht selten, dann meist auf Mitarbeiterebene, zum einen, weil global keine Meldungen über Fehler eingehen, bzw. keine Informationen über Alternativen vorhanden sind, und zum anderen, weil die lokalen Planer häufig nicht den Gesamtüberblick über die vor- und nachgelagerten Aktivitäten haben, um auf lokaler Ebene eine Koordination "in eigener Regie" durchführen zu können. Durch die Analogie zwischen global/globalem und global/lokalem Regelkreis genügt es, nur den global/lokalen Regelkreis zu betrachten, um alle benötigten Funktionalitäten darzustellen, was dann auch in den Beispielen getan wird.

3.4.2   Koordination und Kommunikation im MUST-Konzept

Die Koordination der untergeordneten Planungsebenen ist eine zentrale Aufgabe einer globalen Ebene. Der hier verwendete Ansatz beruht auf einer hierarchischen Verknüpfung von zweistufigen Regelkreisen. In einem Regelkreis wird jeweils eine globale Einheit mit den untergeordneten Planungseinheiten verknüpft und koordiniert sich nach dem vorgestellten Modell durch die Kombination von

- *Vorgabe eines globalen Plans mit Hilfe der global prädiktiven bzw. global reaktiven Planung.* Die globale Planung wird in Abschnitt 3.5 ausführlich beschrieben.

- *Anpassung des globalen Plans bei Ereignissen auf den anderen Ebenen*, die die Planungsumgebung für die globale Ebene so verändern, dass reagiert werden muss. Das ist insbesondere wichtig durch die komplexen Abhängigkeiten zwischen den Produktionsprozessen in den verschiedenen Betrieben. Die Anpassung geschieht über die global reaktive Planung, die in Abschnitt 3.5.5 beschrieben wird.

- *Kommunikation zwischen den Ebenen.* Notwendig dafür ist ein bidirektionaler Informationsfluss. Die Art der gesendeten Daten ist dabei abhängig von der Kommunikationsrichtung.

  Von der globalen zur lokalen Ebene werden mindestens folgende Informationen weitergegeben:

  - die Menge der globalen Vorgaben, d.h. die internen Aufträge mit jeweils
    - der Auftragsbezeichnung,
    - dem Zwischenprodukt,
    - der zu benutzenden Maschinengruppe,
    - dem möglichst einzuhaltenden Zeitfenster,
    - der benötigten Menge des Zwischenprodukts und
    - der Priorität des internen Auftrags,

  - global aufgetretene Ereignisse mit Bedeutung für die lokale Ebene (z.B. wird die Mengenänderung eines externen Auftrags als Mengenänderung aller enthaltenen internen Aufträge an die entsprechenden lokalen Betriebe gemeldet), d.h. die Ereignisse le16 bis le21 (siehe 3.5.1).

  Von der lokalen zur globalen Ebene werden mindestens folgende Informationen zurückgegeben:

- die lokale Umsetzung der globalen Vorgaben, d.h. die globale Sicht der lokalen Einplanungen mit jeweils

  - der Auftragsbezeichnung,

  - dem Zwischenprodukt,

  - der geplanten Maschinengruppe,

  - der verplanten Menge bzw. Kapazität,

  - dem geplanten Zeitfenster, d.h. dem geplanten Beginn der ersten und dem geplanten Ende der letzten Operation,

- lokal aufgetretene Ereignisse mit Bedeutung für die globale Ebene (z.B. Störung einer Maschinengruppe), d.h. die Ereignisse ge7 bis ge13 (siehe 3.5.1),

- Vorschläge für mögliche lokale Umplanungen für den Fall, dass der vorgegebene Zeitrahmen nicht eingehalten werden konnte und/oder die zu benutzende Maschinengruppe nicht zur Verfügung stand.

- *Effiziente Ereignisverarbeitung auf allen Ebenen.* Die Ereignisverarbeitung macht alle auftretenden Ereignisse für die entsprechenden Systeme verfügbar und verarbeitet sie in der richtigen Reihenfolge. Auf diese Weise wird beispielsweise die Wahrscheinlichkeit der Meldung von „sinnlosen" Ereignissen (z.B. die Einplanung eines internen Auftrags auf einer inzwischen ausgefallenen Maschinengruppe) minimiert. Damit lässt sich vor allem die reaktive Planung auf den verschiedenen Ebenen effektiv umsetzen. Auch die Konsistenz der Daten auf den verschiedenen Ebenen kann damit weitgehend sichergestellt werden.

3.4.3 Das Architekturkonzept

Auf Basis der Anforderungen und des vorgestellten Planungskonzeptes ergibt sich eine Architektur des Gesamtsystems bestehend aus hierarchisch angeordneten und miteinander verknüpften Teilsystemen (siehe Abbildung 3.10). Diese sind entweder globale Ablaufplanungssysteme, in denen die Aufgaben der globalen Ablaufplanung gelöst werden, oder lokale Ablaufplanungssysteme, die jeweils pro Produktionsstandort die prädiktiven und reaktiven Ablaufplanungsaufgaben erledigen. Zur konkreten Ausgestaltung der einzelnen Systemkomponenten sollen im Wesentlichen bereits bekannte und realisierte Bausteine, wie Benutzungsoberfläche, Datenbasis und wissensbasierte Verfahren zur prädiktiven sowie reaktiven Ablaufplanung verwendet werden. Neu sind die Bau-

steine, die die Kommunikation zwischen den Systemen und der „Umwelt" (nach „unten" z.B. zur Betriebsdatenerfassung/BDE und nach „oben" z.B. zur Logistikabteilung)
übernehmen. Im konkret weiter betrachteten Beispiel handelt es sich entsprechend des
Szenarios aus Abbildung 3.1 um ein globales Ablaufplanungssystem, das mit mehreren
lokalen Systemen verbunden ist. Bei den lokalen Systemen kommen als „neue" Systeme
die zur Transportplanung geeigneten Systeme hinzu.

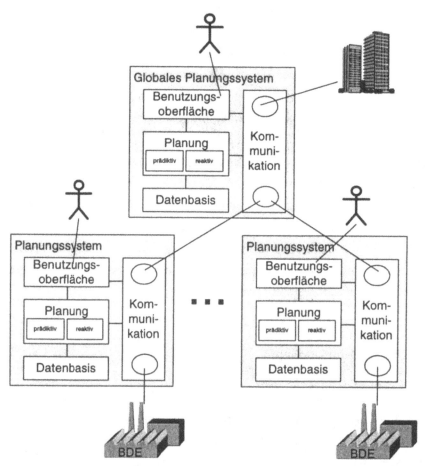

Abbildung 3.10: Architektur eines zweistufigen Multi-Site Scheduling Systems

Die verknüpften Ablaufplanungssysteme auf den verschiedenen Planungsebenen haben
folgende Eigenschaften gemein:

- Interaktive Ablaufplanung wird unterstützt, d.h. der Benutzer kontrolliert den Planungsprozess, kann Planungsfunktionen ausführen, verschiedene Planungsverfahren verwenden. Das System stellt Information zur Verfügung und führt Konsistenzüberprüfungen durch.

- Halbautomatische Planung wird unterstützt, d.h. der Benutzer kann unter verschiedenen Verfahren wählen und die Ergebnisse weiter bearbeiten. Zu den Verfahren zählen die für die globale Planung geeigneten aus den in Kapitel 2 vorgestellten.

- Prädiktive, reaktive und interaktive Planungsaufgaben sind zu erfüllen. Dabei werden unterschiedliche wissensbasierte Verfahren integriert, die die Durchführung der Aufgaben unterstützen.

- Die Datenbasis stellt das Wissen über die Objekte der Ablaufplanung, z.B. Endprodukte mit ihren Zwischenprodukten sowie benötigte Maschinengruppen und Zeiten zur Herstellung zur Verfügung, eine Datenbankanbindung ist dabei vorgesehen.

- Das User-Interface stellt dem Benutzer einen Leitstand zur Verfügung, der den Ablaufplan der Ebene und die wichtigen Informationen der Planungsumgebung für die Durchführung der Planungsaktivitäten präsentiert.

- Die Kommunikation zwischen den Systemen wird ermöglicht. Dabei sind unterschiedliche Realisierungsmöglichkeiten gegeben.

Insgesamt kann von der Seite der Systemarchitektur her durchaus auf die vorhandenen Planungssysteme aufgebaut werden. Neuerungen sind nötig in Bezug auf

- alle Funktionen globaler Systeme
- Kommunikation und neue Planungsanforderungen in lokalen Systemen.

Diese Erweiterungen werden in den folgenden Abschnitten beschrieben, wobei am Beispiel des Transports die Integration einer nicht-produzierenden Einheit verdeutlicht wird.

3.4.4 Modellierung und algorithmische Lösung

Betrachtet man die Planungsproblemstellungen im Multi-Site Scheduling, d.h. globale und lokale Planung, so zeigt sich, dass die bereits in Abschnitt 2.1 aufgeführten Charakteristika der lokalen Planung auch für die globale Planung gelten, insbesondere die dynamische Planungsumgebung und der komplexe, sehr große Suchraum. Hinzu kommen für die globale Planung mehr noch als für die lokale die Arbeit mit unvollständigem und kumuliertem Wissen. Daher liegt es nahe, zunächst zu untersuchen, welche Lösungsansätze (zur Modellierung und zur Planung) aus der lokalen Planung auch für globale Problemstellungen nutzbar sind.

Für die Modellierung und die algorithmische Lösung der im Multi-Site Scheduling zu lösenden Planungsprobleme sind prinzipiell alle in Kapitel 2 vorgestellten Verfahren geeignet, allerdings ergeben sich aus der Struktur der globalen Ablaufplanung einige Besonderheiten, die nur bestimmte Verfahren als geeignet erscheinen lassen. Dies soll im Folgenden näher betrachtet werden.

Im Bereich der Modellierung kann man auf das constraint- und objektbasierte Modellierungsschema aufbauen, das in Abschnitt 2.3.2 vorgestellt wurde. Die dort allgemein angesetzte Sichtweise erlaubt es relativ problemlos, auch die neuen Planungsprobleme zu beschreiben. Dies wird in den folgenden Abschnitten detaillierter ausgeführt.

Betrachten wir als nächstes die einsetzbaren algorithmischen Verfahren für prädiktive und reaktive Ablaufplanung. Analog zu den lokalen Ablaufplanungsproblemen können alle Verfahren, die dort für die prädiktive Planung eingesetzt wurden auch für die global prädiktive Planung verwendet werden. Dies wird u.a. durch die in Abschnitt 3.3 vorgestellten Ansätze belegt. Auch Optimierungsverfahren sind hier prinzipiell geeignet, allerdings erscheint ein Optimum auf Basis ungenauer Ausgangsdaten eher zweifelhaft.

Durch die Struktur der globalen Ablaufplanung mit unsicherem und kumuliertem Wissen sind Verfahren zu präferieren, die dies adäquat verarbeiten können. Aus diesem Grund werden hier ein heuristischer und ein Fuzzy-basierter Ansatz vorgestellt.

Für die global reaktive Planung gelten ähnliche Aussagen wie für die lokal reaktive Planung, d.h. auch hier bieten Heuristiken, Fuzzy-basierte Ansätze, Constraints und Multiagenten-Systeme die besten Möglichkeiten zur Modellierung und Umsetzung der gewünschten Reaktivität und der dabei geforderten Zielsetzungen. Zu Vergleichszwecken können auch einfache Prioritätsregelverfahren verwendet werden.

Insgesamt ergibt sich damit die in Tabelle 3.9 präsentierte Zusammenstellung bzgl. der Eignung von Verfahren für globale Planungsaufgaben, die auch noch einmal die Hauptaussagen von Tabelle 2.21 enthält (in den grau hinterlegten Zellen). Auch Multiagenten-Systeme scheinen geeignet, stellen allerdings eine eigene Gesamtkonzeption dar, in der die Agenten die zentrale Rolle spielen.

Da die Proaktivität als wesentliche Eigenschaft der Agenten im vorliegenden Ansatz zunächst nicht gefordert ist, kann eine Realisierung über ein Multiagenten-System aber durchaus als Folgeprojekt angesehen werden. Die Literaturhinweise in der Tabelle zeigen die in der Arbeitsgruppe zu den einzelnen Themen angefertigten Arbeiten. In der Spalte Abschnitt werden die Abschnitte angegeben, in denen nähere Aussagen bzw. Beschreibungen zu den Verfahren zu finden sind. Auch hier haben die Symbole die gleiche Bedeutung wie für Tabelle 2.21, d.h.

++   gut geeignet,

+   geeignet,

o   bedingt geeignet,

-           nicht geeignet.

Problem Verfahren	lokal prädiktiv	lokal prädiktiv (optimal)	lokal reaktiv	Ab- schnitt	global prädiktiv	global reaktiv	Ab- schnitt
Heuristiken	++	+	+ +	2.4.1	++ [Sau01b]	+ + [Lem95]	3.5.3 3.5.5
Optimierungs- verfahren	+	++	-	-	o	-	3.3
Iterative Ver- besserung	+	+	-	2.4.5	o	-	3.4
Genetische Algorithmen	+	+	-	2.4.6	o	o	3.3, 3.4
Fuzzy-Logik	+	-	+	2.4.3	++ [SAS97]	+	3.5.4
Constraints	+	+	o	2.4.2	+	o	3.3, 3.4
Neuronale Netze	o	o	-	2.4.4	o [MS98]	-	3.3
Multi-Agenten Systeme	-	-	++	2.4.7	+	+	3.3, 3.4

Tabelle 3.9: Eignung von Planungsverfahren für globale und lokale Problemstellungen

Für die einzelnen Teilaufgaben des Multi-Site Scheduling werden im Folgenden Modellierung und Planungsverfahren ausführlich betrachtet.

3.5   Globale Planung im MUST-Konzept

Eine der zentralen Aufgaben des Multi-Site Scheduling ist die globale Planung, in der die globalen Vorgaben erzeugt und reaktive Planungsaufgaben erledigt werden, um die globalen Zielsetzungen einzuhalten und die nachgeordneten Planungseinheiten zu koordinieren. Im Folgenden werden die Modellierung und Lösungsansätze für die Aufgaben der globalen Planung vorgestellt.

3.5.1   Modellierung des globalen Ablaufplanungsproblems

Die sehr breit angelegte allgemeine Definition eines Ablaufplanungsproblems in Abschnitt 2.3 erlaubt es, auch die globale Ablaufplanung mit Hilfe des dort angegebenen 7-Tupels (R, P, A, HC, SC, Z, E) zu beschreiben. Die Elemente haben jedoch bei der globalen und der lokalen Planung unterschiedliche Bedeutungen und werden dann auch algorithmisch anders behandelt. Tabelle 3.10 gibt eine Übersicht über die gewählten Bezeichnungen auf den verschiedenen Ebenen und ihre Beziehungen zueinander. Das Modell der lokalen Planung wurde bereits in Abschnitt 2.3.2 angegeben. Die Elemente der globalen Planung werden dann im Folgenden ausführlich beschrieben.

Im Einzelnen lässt sich das globale Ablaufplanungsproblem damit charakterisieren durch (Ressourcen- und Maschinengruppen werden dabei synonym gebraucht):

1. Globale Ressourcen: Ressourcen/Maschinengruppen

$GR = \{gr_1, ..., gr_m\}$ ist eine Menge von Ressourcen-/Maschinengruppen, die als globale Ressourcen betrachtet werden. Jede Ressource fasst mehrere lokale Maschinen zusammen und steht zu jedem Zeitpunkt nur mit einer bestimmten Kapazität zur Verfügung. Über die einzelnen Maschinen der Maschinengruppen besitzt die globale Planung allerdings keinerlei Informationen; die globale Sicht reicht nur bis zu den Maschinengruppen. Als Beispiel siehe Tabellen 3.1 und 3.2.

Allgemeines Modell	globale Ebene (innerer Knoten, Wurzel)	lokale Ebene (Blattknoten)
R: Ressource	Ressourcengruppe, z.B.Maschinengruppe	Maschine, Rohstoff, Personal
P: Produkt	globales Produkt, unterteilt in: oberste Stufe: Endprodukt sonst: Zwischenprodukt	Zwischenprodukt
Variante eines Produkts	Variante eines globalen Produkts Eine Variante bezeichnet eine Menge von Zwischenprodukten mit jeweils zugehörigen, alternativ verwendbaren Ressourcengruppen.	Variante eines Zwischenprodukts Eine Variante bezeichnet eine Menge von Operationen mit jeweils zugehörigen, alternativ verwendbaren Maschinen.
A: Auftrag	globaler Auftrag, unterteilt in oberste Stufe: externer Auftrag (eA) sonst: interner Auftrag (iA) Bezieht sich auf ein Endprodukt bzw. globales Produkt.	interner Auftrag (iA) Bezieht sich auf ein Zwischenprodukt.
HC: Hard Constraint	globales Hard Constraint	lokales Hard Constraint
SC: Soft Constraint	globales Soft Constraint	lokales Soft Constraint
E: Ereignis	global zu verarbeitendes Ereignis	lokal zu verarbeitendes Ereignis
Z: Planziel (Grundlage für Bewertungsfunktionen)	globales Planziel z.B.: Einhaltung der Fertigstellungstermine der Endprodukte.	lokales Planziel z.B.: Optimierung der Maschinenauslastung.
Plan	globaler Plan Besteht aus Belegungen, bei denen Zwischenprodukte Ressourcengruppen zugeordnet sind.	lokaler Plan Besteht aus Belegungen, bei denen Operationen Maschinen zugeordnet sind.

Tabelle 3.10: Modellierung des Multi-Site Scheduling Problems

2. Globale Produkte/Endprodukte

$GP = \{gp_1, ..., gp_n\}$ ist die Menge von globalen Produkten, die auf oberster Stufe als Endprodukte und sonst als Zwischenprodukte bezeichnet werden. Die globalen Produkte können in verschiedenen Varianten mit jeweils einer Menge von Zwischenprodukten hergestellt werden. Für jedes Zwischenprodukt sind alternative Ressourcengruppen zur Herstellung möglich (siehe Tabelle 3.2). Sie stellen die zusammenfassende Sicht der nächstniedrigeren Herstellbeschreibung dar. Auch hier ist wie im lokalen Beispiel die Darstellung durch einen Und/Oder-Baum möglich (siehe den grau hinterlegten Bereich in Abbildung 3.12).

3. Globale Aufträge

$GA = \{ga_1, ..., ga_k\}$ ist eine Menge von globalen bzw. externen Aufträgen.

Die Menge GA der globalen Aufträge – die auf oberster Stufe auch als externe und sonst als interne Aufträge bezeichnet werden - legt für die herzustellenden End-/Zwischenprodukte die Menge und das gewünschte Produktionsintervall (demand window) mit dem frühestmögliche Startzeitpunkt und dem spätest möglichen Endzeitpunkt fest. Zusätzlich können Prioritäten für Aufträge angegeben werden. Als Beispiel siehe Tabelle 3.4. Aus Gründen der schnellen Unterscheidbarkeit wird bei Aufträgen eines übergeordneten Systems häufig nur von externen Aufträgen und bei den weitergegebenen Aufträgen von internen Aufträgen gesprochen.

4. Globale Hard Constraints

$GHC = \{ghc_1, ..., ghc_h\}$ legt eine Menge von globalen Hard Constraints fest, die folgendermaßen beschrieben sind:

ghc_1: Ein Zwischenprodukt darf nur einer Maschinengruppe zugeordnet werden.

ghc_2: Einem externen Auftrag sind genau die Zwischenprodukte zugeordnet, die einer seiner Produktionsvarianten entsprechen.

ghc_3: Jeder externe Auftrag wird durch die Ausführung genau einer Produktionsvariante des entsprechenden Endprodukts erfüllt.

ghc_4: Alle externen Aufträge müssen ausgeführt werden.

ghc_5: Die Fertigung eines Zwischenprodukts darf nicht vor dem Starttermin des zugehörigen externen Auftrags beginnen.

ghc_6: Endprodukte müssen in der durch die Vorrangrelation der Zwischenprodukte festgelegten Reihenfolge produziert werden.

ghc_7: Die Kapazitätsgrenzen der Maschinengruppen dürfen nicht überschritten werden.

5. Globale Soft Constraints

$GSC = \{gsc_1, ..., gsc_s\}$ legt eine Menge von globalen Soft Constraints fest, die folgendermaßen beschrieben sind:

gsc_1: Die Endzeit eines Zwischenprodukts sollte nicht größer sein als der Endtermin des zugehörigen externen Auftrags.

gsc_2: Der Plan sollte bzgl. einer Menge von Bewertungsfunktionen optimal sein.

gsc₃: Der Plan sollte robust sein. Robustheit bedeutet dabei, dass genügend Spielraum vorhanden bleibt, um Umplanungen auf der untergeordneten Ebene vornehmen zu können, ohne den globalen Plan umstellen zu müssen.

gsc₄: Die lokale Realisierung sollte im vorgegebenen Zeitfenster erfolgen.

Wie auch bei der lokalen Ablaufplanung gilt hier, dass die Mengen der Hard und Soft Constraints nicht vollständig sind und situationsbedingt Hard und Soft Constraints in die jeweils andere Menge wechseln können.

6. Globale Zielfunktionen

Auch für die globale Planung lassen sich Zielfunktionen definieren, die zum großen Teil mit denen der lokalen Planung übereinstimmen. Wichtige Zielsetzungen sind Termineinhaltung und Kostenoptimierung. Analog zur lokalen Planung kann man definieren:

$GZ = \{gzf_1, gzf_2, gzf_3, ..., gzf_z\}$ bezeichnet die Menge der globalen Bewertungsfunktionen (Zielfunktionen). Bereits in Beispiel 3 definierte Funktionen werden nicht näher erläutert (gegeben seien n externe Aufträge $GA = (a1, ..., an)$):

gzf_1: Summe der Verspätungen (lateness): $SLT = \Sigma \, LT(a)$, für alle a.

gzf_2: Mittlere Verspätung (mean lateness): $MLT := \dfrac{SLT}{n}$, bei n Aufträgen.

gzf_3: Summe der Terminüberschreitungen/Verzüge (tardiness):
$STA = \Sigma \, TA(a)$, für alle a.

gzf_4: Aufträge mit Terminüberschreitung (tardy orders): $TAO := card(\{a| \, TA(a) > 0\})$

gzf_5: Mittlere Terminüberschreitung (mean tardiness): $)MTA := \dfrac{STA}{n}$ oder
$MTA := \dfrac{STA}{TAO}$.

gzf_6: Summe gewichteter Terminüberschreitungen (weighted tardiness):
$SWTA := \Sigma \, gTA(a)$, für alle a, g ist ein Gewichtsfaktor.

gzf_7: Summe quadrierter Terminüberschreitungen: $SSqTA := \Sigma \, TA(a)^2$, für alle a.
Auch hier lassen sich mit Hilfe von Erweiterungen wie Gewichtungsfaktoren, Exponenten oder durch Kombinationen von Funktionen weitere Zielfunktionen angeben.

7. Globale Ereignisse

Analog zur lokalen Planung gibt es eine Menge von globalen Ereignissen, die zur
Änderung der Planungsumgebung führen und dementsprechend vor allem bei der
global reaktiven Planung berücksichtigt werden müssen. Die Menge GE = (ge$_1$, ...,
ge$_p$) bezeichnet die globalen Ereignisse. Die wichtigsten globalen Ereignisse sind in
Tabelle 3.11 zusammengefasst.

Ereignis	Bezeichnung
ge1	Paket neuer eA
ge2	Neuer eA
ge3	Stornierung eines eA
ge4	Änderung eines eA (Zeitfenster (Starttermin, Endtermin), Menge)
ge5	Splittung eines eA
ge6	Planänderung für einen iA (Maschinengruppe, Zeitfenster)
ge7	Kapazitätsänderung einer Maschinengruppe
ge8	Zeitlich beschränkte Kapazitätsänderung einer Maschinengruppe
ge9	Lokale Umsetzung globaler Vorgaben
ge10	Stornierung eines iA vollzogen
ge11	Ausfall einer Maschinengruppe
ge12	Störung einer Maschinengruppe
ge13	Reparatur einer Maschinengruppe

Tabelle 3.11: Ereignisse in der globalen Planung

Dabei bedeuten die Ereignisse im Einzelnen:

- Paket neuer externer Aufträge (ge1):

  Ein Paket mit mehreren neuen externen Aufträgen soll eingeplant werden.

- Neuer externer Auftrag (ge2):

  Ein neuer externer Auftrag über ein zu fertigendes Endprodukt liegt vor. Dieser
  wird in mehrere interne Aufträge aufgeteilt.

- Stornierung eines externen Auftrags (ge3):

  Ein bereits verplanter externer Auftrag über ein Endprodukt wird gestrichen.

- Änderung eines externen Auftrags (ge4):

  Bei einem externen Auftrag wird mindestens ein Detail geändert. Mögliche zu
  ändernde Details sind die Menge, der Starttermin, der Endtermin und die Priorität. Dieses Ereignis kann sowohl in der Logistikebene als auch in der globalen Ebene auftreten. Beispielsweise kann eine Änderung des Endtermins durch
  die Logistikebene auf einen Kundenwunsch zurückzuführen sein, während die
  globale Planung dies zur Verschiebung von Aufträgen im globalen Plan vornehmen kann.

- Splittung eines externen Auftrags (ge5):

  Die zu produzierende Menge des Endprodukts eines bereits verplanten externen Auftrags wird auf zwei externe Aufträge verteilt. Realisiert werden kann dies durch eine Mengenänderung (= ge4) des Auftrags sowie die Generierung eines neuen externen Auftrags (= ge2).

- Neue Maschinengruppe für einen internen Auftrag (ge6):

  Ein bereits verplanter interner Auftrag soll auf eine andere Maschinengruppe umgeplant werden. Da die neue Maschinengruppe sich im Allgemeinen nicht im selben Betrieb befindet, wird der ursprüngliche interne Auftrag nicht geändert, sondern storniert, und ein neuer interner Auftrag wird für den Betrieb mit der neuen Maschinengruppe generiert.

- Kapazitätsänderung einer Maschinengruppe (ge7):

  Mit diesem Ereignis ändert sich die Dauer, welche die Maschinen einer Maschinengruppe benötigen, um eine Einheit eines Zwischenprodukts zu fertigen. Die Kapazitätsänderung einer Maschinengruppe kann entweder durch die globale Planung angeordnet werden, etwa um der gestiegenen Nachfrage bestimmter Produkte gerecht zu werden, oder aber als Reaktion auf einen Maschinenausfall in der lokalen Ebene anfallen. Das Ereignis tritt ein, wenn eine oder mehrere Maschinen einer Maschinengruppe ausgefallen sind, nicht jedoch alle Maschinen der Maschinengruppe. Da die globale Ebene aber keine Informationen über einzelne Maschinen besitzt, muss die lokale Ebene der globalen die Auswirkung dieses Ereignisses für die zugehörige Maschinengruppe mitteilen. Durch den Maschinenausfall wird die Leistungsfähigkeit der Maschinengruppe eingeschränkt. Ausgehend von der Bedeutung der Maschine für die Maschinengruppe meldet der Betrieb der globalen Ebene, wie groß die Kapazitätseinschränkung der Maschinengruppe ungefähr ist. Die globale Ebene kann dies dann durch vergrößerte Fertigungszeiten auf der Maschinengruppe berücksichtigen.

- Zeitlich beschränkte Kapazitätsänderung einer Maschinengruppe (ge8):

  Analog zur Kapazitätsänderung aus ge7, nur sind hier eine oder mehrere Maschinen nicht ausgefallen, sondern nur gestört, so dass die Kapazitätsänderung der Maschinengruppe auch nur für ein bestimmtes Zeitintervall gilt, das entweder bekannt ist oder geschätzt wird. Mit dem Ereignis ge8 kann zusätzlich nach der Reparatur einer oder mehrerer (jedoch nicht aller) zuvor gestörten Maschine(n) die geminderte Kapazität der zugehörigen Maschinengruppe wieder erhöht werden. Sind alle zuvor gestörten Maschinen repariert, wird dies mit dem Ereignis Reparatur einer Maschinengruppe (ge13) gemeldet.

- Lokale Umsetzung globaler Vorgaben (ge9):

    Nach einer lokalen Ein- oder Umplanung mit Relevanz für die globale Ebene hat ein Betrieb der globalen Planung folgende Details des betreffenden internen Auftrags gemeldet:

    - den planenden Betrieb,
    - die Auftragsbezeichnung,
    - das zu fertigende Produkt,
    - die zu fertigende Menge,
    - die geplante Maschinengruppe,
    - den geplanten Beginn der ersten Operation,
    - das geplante Ende der letzten Operation.

    Der globale Leitstand kann diese Planung akzeptieren oder seinerseits Umplanungen vornehmen und entsprechende Folgeereignisse generieren.

- Stornierung eines internen Auftrags (iA) vollzogen (ge10):

    Der globalen Ebene wird der Vollzug der Stornierung eines internen Auftrags gemeldet. Die Stornierung war entweder zuvor vom globalen Planer angeordnet worden oder ist aufgrund eines Maschinen- oder Maschinengruppenausfalls selbständig durch den Betrieb vorgenommen worden.

- Ausfall einer Maschinengruppe (ge11):

    Eine ganze Maschinengruppe ist irreparabel beschädigt. Dadurch eventuell umgeplante oder stornierte interne Aufträge werden der globalen Ebene gesondert mit den Ereignissen ge9 bzw. ge10 gemeldet.

- Störung einer Maschinengruppe (ge12):

    Eine ganze Maschinengruppe fällt für ein begrenztes Zeitintervall aus. Das Intervall der Störung ist entweder bekannt oder wird geschätzt. Dadurch eventuell umgeplante interne Aufträge werden der globalen Ebene gesondert mit dem Ereignis ge9 gemeldet.

- Reparatur einer Maschinengruppe (ge13):

    Eine zuvor gestörte Maschinengruppe wird mit der Reparatur wieder uneingeschränkt (mit ihrer ursprünglichen Kapazität) verfügbar. Dieses Ereignis ist nur dann sinnvoll, wenn das tatsächliche Ende der Störung nicht mit dem zuvor (durch ge12) gemeldeten Ende der Störung übereinstimmt.

Bei der Abarbeitung der oben beschriebenen Ereignisse können sich Folgeereignisse ergeben. Beispielsweise wird ein neuer externer Auftrag mehrere neue interne Aufträge nach sich ziehen. Die Generierung der Folgeereignisse erfolgt automatisch durch die Planungsebene, die das ursprüngliche Ereignis bearbeitet hat. Dabei müssen die Folgeereignisse speziell auf die sie zu verarbeitende Planungsebene zugeschnitten werden. Es gilt z.B. zu beachten, dass die globale Ebene keine Informationen über einzelne Maschinen besitzt, sondern nur über ganze Maschinengruppen. Dies wird besonders bei den Ereignissen ge7 und ge8 deutlich.

Durch die Verknüpfung der verschiedenen Ebenen haben Ereignisse einer Ebene evtl. Einfluss auf die über- bzw. untergeordnete Ebene. Das bedeutet z.B. für die lokale Ebene, dass hier auch neue Ereignisse betrachtet werden müssen, die von der globalen Ebene ausgelöst wurden, und dass Ereignisse erzeugt werden müssen, die für die globale Ebene wichtig sein könnten, z.B. Änderungen bei Maschinengruppen. Daneben gibt es auch Ereignisse, die für die andere Planungsebene nicht von Bedeutung sind. Ein Beispiel hierfür ist die lokale Verschiebung einer inneren Operation, die ihre Vorgänger- und Nachfolgeoperation nicht beeinflusst. Dadurch werden sich weder der Beginn noch das Ende der Planung des gesamten Zwischenprodukts ändern, so dass die globale Ebene hierüber nicht in Kenntnis zu setzen ist. Tabelle 3.12 zeigt eine Übersicht über die Verknüpfung der Ebenen über Ereignisse und die Verbindung der lokalen Ereignisse mit den bereits in Abschnitt 2.3 vorgestellten Ereignissen. Die zwischen den Ebenen zu kommunizierenden Ereignissen stellen eine wichtige Aufgabe für die noch zu beschreibende Kommunikationskomponente dar. Die auf der lokalen Ebene zu verarbeitenden Ereignisse (kursiv in Tabelle 3.12) werden insgesamt in Abschnitt 3.7.1 näher beschrieben.

Die von der lokalen Planung an die globale Ebene gemeldeten Ereignisse können weiterhin in zwei Gruppen geteilt werden, erwartete und zeitlich nicht vorhersehbare Ereignisse. Zur ersten Gruppe gehören:

• die lokale Umsetzung globaler Vorgaben (ge9) und

• die vollzogene Stornierung (ge10).

Diese Ereignisse sind in gewissem Maße vorhersehbar, wenn die gemeldete lokale Umsetzung die globalen Vorgaben einhält. Solche Ereignisse stimmen mit den globalen Vorgaben überein und bewirken somit in der Regel keine Umdisposition.

Ereignis	Bezeichnung	Erzeugung	Verarbeitung
ge7	Kapazitätsänderung einer Maschinengruppe	Lokale/globale Planung	Globale Planung
ge8	Zeitlich beschränkte Kapazitätsänderung einer Maschinengruppe	Lokale/globale Planung	Globale Planung
ge9	Lokale Umsetzung globaler Vorgaben	Lokale/globale Planung	Globale Planung
ge10	Stornierung eines iA vollzogen	Lokale/globale Planung	Globale Planung
ge11	Ausfall einer Maschinengruppe	Lokale/globale Planung	Globale Planung
ge12	Störung einer Maschinengruppe	Lokale/globale Planung	Globale Planung
ge13	Reparatur einer Maschinengruppe	Lokale/globale Planung	Globale Planung
le16	Paket neuer iA	Globale Planung	Lokale/globale Planung
le1	Neuer iA	Globale Planung	Lokale/globale Planung
le17	Stornierung mehrerer iA	Globale Planung	Lokale/globale Planung
le2	Stornierung eines iA	Globale Planung	Lokale/globale Planung
le18	Änderung mehrerer iA	Globale Planung	Lokale/globale Planung
le19	Änderung eines iA	Globale Planung	Lokale/globale Planung

Tabelle 3.12: Erzeugung und Verarbeitung von Ereignissen

Alle anderen Ereignisse sind nicht vorhersehbar und müssen entsprechend ihres Auftretens bearbeitet werden. Das sind z.B. lokale Umsetzungen, die die vorgegebene Fertigungsendzeit überschreiten oder sich auf eine andere als die vorgegebene Maschinengruppe beziehen, weil diese ausgefallen ist.

Die oben bereits angedeutete Zweiteilung kann genutzt werden, um die Ereignisverarbeitung effizienter zu machen. Wir unterscheiden daher im Folgenden zwischen:

• *normalen Ereignissen*, die der Erwartung einer Planungskomponente entsprechen, z.B.

    - die Rückmeldung einer global angeordneten Stornierung (ge10),

    - die Rückmeldung einer global angeordneten lokalen Einplanung, sofern diese den vorgegebenen Zeitrahmen einhält (ge9),

- die Meldung eines aufgrund einer Maschinengruppenstörung umgeplanten internen Auftrags, sofern dessen Einplanung den vorgegebenen Zeitrahmen einhält (ge9).

• *besonderen Ereignissen*, deren Auftreten „unerwartet" ist, z.B.
  - die Meldung eines kompletten Maschinengruppenausfalls (ge11),
  - die Meldung einer Maschinengruppenstörung (ge12),
  - die Meldung einer Maschinengruppenreparatur (ge13),
  - die Meldung eines aufgrund eines kompletten Maschinengruppenausfalls stornierten internen Auftrags (ge10),
  - die Meldung eines aufgrund eines kompletten Maschinengruppenausfalls umgeplanten internen Auftrags (unabhängig davon, ob der vorgegebene Zeitrahmen eingehalten wurde, da auf einer anderen Maschinengruppe als global vorgegeben geplant wurde) (ge9),
  - die Meldung eines aufgrund einer Maschinengruppenstörung umgeplanten internen Auftrags, sofern der vorgegebene Zeitrahmen nicht eingehalten werden konnte (ge9),
  - die Rückmeldung einer global angeordneten Einplanung, sofern der vorgegebene Zeitrahmen nicht eingehalten werden konnte (ge9).

Das bedeutet vor allem, dass bei den Ereignissen ge9 und ge10 jeweils beachtet werden muss, ob eines der Ereignisse ge11, ge12 oder ge13 mit aufgetreten ist.

Die Ereignisse können unterschiedlich behandelt werden um wieder zu konsistenten Plänen zu kommen. Dies ist die wichtigste Aufgabe der global reaktiven Planung. Wie auch bei der lokal reaktiven Planung sind unterschiedliche Ansätze möglich. Ein Ansatz auf Basis von Heuristiken wird in Abschnitt 3.5.5 vorgestellt.

Ergebnis der globalen Planung ist der **globale Plan**, der die zeitliche Zuordnung von Aktivitäten zur Herstellung von Teilprodukten zu benötigten Maschinengruppen oder Betrieben enthält. Zusätzlich sind die Rückmeldungen der darunter liegenden Ebene zu beachten. Eine Rückmeldung eines Betriebs an die globale Ebene enthält das Ergebnis der lokalen Planung auf Maschinengruppenebene. Die Rückmeldungen aller Betriebe gehen bei der global reaktiven Planung zusammen mit den globalen Vorgaben in den globalen Plan ein. Abbildung 3.4 zeigt ein Beispiel eines globalen Plans.

Aufgrund der obigen Modellierung lässt sich der Problemraum einer globalen Planung ebenfalls als Und/Oder-Baum darstellen (siehe Abbildung 3.11). Er entsteht aus der

Zusammenfassung der Aufträge für globale Produkte mit deren Herstellbeschreibung (Varianten bestehend aus Zwischenprodukten, die auf alternativen Ressourcengruppen herstellbar sind) und möglichen zeitlichen Intervallen für die Herstellung.

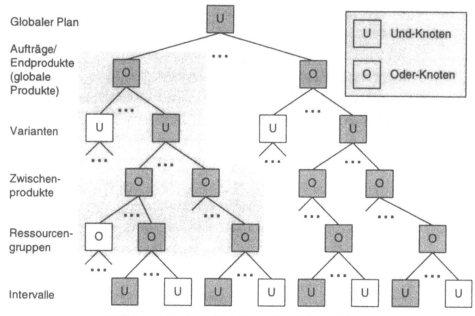

Abbildung 3.11: Und/Oder-Baum der globalen Planung

In den folgenden Abschnitten werden nun aufbauend auf der obigen Modellierung verschiedene Lösungsansätze für die auf globaler und lokaler Ebene auftretenden Planungsprobleme vorgestellt.

3.5.2   Global prädiktive Planung mit Fuzzy-Konzepten

Wie bereits in Abschnitt 2.4.3 erläutert, eignen sich Fuzzy-basierte Ansätze insbesondere zur Darstellung und Verarbeitung von ungenauem Wissen. Da man es bei der globalen Planung speziell mit kumulierten und ungenauen Planungsdaten zu tun hat, wurde ein Fuzzy-basierter Ansatz als Lösungsalternative untersucht (und mit anderen Möglichkeiten vergleichen, siehe Abschnitte 3.5.3/3.5.4). Nachfolgend wird ein für die global prädiktive Planung geeigneter Ansatz vorgestellt, bei dem die charakteristischen Informationen durch linguistische Variablen beschrieben werden, die mit Hilfe von

Fuzzy-Regeln zu neuen Informationen verknüpft werden, und damit einen globalen Plan ermitteln.

Wie bereits in 2.4.3 beschrieben, müssen folgende Teilaufgaben gelöst werden, um das globale Ablaufplanungsproblem mit Hilfe eines Fuzzy-basierten Systems (Reglers) lösen zu können [MMSW93]:

- Transformation der Plandaten in für den Fuzzy-Regler verarbeitbares Planwissen (Fuzzifizierung),
- Verarbeitung des Planwissens anhand von vorgegebenen Regeln hin zu Planungsentscheidungen, dabei Integration fuzzy-logischer Arithmetik zur Behandlung unscharfer Plandaten sowie
- Transformation der Planungsentscheidungen in Plandaten (Defuzzifizierung).

Zur Transformation der Plandaten in für den Fuzzy-Regler (Fuzzy-Controler) verständliches Wissen wird zunächst das globale Plandatenwissen klassifiziert und auf seine wesentlichen Merkmale reduziert. Mit linguistischen Variablen werden die planungsentscheidenden Merkmale der Daten qualitativ beschrieben. Im Prinzip könnten alle Daten des Modells den Erfordernissen der jeweiligen Algorithmen entsprechend in linguistische Variablen transformiert werden, bei vielen genügt allerdings die diskrete Darstellung, z.B. Produktnamen oder Maschinengruppen. Für die globale Ablaufplanung werden die Planungsobjekte durch folgende ausgewählte Merkmale beschrieben:

- **Ressourcen**: durch Maschinengruppenkapazität, Auslastung, Transportkosten und -zeiten, Materialverbrauch und Materialverschleiß
- **Produkte**: durch Produktkapazität und Produktzeitverbrauch
- **externe Aufträge**: durch Zeitbedarf und Priorität.

Um weitere Unterscheidungsmöglichkeiten der einzelnen Aufträge modellieren zu können, werden der Termin und die Wichtigkeit eines externen Auftrags sowie die Hard- und Soft Constraints durch linguistische Variablen charakterisiert. Alle anderen Merkmale werden durch scharfe Werte beschrieben.

In der folgenden Übersicht werden jeweils die möglichen Werte der linguistischen Variablen angegeben. In den meisten Fällen hat sich die Dreiecksfunktion als geeignete Zugehörigkeitsfunktion erwiesen, da sie effizient realisierbar ist und einfach die lineare Zunahme bzw. Abnahme gradueller Zugehörigkeit bzgl. eines Wertes maximaler Zugehörigkeit abbildet. Abbildung 3.12 zeigt einige Beispiele der sich daraus ergebenden Fuzzy-Mengen.

- **Maschinengruppenkapazität**: {sehr klein, klein, normal, groß, sehr groß}

  Da die Maschinen der Maschinengruppe je nach Auftrag unterschiedlich belastet sind, wird zu jeder Zeiteinheit eine freie Kapazität in Prozent angegeben, die besagt, inwieweit die Maschinengruppe noch belastet werden kann.

- **Auslastung**: {sehr klein, klein, mittel, groß, sehr groß}

  Abhängig von der Auftragsmenge kann eine grobe Abschätzung über die erwartete Auslastung innerhalb eines Zeitraumes gemacht werden.

- **Transportzeiten/-kosten**: ungefähre Werte

  Sie beschreiben den Aufwand, der für den Transport von einer Fertigungsstätte zu einer anderen nötig ist. Die Ungenauigkeit der Transportzeiten und -kosten entsteht durch nicht im voraus bekannte Faktoren wie z.B. Beladungszeit, Entladungszeit, Transportzeit, Verkehrslage, Störung des Transportmittels, Energiekosten, Lohnkosten, Servicekosten. Im Normalfall werden jedoch die Zeiten und Kosten nur innerhalb eines kleinen Bereichs schwanken und nur in Ausnahmefällen völlig davon abweichen. Daher wird zur Beschreibung der Daten eine ungefähre Zeit- bzw. Kostenangabe verwendet.

- **Materialverbrauch**: {sehr wenig, wenig, mittel, viel, sehr viel}

  Der Materialverbrauch wird durch eine qualitative Einschätzung der Maschinengruppen bezüglich ihres Verschleißes ermittelt. Jede Maschinengruppe erhält eine Einstufung, aufgrund deren in der Planung eine bestimmte Menge ergänzend eingeplant werden soll.

- **Materialverschleiß**: {minimal, niedrig, durchschnittlich, überdurchschnittlich, maximal}

  Der Werkzeugverschleiß wird für jedes Werkzeug bei Anwendung für ein Produkt angegeben.

- **Produktkapazität**: {sehr klein, klein, normal, groß, sehr groß}

  Jedes Produkt bzw. die dazu nötigen Zwischenprodukte benötigen auf einer Maschinengruppe eine bestimmte Menge an Zeit, Kapazität und Materialien. Der Kapazitätsbedarf von Produkten wird entsprechend der Kapazität der Maschinengruppen beschrieben.

- **Produktzeitverbrauch**: {sehr gut, gut, normal, schlecht, sehr schlecht}
  Die benötigte Zeit für ein Produkt ist äquivalent zur Beschreibung des Materialverbrauchs definierbar.

- **Zeitbedarf**: {sehr klein, klein, normal, groß, sehr groß}
  Für einen externen Auftrag werden Angaben zur Menge, zur Priorität und zu den Start- und Fertigstellungszeiten gemacht. Im Allgemeinen entspricht der Zeitbedarf zur Produktion nicht der Zeit des gewählten Zeitintervalls. Die Zeitangaben dienen daher der Einstufung der Wichtigkeit eines Auftrags, der Zeitverbrauch wird relativ zu den bestehenden Aufträgen und den daraus entstehenden Produktionsdauern formuliert.

- **Priorität**: {keine, niedrig, normal, hoch, sehr hoch}
  Die (diskrete) Priorität des externen Auftrags wird in linguistische Werte übertragen.

- **Constraints**: {erfüllt}
  Bei Hard- und Soft Constraints wird der Grad der Erfüllung durch linguistische Variablen bewertet. Einige Hard Constraints werden dabei ausgenommen und nur als wahr oder falsch bewertet.

- **Termin**: {bereits, jetzt, bald, später, noch nicht relevant}
  Das Merkmal Termin bewertet die Entfernung des Auftrags vom Jetzt-Zeitpunkt. Es handelt sich dabei um ein „dynamisches" Merkmal, das jeweils zu Beginn einer Lösung neu bestimmt werden muss.

- **Wichtigkeit**: {unwichtig, nicht wichtig, normal, wichtig, sehr wichtig}
  Die Wichtigkeit eines Auftrags hängt von anderen Merkmalen ab, z.B. von Termin, Produkt oder Zeitbedarf. Die Abhängigkeit wird durch entsprechende Regeln beschrieben.

Zur Verarbeitung der unscharfen Daten muss dann ein Ablaufplanungsverfahren im Fuzzy-Regler (siehe Abbildung 2.9) abgebildet werden. Für die Aufgaben der globalen Planung wird eine heuristische Problemzerlegung zugrunde gelegt, die das Problemlösungsverhalten eines menschlichen Planers nachbildet, indem zunächst besonders „schwierige" Aufträge gesucht werden, die möglichst zuerst gefertigt werden müssen, damit der Termin eingehalten werden kann. Die Aufträge werden dazu mit Hilfe der linguistischen Variablen kategorisiert, d.h. in bestimmte Bewertungsschemata gruppiert (z.B. die Menge der „eiligen" Aufträge). Daraus ergibt sich eine erste Reihenfolge der Aufträge, die noch weiter verfeinert werden kann. So können Aufträge, die lange dauern

„und" einen frühen Termin besitzen, anderen Aufträgen vorzuziehen sein, die „nur" einen frühen Termin besitzen.

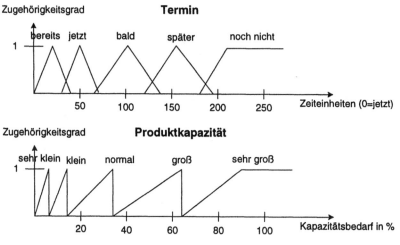

Abbildung 3.12: Fuzzy-Mengen für globale Planung

Das Verarbeitungsmodell baut auf ein einfaches hierarchisches Zwei-Ebenen-Konzept auf. Auf der oberen Ebene bestimmt eine Leitstrategie die jeweiligen Abfolgen der Inferenzstrategien mit ihren Regelbasen und damit die schrittweise Lösung des Ablaufplanungsproblems. Die Regelbasen zusammen mit der zugehörigen Inferenzstrategie geben das Verfahren für die Bestimmung eines prädiktiven globalen Planes an.

Die einzelnen Inferenzstrategien steuern die Bearbeitung ihrer Eingabedaten durch die entsprechenden Regelbasen und erzeugen so Ausgangsdaten, die entweder diskrete (Teil-) Lösungen des Ablaufplanungsproblems oder Eingangsdaten für weitere Schritte zur Lösung des Problems sind. Die Regeln bestimmen die Reihenfolge der Bearbeitung und die Auswahl der passenden Parameter (Zeiten, Maschinengruppen, Kapazitäten, Varianten). Die zulässigen Parameter der Regeln sind die durch linguistische Variablen charakterisierten Merkmale der diskreten Daten, sowie einige diskrete Daten selbst. Die zugehörige Inferenzstrategie verknüpft das Regelwissen mit den diskreten Daten. Sie ist unabhängig vom aktuell integrierten Regelwissen, daher ist eine beliebige Auswahl des Lösungsalgorithmus (in Form von Regeln) möglich.

Die in Tabelle 3.13 dargestellte Leitstrategie mit drei Inferenzstrategien bildet ein auftragsbasiertes Vorgehen mit integrierten Fuzzy-Konzepten nach und wird als „Basis-Strategie" verwendet.

Die Reihenfolge (`reihenfolge`) wird durch Regeln erzeugt, die die Aufträge nach Wichtigkeit charakterisieren. Je wichtiger der Auftrag ist, desto eher wird er eingeplant. Die Aufträge werden eingeplant (`einplanen`), indem sie entsprechend ihrer Reihenfolge anhand von Auswahlregeln, die u.a. die Soft Constraints wiederspiegeln, auf die günstigsten Maschinengruppen gelegt werden. Der Materialbedarf (`materialbedarf`) wird durch Aufsummierung aller Produkte entsprechend der für die Mengenangaben definierten linguistischen Variablen bestimmt. Daraus ergibt sich die im Modell festgelegte Dispositionsmenge. Beispiele für dabei verwendete Regeln sind in Tabelle 3.14 dargestellt.

Auftragsbasierte Planungsstrategie für Fuzzy-Regler

reihenfolge(IN Externe_Aufträge; OUT Externe_Aufträge);
   /* ermittle die Reihenfolge der zu planenden Aufträge */
einplanen(IN Externe_Aufträge; OUT Plan);
   /* WHILE Aufträge zu planen
   wähle Auftrag
   ermittle 5 Einplanungsalternativen (über Varianten, Alternativmaschinen oder Termin)
   wähle beste Alternative
   plane ein */
materialbedarf(IN Plan; OUT Disp_menge);
   /* ermittle benötigte Materialmengen */

Tabelle 3.13: Planungsstrategie für Fuzzy-Regler

Fuzzy-Regeln
/* zur Ermittlung der Wichtigkeit von Aufträgen */

IF Zeitbedarf(sehr klein) FUZZY_AND Priorität(normal) FUZZY_AND Termin(bald)
   THEN Wichtigkeit(normal)
IF Termin(noch nicht)
   THEN Wichtigkeit(unwichtig)
IF Zeitbedarf(sehr klein) FUZZY_AND Priorität(hoch) FUZZY_AND Termin(bereits)
   THEN Wichtigkeit(sehr wichtig)

/* zur Ermittlung der geeigneten Einplanung */

IF Produktkapazität() FUZZY_GREATER Apparategruppenkapazität()
   THEN Einplanung(sehr schlecht);
IF Produktkapazität() FUZZY_LOWER Apparategruppenkapazität()
   THEN Einplanung(sehr gut);
IF Auslastung(engpass)
   THEN Einplanung(schlecht);

Tabelle 3.14: Fuzzy-Regeln für globale Planung

Das Zwei-Ebenen-Konzept erlaubt eine Trennung der für jede Teilaktion notwendigen Wissens- oder Regelbasen und damit auch eine gezielte und unabhängige Änderung von (Teil-) Strategien oder Regeln durch den Benutzer. Durch die verteilte Wissenshaltung kann nicht zuletzt auch die für schnelle Entscheidungen wichtige Performance des Fuzzy-Reglers verbessert werden.

Der vorgestellte Ansatz zur globalen Ablaufplanung ist bewusst sehr allgemein gehalten, um auch auf andere Ablaufplanungsprobleme anwendbar zu sein. Das wird durch eine möglichst allgemeine Architektur erreicht, in der jeweils spezifische Planungsprobleme repräsentiert werden können, indem linguistische Variablen und Regelmengen ausgetauscht werden. Im Detail werden der Ansatz und seine Realisierung in [ASS97, SAS97, Sue96] beschrieben. Das implementierte System besteht aus einer Benutzungsoberfläche, dem Fuzzy-Regler und der Wissensbasis. Ein Editor dient zur Eingabe der notwendigen Regeln und Parameter, d.h. zur

- Änderung bzw. Generierung von Regeln für die einzelnen Regelbasen,
- Generierung der Leitstrategie aus vorgegebenen Prozeduren,
- Einstellung und Erzeugung der linguistischen Werte und Zugehörigkeitsfunktionen.

Für die linguistischen Werte stehen die Dreiecks-, Trapez-, Pi-, S- oder Z-Funktion oder diskrete Wert/Grad-Zuweisungen als Zugehörigkeitsfunktionen zur Verfügung. Als anwendbaren Fuzzy-Operatoren stehen zur Verfügung:

- assoziative Operatoren wie z.B. Hamacher Produkt/Summe, Maximum, Minimum, Yager,
- nichtassoziative Operatoren wie z.B. Fuzzy-Und, Fuzzy-Oder, Durchschnitt, Geometrisches Mittel,
- Vergleichoperatoren wie z.B. Größer, Gleich, Kleiner.

Ein Vergleich des realisierten Konzeptes mit anderen Verfahren wird in Abschnitt 3.5.4 durchgeführt.

3.5.3   Global prädiktive Planung mit Heuristiken

Wie bereits erläutert, bieten sich heuristische Verfahren für alle Arten von Planungsproblemen an. Auch die global prädiktive Planung lässt sich mit heuristischen Verfahren bearbeiten. In Abschnitt 3.5.2 wurde bereits eine Verbindung von Heuristiken und Fuzzy-Techniken vorgestellt. Im Folgenden wird ein Ansatz vorgestellt, der mehrere Heuristiken kombiniert, um so möglichst gute Vorgaben für die lokale Planung zu erzeugen.

Das wesentliche Ziel der Planung ist die Einhaltung der vorgegebenen Termine. Nur bei nicht lösbaren Kapazitätsüberlastungen wird eine zeitliche Verschiebung des entsprechenden Zwischenproduktes und falls erforderlich, des ganzen Endproduktes vorgenommen. Damit wird auch die Generierung einer Lösung sichergestellt.

Der Algorithmus basiert auf den Ideen der auftrags- und operationsbasierten Problemzerlegung, einer opportunistischen, engpassorientierten Planung [Sad94] sowie einer statischen und dynamischen Verwendung von Regeln. Während der dynamische Ansatz, wie z.B. bei [KY89, Liu89] verhältnismäßig aufwendig ist, um möglichst gute Aussagen über die Konsequenzen der einzelnen Planungsschritte machen zu können, ist der statische Ansatz, wie z.B. im PROTOS-Algorithmus [Sau91] realisiert zwar schnell, aber auch gröber. Daher werden Methoden aus beiden Ansätzen kombiniert, um einerseits den Aufwand geringer zu halten, andererseits aber eine möglichst große Flexibilität für verschiedene Planungssituationen zu gewährleisten.

Grundsätzlich ist der hier gewählte Lösungsweg ein statischer Ansatz, in dem Engpassprodukte zuerst geplant werden. Primäres Ziel der Planung ist die Minimierung der Terminverzüge bei Vermeidung der Verwendung von sogenannten Engpass-Ressourcen. Statisch bedeutet, dass - bei Veranschaulichung im Und/Oder-Baum - zunächst ein Endprodukt ausgewählt wird, dann alle zugehörigen Zwischenprodukte geplant werden und erst dann das nächste Endprodukt geplant wird.

Für die Erkennung von Engpässen wird dynamisch eine Kapazitätsübersicht, die die bereits verplanten und die noch zu verplanenden Aufträge berücksichtigt, erstellt. Damit soll eine gute Auswahl des nächsten Produkts ermöglicht werden. Hierdurch werden dann nicht nur die schon geplanten Operationen bei der weiteren Planung berücksichtigt, sondern auch die noch zu planenden Operationen werden in Betracht gezogen. Zur Durchführung der Kapazitätsanalyse werden einerseits die vorgegebenen Aufträge berücksichtigt, andererseits aber auch statische Aussagen über Produkte und Zwischenprodukte. Ein Zwischenprodukt ist im Wesentlichen um so kritischer, je mehr es eine Ressource prozentual belegt.

Bei der Planung der Zwischenprodukte werden wiederum die Engpass-Zwischenprodukte zuerst geplant. Die Entscheidung darüber, was Engpass-Zwischenprodukte sind, wird wiederum aufgrund der Kapazitätsanalyse durchgeführt. Schematisch wird der Algorithmus in Tabelle 3.15 dargestellt. Die verschachtelten WHILE-Schleifen können in der PROLOG-Realisierung auch durch Backtracking umgesetzt werden.

Algorithmus der global prädiktiven Planung
berechne statische Bewertungen
WHILE Aufträge zu planen
Kapazitätsanalyse
wähle kritischsten Auftrag
WHILE Intervalle vorhanden und Auftrag nicht verplant
wähle Intervall für Auftrag
wähle unkritischste Variante
WHILE Zwischenprodukte zu planen
wähle kritischstes Zwischenprodukt
wähle Startzeitpunkt
wähle Maschinengruppe
IF planbar THEN
Plane_ein
ELSE
Konfliktlösung
END IF
END WHILE
END WHILE
END WHILE

Tabelle 3.15: Heuristischer Algorithmus zur globalen Planung

Als Auswahlregeln für Knoten werden verwendet:

- **Aufträge** (wähle kritischsten Auftrag)

  Wähle den kritischten Auftrag zuerst, d.h. plane Engpässe zuerst; dies geschieht über die dynamisch erstellte Kapazitätsübersicht, in der noch nicht verplante Aufträge über ihre statische Bewertung (s.u.) berücksichtigt werden.

- **Intervalle** für Aufträge (wähle Intervall für Auftrag)

  Wähle zunächst das vorgegebene Intervall, im Konfliktfall wird der Auftrag in die Zukunft verschoben.

- **Varianten** (wähle unkritischste Variante)

  Wähle die unkritischste Variante, die die wenigsten Engpassmaschinengruppen belegt. Damit soll versucht werden, weitere Engpässe zu vermeiden.

- **Zwischenprodukte** (wähle kritischstes Zwischenprodukt)

  Wähle das kritischste Zwischenprodukt, das am ehesten zu einem Engpass führen kann.

- **Startzeit** (wähle Startzeitpunkt)

  Wähle frühestmögliche Startzeit, um Terminüberschreitungen zu vermeiden.

- **Maschinengruppe** (wähle Maschinengruppe)

  Wähle am wenigsten belastete Maschinengruppe, um Engpässen vorzubeugen.

Basis für die dynamische Ermittlung von Werten für "kritisch" ist eine statische Bewertung der einzelnen Aufträge/Produkte, die vor der eigentlichen Planung durchgeführt wird (ermittelt durch berechne statische Bewertungen). Dabei werden eine "worst-case"-Analyse der Belegung der Maschinengruppen durch die einzelnen Produkte durchgeführt und statische Werte für die Belastung von Maschinengruppen durch Produkte festgelegt. Diese statischen Werte werden bei der Kapazitätsanalyse zugrunde gelegt. Die Kapazitätsanalyse wird zu Beginn und nach jeder erfolgreichen Einplanung eines Auftrags durchgeführt. Sie gibt Auskunft über die bereits reservierte und noch geplante Belegung der einzelnen Ressourcen. Damit lassen sich mögliche Engpässe einfach erkennen.

Die statische und dynamische Verwendung von Planungswissen zeigt sich wie folgt:

- **statische Bewertung und Kapazitätsanalyse**

  Die Kapazitätsanalyse soll eine Aussage über die mögliche Belegung der Maschinengruppen im gegenwärtigen Planungszustand machen, damit nicht nur schon geplante Aufträge bei der weiteren Planung berücksichtigt werden, sondern auch die noch zu planenden. Dazu wird eine worst-case-Analyse durchgeführt, für die folgende Annahmen zugrundegelegt werden:

  a) Für jedes Produkt werden potentiell alle Varianten durchgeführt.

  b) Jedes Zwischenprodukt einer Variante benötigt das gesamte globale Planungsfenster des zugehörigen Auftrages zu seiner Herstellung.

  c) Jedes Zwischenprodukt verwendet potentiell alle Alternativmaschinen.

  Im Algorithmus wird dies unterschiedlich verwendet:

  1.) Schwierigkeit eines Produkts: statische Bewertung in der Vorverarbeitungsphase

  Lege für jedes Produkt die Maximalbelegung der Ressourcen durch dieses Produkt fest, d.h. finde für jede Ressource die maximale Belegung durch dieses Produkt. Diese Werte zusammen werden Schwierigkeit des Produktes (criticality) genannt.

2.)   in der Kapazitätsanalyse

Die potentielle Belegung einer Ressource zu einem Zeitpunkt ergibt sich durch Addition aller Belegungen dieser Ressource durch die Produkte, deren globales Planungsfenster über diesem Zeitpunkt liegt.

- **dynamische Berechnung von Schwierigkeiten (criticalities)**

Schwierigkeitswerte werden verwendet, um die Auswahl von Aufträgen, Varianten, Zwischenprodukten und Ressourcen durchzuführen. Je größer der Wert ist, um so kritischer ist das betrachtete Auswahlobjekt. Die Schwierigkeitswerte werden über die Kapazitätsanalyse und die statische Bewertung eines Produktes ermittelt.

Dabei werden die Schwierigkeiten im Und/Oder-Baum bottom-up ermittelt, d.h. die Schwierigkeit einer Variante ergibt sich aus den Schwierigkeiten der Zwischenprodukte, die Schwierigkeit eines Auftrages ergibt sich aus der Schwierigkeit seiner Varianten usw. Dabei gilt: In einem Oder-Knoten wird - da zunächst der leichteste Ast ausprobiert wird - das Minimum über die Schwierigkeiten der Äste gebildet. In einem Und/Knoten dagegen wird - da ja alle Äste betrachtet werden müssen - das Maximum über die Schwierigkeiten gebildet. Insgesamt ergeben sich folgende Berechnungen für die Schwierigkeitswerte:

-       Schwierigkeit eines Auftrags = Minimum der Schwierigkeiten seiner Varianten
-       Schwierigkeit einer Variante = Maximum über alle Zwischenprodukte
-       Schwierigkeit eines Zwischenproduktes = Minimum über alle möglichen Ressourcen
-       Schwierigkeit einer Ressource = Maximale Auslastung während des lokalen Planungsfensters plus aktuelle Belegung.

Lässt sich ein Zwischenprodukt auf Basis der Auswahlregeln nicht planen, so ist die folgende Konfliktlösung integriert:

1. versuche zunächst alle alternativen Maschinengruppen;
2. führt dies nicht zum Erfolg, dann versuche eine neue Startzeit;
3. ist das vorgegebene Planungsfenster überschritten und eine andere Variante verfügbar, dann versuche diese Variante im vorgegebenen Planungsfenster;
4. ist keine Variante mehr verfügbar, dann vergrößere das vorgegebene Planungsfenster.

Das verwendete Verfahren enthält zwei Methoden, die die Komplexität erheblich reduzieren. Zum einen ist dies die auftragsbasierte Problemzerlegung, bei der eingeplante

Aufträge nicht zurückgenommen werden, zum anderen die durch die Regel zur Auswahl von Zwischenprodukten vorgegebene Reihenfolge für Zwischenprodukte. Es wird immer nur diese Reihenfolge probiert. Wenn eines der Zwischenprodukte nicht planbar ist, werden alle bereits verplanten Zwischenprodukte der Variante zurückgenommen und die nächste Variante bzw. das nächste Auftragsintervall probiert.

Im folgenden Abschnitt wird ein Vergleich dieses Algorithmus mit dem in 3.5.2 vorgestellten Fuzzy-basierten Ansatz und Ansätzen mit Prioritätsregeln vorgestellt.

3.5.4 Vergleich der Verfahren zur global prädiktiven Planung

Die beiden vorgestellten Ansätze wurden mit Ansätzen auf Basis einfacher Prioritätsregeln verglichen, um die Leistungsfähigkeit zu beurteilen. Dabei muss natürlich beachtet werden, dass die Verfahren nicht speziell auf die gute Erfüllung der im Vergleich verwendeten Zielkriterien ausgerichtet sind, sondern noch weitergehende Aufgaben erfüllen sollen, die aber im Allgemeinen nicht durch die Standard-Zielfunktionen bewertet werden. Da sich die Zielkriterien auf Termineinhaltung beziehen, können sie aber schon als wichtige Indikatoren für die Leistungsfähigkeit angesehen werden.

Zu vergleichen sind zum einen das Fuzzy-basierte und das heuristische Verfahren. Als zusätzliche Vergleichsverfahren werden einfache regelbasierte Ansätze verwendet, um die Leistungsfähigkeit beider Ansätze zu zeigen. Dazu wurde die Basisstrategie des Fuzzy-basierten Ansatzes mit einer Komponente zur Auswahl des nächsten einzuplanenden Auftrags und der besten Planalternative auf Basis von Prioritätsregeln versehen, d.h. die einfachen regelbasierten und das Fuzzy-basierte System unterscheiden sich in der Bestimmung des nächsten einzuplanenden Auftrags und der Auswahl der Planalternative. Der Algorithmus ist in Tabelle 3.16 skizziert.

Die verwendeten Regeln sind:
- wähle Auftrag: ermittle Reihenfolge der Aufträge durch gegebene Prioritätsregel
- wähle beste Alternative: es wird die planbare Alternative mit dem frühesten Starttermin gewählt.

Einfache globale Planungsstrategie

ermittle die Reihenfolge der zu planenden Aufträge
WHILE Aufträge zu planen
  wähle Auftrag
  ermittle 5 Einplanungsalternativen (über Varianten, Alternativmaschinen oder Termin)
  wähle beste Alternative
  plane ein
END WHILE

Tabelle 3.16: Einfache globale Planungsstrategie

Für den Vergleich bedeutet das, dass immer die frühest möglichen Termine betrachtet werden und andere Kriterien nur eine untergeordnete Rolle spielen.

Im Vergleich kommen die folgenden Prioritätsregeln zum Einsatz:

- EDD (earliest due date): der früheste Endzeitpunkt ist maßgebend
- SPT (shortest processing time): kürzeste Bearbeitungszeit zuerst
- LPT (longest processing time): längste Bearbeitungszeit zuerst
- FIFO (first in first out): der Eingangsreihenfolge nach einplanen
- LIFO (last in first out): in umgekehrter Eingangsreihenfolge einplanen
- PRIO (priority): nach der gegebenen Priorität; da alle Werte gleich sind, entspricht dies FIFO
- JIT (just in time): vom Endtermin rückwärts einplanen.

Die dynamische Heuristik aus Abschnitt 3.5.2 wird mit dynH bezeichnet. Vier verschiedene Regelbasen (RB1 - RB4) werden verwendet, die für unterschiedliche Zielsetzungen realisiert wurden und zwischen 7 und 10 Regeln enthalten [Sue96]. Zum Vergleich wird ein Szenario bestehend aus 5 Endprodukten mit jeweils drei Varianten und jeweils 1 - 5 Schritten innerhalb der Varianten gewählt. Für die Schritte wird nur jeweils eine Ressource verwendet. Für diese 5 Endprodukte werden 20 Aufträge erzeugt, in denen jedes Endprodukt vier mal mit unterschiedlichen Mengen und Zeitfenstern vertreten ist. Nach der Abschätzung in [Sau93a] kann man bei 5 verschiedenen Einplanungspositionen pro Schritt $2,7 \cdot 10^{79}$ mögliche Lösungen erzeugen.

Als Vergleichskriterien werden die Verspätung und der Verzug herangezogen. Realisiert sind alle Verfahren in Quintus-Prolog 3.2. Die Tests wurden auf einer Sun Ultra 250 mit 1 GB Hauptspeicher durchgeführt.

Bei den Regelbasen des Fuzzy-basierten Ansatzes ist zu bemerken, dass hier bereits die Robustheit von Plänen durch entsprechende Puffer berücksichtigt wird, was sich natürlich auf die Qualität des Plans auswirkt. Die Ergebnisse zeigen, dass es aber mindestens möglich ist, eine den normalen Heuristiken gleichwertige Regelbasis zu konzipieren. Darüber hinaus kann durch die Einbeziehung weiterer Merkmale und die Betrachtung spezieller Einzelfälle oder betriebsspezifischer Sonderfälle eine weitere Verbesserung - jedoch bei höherer Laufzeit - erzielt werden.

Verfahren	Laufzeit in sec.	Verspätung	Verzug
EDD	3	-74	421
FIFO	3	1132	1578
PRIO	3	1132	1578
SPT	3	1224	1487
LPT	3	1187	1664
LIFO	3	761	1118
JIT	3	1048	1555
dynH	114	-136	324
RB1	11	241	474
RB2	11	1052	1330
RB3	11	1506	1923
RB4	11	644	948

Tabelle 3.17: Vergleich der Verfahren zur globalen Planung

3.5.5 Global reaktive Planung

Wie auch für die lokal reaktive Planung, so ist auch für die global reaktive Planung die Verarbeitung der Ereignisse der Planungsumgebung die zentrale Aufgabe. Dabei müssen ähnliche Zielsetzungen vorfolgt werden, d.h.

- möglichst schnell reagieren
- die Qualität des Plans erhalten
- möglichst viel des bestehenden Plans erhalten.

Die in der globalen Planung zu beachtenden Ereignisse wurden bereits in Abschnitt 3.5.1 beschrieben, d.h. es muss vor allem auf externe Ereignisse und Ereignisse der lokalen Ebenen reagiert werden. Daneben ist natürlich die Interaktion des menschlichen Disponenten von entscheidender Bedeutung.

Der im folgenden vorgestellte Ansatz folgt daher auch dem bereits für die lokal reaktive Planung verwendeten Prinzip der Betrachtung der durch Ereignisse verletzten Constraints, was zu einem inkonsistenten Plan führt, der dann durch Heuristiken repariert wird. Das dem Verfahren zugrundeliegende Schema sieht damit wie in Tabelle 3.18 dargestellt aus. Das Vorgehen wird im Folgenden kurz skizziert, Details und Implementierung des Ansatzes sind in [Lem95] zu finden.

Hauptaufgabe der Ereignisreaktionen ist es, nach Eintreten eines Ereignisses dessen Auswirkungen auf den globalen Plan zu untersuchen. „Untersuchen" bedeutet dabei das Überprüfen der Einhaltung der Hard Constraints. Das heißt, es wird überprüft, ob Hard und/oder Soft Constraints verletzt wurden. Ist dies der Fall, werden die entsprechenden Konflikte vermerkt, um durch die Konfliktreaktionen aufgelöst zu werden.

Global reaktive Planungsstrategie
WHILE Ereignisse vorhanden DO
führe Ereignisreaktionen aus (d.h. mache Konflikte sichtbar)
IF Konflikte aufgetreten THEN
löse Konflikte
END IF
END WHILE

Tabelle 3.18: Global reaktive Planungsstrategie

Einzelne Ereignisse lassen sich zusammenzufassen, um so den Programmieraufwand zu verringern. Tabelle 3.19 zeigt die Ereignisse mit den zugehörigen Reaktionen und den dabei überprüften Constraints. Die Konflikte, die dabei entstehen können, sind in Tabelle 3.20 zusammengefasst. Die Konfliktreaktionen werden anschließend beschrieben.

Ereignisse	Ereignisreaktion	verletzbare Constraints	mögliche Konflikte
ge2, ge12, ge5	r_neuer_EA	ghc4	k_ungeplant
ge3, ge13	r_loeschen_EA	gsc2	k_guete
ge4, ge5	r_aendern_EA	ghc5	k_verfrueht
		gsc1	k_verspaetet
ge6	r_aendern_IA	ghc5	k_verfrueht
		ghc6	k_vorrang
		ghc7	k_ueberlastung
		gsc1	k_verspaetet
		gsc2	k_guete
ge7, ge11	r_aendern_kapazitaet	ghc7	k_ueberlastung
		gsc2	k_guete
ge9, ge10	r_aendern_R	gsc4	k_ueberdeckung

Tabelle 3.19: Ereignisse und mögliche Konflikte

Konfliktname	Konfliktbeschreibung	Konfliktreaktion
k_guete	Im Verlaufe von Reaktionen freigewordene Reserven einer Maschinengruppe während eines Zeitintervalls [S,E] werden nicht mehr effektiv genutzt. Hieraus folgt eine Verschlechterung der Ergebnisse der Bewertungsfunktionen und damit der Güte des globalen Plans.	r_guete
k_ueberdeckung	Eine Realisierung wird nicht vom zugehörigen internen Auftrag überdeckt, das heißt, die Realisierung liegt außerhalb ihrer Vorgaben und stellt eine Fehlplanung dar.	r_ueberdeckung
k_ueberlastung	Die Kapazität einer Apparategruppe wird durch die auf sie verplanten internen Aufträge während des Zeitpunkts Z überschritten.	r_ueberlastung
k_ungeplant	Ein externer Auftrag ist noch nicht vollständig verplant worden.	r_ungeplant
k_verfrueht	Zumindest ein interner Auftrag beginnt zu einem Zeitpunkt, der vor dem durch den externen Auftrag spezifizierten Starttermin liegt.	r_verfrueht
k_verspaetet	Der Endtermin eines externen Auftrags wird von mindestens einem seiner zugehörigen internen Aufträge nicht eingehalten.	r_verspaetet
k_vorrang	Zwei zum gleichen externen Auftrag gehörende interne Aufträge halten die Vorrangrelation nicht ein.	r_vorrang

Tabelle 3.20: Konflikte

Alle Konfliktreaktionen bauen auf wenigen Grundoperationen auf, die daher zunächst kurz dargestellt werden:

• einplanen

Plant den jeweils „dringendsten" Auftrag von der Auftragsablage ein.

• verschieben

Verschiebt einen internen Auftrag so, dass eine bereits bestehende Überdeckung mit der zugehörigen Realisierung nicht aufgegeben wird. Falls eine Überdeckung bisher nicht besteht, wird versucht diese herbeizuführen.

• umplanen

Plant einen internen Auftrag innerhalb bestimmter zeitlicher Grenzen um. Der Versuch, die Überdeckung mit einer bereits bestehenden Realisierung zu bewahren, wird aufgegeben.

• anpassen

Verkürzt die Dauer eines internen Auftrags so weit, dass die bisher bestehende Überdeckung gewahrt bleibt, jedoch mögliche Konflikte, wie Verstöße gegen die Vorrangrelation oder gegen die Kapazität, gelöst werden.

- ausplanen

  Plant einen internen Auftrag aus. Der Auftrag wird von seiner bisherigen Maschinengruppe entfernt und auf die Auftragsablage gelegt.

- loeschen

  Löscht einen internen Auftrag und gibt die entsprechenden Kapazitäten frei.

Die Grundoperationen einplanen, umplanen, verschieben und anpassen versuchen für einen internen Auftrag alternative Zeitfenster zu finden, diese zu bewerten und den Auftrag auf das am besten bewertete Zeitfenster einzuplanen. Die Bewertung der Zeitfenster geschieht dabei durch Heuristiken, die die Güte von alternativen Zeitfenstern bestimmen.

Die verwendeten Heuristiken repräsentieren menschliches Planungswissen und betrachten folgende Faktoren:

- Transportkosten von bzw. zu der Maschinengruppe des Vorgänger- und Nachfolgerauftrags
- zeitlicher Abstand zum Vorgängerauftrag,
- zeitlicher Abstand zum Nachfolgerauftrag,
- Verhältnis zwischen der Länge eines Zeitfensters und der davon verursachten Belastung der Maschinengruppe,
- bisherige Auslastung der Maschinengruppe innerhalb des Zeitfensters,
- Verhältnis zwischen der Dauer eines internen Auftrags und der Länge des Zeitfensters.

Zusammengefasst werden diese Einzelheuristiken zu einer Einplanungsgesamtheuristik durch eine gewichtete Summe, wobei durch die Gewichtung einzelne Teilheuristiken stärker oder schwächer betont werden können.

Um die Benutzerinteraktionen berücksichtigen zu können, wird ein Statuswert für die Aufträge bzw. Operationen verwendet, der die Veränderbarkeit durch den Algorithmus kennzeichnet. Als Statuswerte sind möglich:

- planbar: Auftrag noch nicht verplant, daher noch änderbar,
- verplant: Auftrag verplant, aber noch änderbar,
- fix: vom Benutzer festgelegt, nicht änderbar,
- gestartet: nicht mehr änderbar,
- beendet: nicht änderbar.

Die auf den Basisoperationen aufbauenden Konfliktreaktionen realisieren dann die Umdisposition. Sie können folgendermaßen beschrieben werden:

- r_ungeplant: Die Grundoperation einplanen wird aufgerufen, d.h. ein nicht eingeplanter Auftrag wird eingeplant.

- r_verfrueht: r_verfrueht versucht, zu früh beginnende interne Aufträge auf den bisherigen Maschinengruppen zu belassen. Hierzu werden die Grundoperationen verschieben, anpassen und umplanen zuerst genutzt. Erst wenn diese zu keinem Ergebnis führen, wird der interne Auftrag ausgeplant, um anschließend durch einplanen wieder in den globalen Plan eingefügt zu werden.

- r_vorrang: Um diesen Konflikt aufzulösen werden zunächst die beiden Grundoperationen verschieben und anpassen verwendet. Ein Umplanen durch umplanen wird erst notwendig, wenn eine Anpassung oder Verschiebung nicht möglich ist. Dieser Fall könnte dann eintreten, falls die betroffenen internen Aufträge neben ihrem Konflikt gegen die Vorrangrelation auch noch einen Konflikt hinsichtlich einer Kapazitätsüberschreitung aufweisen.

- r_ueberlastung: Die Auflösung des Konflikts kann durch die Grundoperation verschieben erledigt werden, indem zuerst alle internen Aufträge bestimmt werden, deren Einplanung die Zeiteinheit der Überlast beinhalten. Um nun möglichst schnell durch möglichst wenig Veränderungen den Konflikt aufzulösen, werden die internen Aufträge durch Heuristiken bewertet. So werden unter anderem solche Aufträge bevorzugt, deren Belastung der Kapazitätsüberschreitung am nächsten kommt. Falls eine Verschiebung oder Anpassung nicht möglich ist, muss die Grundoperation umplanen genutzt werden.

- r_fehlplanung: Die Realisierung eines internen Auftrags kann entweder zu früh oder zu spät beginnen, falls sich die lokale Planung eines Betriebs nicht an die Vorgaben hält. In diesem Fall kann versucht werden, die Überdeckung durch verschieben oder anpassen des globalen Plans herbeizuführen. Ist dies nicht möglich, weil zum Beispiel die Vorrangrelation verletzt ist, folgt umplanen oder ausplanen.

- r_verspaetet: Weist ein externer Auftrag eine Verspätung auf, bietet es sich an, seine internen Aufträge der Reihe nach „vorne" zu ziehen. Umplanen überprüft, ob es möglich ist, für jeden internen Auftrag eine besser geeignete Position zu finden. Da es sich hierbei um eine Reaktion auf einen Konflikt hinsichtlich eines Soft Constraints handelt, wird diese Reaktion erst ausgeführt, wenn der globale Plan konsistent ist.

- r_guete: r_guete versucht die Tatsache auszunutzen, dass durch umdisponierte oder gelöschte interne Aufträge freigewordene Reserven einer Maschinengruppe für dort liegende interne Aufträge genutzt werden können. Es muss also für alle internen Aufträge mittels umplanen überprüft werden, ob sich aufgrund der frei gewordenen Reserven nun bessere Einplanungsmöglichkeiten finden lassen.

Dieser Ansatz ist im System GLORIA [Lem95] realisiert und in die prototypische Realisierung von MUST (siehe Abschnitt 3.8) integriert. Er betrachtet alle möglichen Konflikte und bleibt durch die Verwendung von gewichteten Heuristiken flexibel genug, um unterschiedliche Zielsetzungen verfolgen zu können.

3.6   Koordination und Kommunikation im MUST-Konzept

Die Koordinations- und Kommunikationsfähigkeit des Multi-Site Scheduling Ansatzes spielt eine wesentliche Rolle für den effizienten und erfolgreichen Einsatz des Konzepts. Die Koordination wird im Wesentlichen durch das Zusammenspiel der verschiedenen Einheiten und der speziellen Betrachtung der Koordinationsprobleme innerhalb der globalen Planung ermöglicht, wodurch der bereits beschriebene Regelkreis entsteht.

Die Kommunikation zwischen den beteiligten Systemen kann dabei als wichtige Basistechnik verstanden werden, ohne die der Austausch der richtigen Informationen zur richtigen Zeit nicht möglich ist.

Im Bereich der kooperativen Problemlösung werden, wie bereits in Abschnitt 2.4.7 dargestellt, verschiedene Ansätze verfolgt. Für das MUST System wird ein Ansatz auf Basis des Blackboard-Paradigmas gewählt, da er am besten die organisatorische Struktur mit einem globalen System, mit dem alle lokalen Systeme kommunizieren müssen, unterstützt. Zudem ist er einfach umzusetzen und erzeugt weniger Kommunikationsoverhead als eine direkte Kommunikation zwischen den einzelnen Systemen.

Der Blackboard-Ansatz ist ein zum verteilten Problemlösen in der KI weit verbreitetes Hilfsmittel [SHL+98]. Im Wesentlichen bietet er eine Art globale Datenstruktur, die von mehreren intelligenten Systemen (Problemlösern) genutzt werden kann, um dort aktuelle Ereignisse, Zwischenergebnisse oder noch zu bearbeitende Teilprobleme abzulegen bzw. abzurufen. Zusätzlich ist im Allgemeinen noch ein Kontrollmedium nötig, das den Zugriff steuert [Cor91, Hay85, New62, Nii86, Sun91]. Die Idee der Blackboard-

Technik stammt historisch aus der Beschränktheit der ersten KI-Programme in den frühen 60er Jahren, die als komplexe Prozesse mit Hilfe von sequentiellem Kontrollfluss und geschlossenen Subroutinen organisiert waren [Alb92].

In einem Blackboard-System besteht die einzige Möglichkeit der Kommunikation im Lesen und Schreiben vom bzw. auf die Blackboard. Jeder Problemlöser (oder Experte) ist in der Lage zu erkennen, wann er etwas zur Problemlösung beitragen kann, und führt entsprechende Problemlösungs-Aktivitäten aus [Alb92]. Im Laufe der Zeit wurden jedoch Varianten entwickelt, so dass sich z.B. auch eine explizite Steuerungskomponente integrieren lässt. Insgesamt werden folgende Eigenschaften eines Blackboard-Systems als charakterisierend angesehen [Cor91, Nii86]:

- Unabhängigkeit der Expertise

  Ein Experte arbeitet selbständig und allein. Andere Experten sind für ihn ebenso unwichtig wie die Kenntnis über deren Existenz. Dies ermöglicht ein problemloses Hinzufügen und Entfernen von Experten.

- Unterschiedliche Problemlösungstechniken

  Die Unabhängigkeit der Experten legt die freie Wahl der Problemlösungsstrategie für jeden Experten nahe. Verschiedene Teilprobleme können so adäquat behandelt werden.

- Einheitliche Repräsentation in einer Applikation

  Jeder Problemlöser muss die Blackboard-Einträge der anderen Experten verstehen. Die für eine Anwendung gewählte Repräsentation ist beliebig, aber fest und einheitlich.

- Regionalisierung

  Ist ein komplexes Problem zu lösen, steigt auch die Komplexität des Blackboards. Aus Effizienzgründen werden die einzelnen Experten dann nicht mehr das ganze Blackboard nach für sich relevanten Einträgen durchsuchen, sondern nur noch eine eingeschränkte Region des Blackboards. Diese einzelnen Regionen können selbst wieder Blackboards sein.

- Ereignis-basierte Aktivierung

  Die Aktionen der Experten sind immer Reaktionen auf Veränderungen des Blackboards. Dazu überwacht jeder Experte das Blackboard (oder einen Teil desselben) und achtet darauf, ob eine Veränderung stattfand, auf die er reagieren kann.

- Notwendigkeit von Kontrolle/Steuerung

  Es ist prinzipiell möglich, dass mehrere Experten auf ein Ereignis (eine Veränderung auf dem Blackboard) reagieren können. In diesem Fall muss ein Steuerungsmechanismus entscheiden, wer zu reagieren hat. Die Aufgabe der Steuerung besteht damit auch darin, das Blickfeld der Aufmerksamkeit im Hinblick auf die Problemlösung zu bestimmen.

Das Blackboard-Modell stellt somit ein flexibles Problemlösungsmodell dar, welches sich an verschiedenste Problemstellungen anpassen lässt.

Im MUST Ansatz ist jedes Planungssystem mit einer eigenen Blackboard ausgestattet, auf der die für das System relevanten Ereignisse notiert werden. Abbildung 3.13 skizziert die Blackboard der globalen Ebene und exemplarisch eine Blackboard der lokalen Ebene und die auf den jeweiligen Blackboards notierten Ereignisse. Verwendet man die Sprechweise der Blackboard-Systeme, so werden die Planungsbausteine als Experten betrachtet, die über die Blackboards miteinander kommunizieren. Auf der globalen Blackboard werden Ereignisse sowohl von übergeordneten Systemen (aus der Logistik, durch den Benutzer, von übergeordneten globalen Planern), als auch von den lokalen Systemen notiert. Der Kontrollmechanismus stellt sicher, dass eine reibungslose Kommunikation aller „Melder" möglich ist. Auf der lokalen Blackboard werden jeweils Meldungen des globalen Systems und der lokalen Betriebsdatenerfassung sowie Eingaben des Benutzers notiert, die für die Planung wichtig sind.

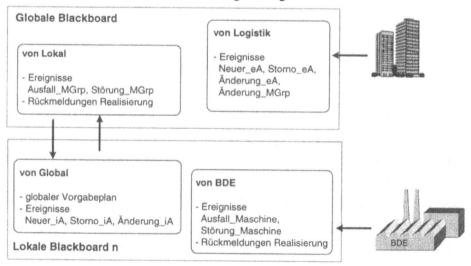

Abbildung 3.13: Blackboard-Modell im MUST-Ansatz

Durch diese Aufteilung wird die Menge der ausgetauschten Informationen auf mehrere Blackboards verteilt und die Planungsbausteine werden gleichzeitig zu Blackboard-Administratoren, die die Zugriffsrechte ihres Blackboards verwalten. Dies gewährleistet eine einfache Synchronisation aller Aktionen und verhindert das Entstehen von Deadlocks und den Verlust von Informationen in Form von Meldungen. Die Ereignisse, auf die eine Planungskomponente reagieren muss, werden nur auf ihr eigenes Blackboard geschrieben. Dementsprechend sind die Ereignisse auf jedem Blackboard nur für die zugehörige Planungskomponente von Interesse. Daraus ergeben sich eine größere Übersichtlichkeit und eine Erleichterung bei der Verwaltung der Blackboards. Unter Verwaltung sind in diesem Zusammenhang alle Aktivitäten zu verstehen, die notwendig sind, um ein Blackboard auf dem aktuellen Stand zu halten. Dies bedeutet, dass keine noch abzuarbeitenden Ereignisse gelöscht werden dürfen und dass bereits abgearbeitete Ereignisse möglichst schnell zu streichen sind.

Bezogen auf die oben genannten allgemeinen Eigenschaften eines Blackboard-Systems hat man damit folgende Charakteristika des Blackboard-Systems im MUST-Ansatz:

- Betrachtet man die Unabhängigkeit der Expertise, so können die für die lokale Planung eingesetzten Experten problemlos hinzugefügt und entfernt werden. Dabei ist zu beachten, dass für jeden neuen Experten auch ein neues Blackboard benötigt wird. Die besondere Aufgabe des globalen Leitstands macht diesen einzigartig und für den jeweiligen Regelkreis unentbehrlich.

- Unterschiedliche Problemlösungstechniken können verwendet werden, da alle beteiligten Systeme als Problemlöser mit unterschiedlichen Planungsalgorithmen arbeiten können.

- Der Aspekt der einheitlichen Repräsentation gilt hier uneingeschränkt für die Gesamtheit der Blackboards. Prinzipiell könnte also jeder Experte auch die Einträge aller anderen Blackboards verstehen.

- Die Auswirkungen der Regionalisierung werden hier sehr deutlich sichtbar. Jede Planungskomponente hat ihr eigenes Blackboard und überwacht ausschließlich dieses. Das ursprüngliche Blackboard wird so in viele disjunkte Blackboards unterteilt.

- Da die Menge der Blackboards disjunkt ist, muss eine Planungskomponente auf jeden Fall auf ein Ereignis reagieren, welches auf das eigene Blackboard geschrieben wurde. Die Ereignis-basierte Aktivierung bedarf hier also keiner Abwägung mehr, ob ein Experte zuständig ist für eine solche Reaktion.

- Eine Steuerung der Kommunikation ist dadurch gegeben, dass jede Planungskomponente als Blackboard-Administrator fungiert und entscheidet, wer das Blackboard
  beschriften darf. Die Verteilung von internen Aufträgen auf lokale Betriebe durch
  den globalen Leitstand wird realisiert, ohne dass sich erst potentielle Betriebe melden. Ermöglicht wird dies der globalen Ebene durch den Zugriff auf betriebliche Informationen.

Das hier entworfene Modell enthält nicht alle Grundgedanken des Blackboard-
Paradigmas direkt. Bei jeder Meldung, die auf ein Blackboard geschrieben wird, muss
von vornherein bekannt sein, für wen sie bestimmt ist, was der angesprochenen Regionalisierung entspricht. Außerdem müsste ein Experte beim Eintreffen einer Meldung auf
jeden Fall reagieren und dies nicht erst abwägen, was aber die Effizienz nachteilig beeinflussen kann, wenn sich nachfolgende Meldungen aufheben.

Die Verwendung des Blackboard-Modells garantiert im vorliegenden Ansatz eine geordnete Kommunikation ohne Deadlocks und Informationsverlust. Zu diesem Zweck
werden zusätzlich noch Hilfsmeldungen genutzt, die den Zustand der Blackboard und
die Wünsche der Melder kennzeichnen.

3.7   Lokale Planung im MUST-Konzept

In der lokalen Planung müssen die globalen Vorgaben in konkrete und detaillierte Pläne
für die Produktion umgesetzt werden sowie die Aufgaben der lokal reaktiven Planung
gelöst werden. Dafür können wesentliche Komponenten aus vorhandenen Planungssystemen übernommen werden. Neue Aufgabenstellungen ergeben sich durch die notwendige Kommunikation und Koordination sowie die daraus resultierenden „neuen" Ereignisse, die verarbeitet werden müssen.

Die bereits in verschiedenen Planungssystemen verwendete Architektur muss dazu um
Komponenten für die Kommunikationsaufgaben erweitert werden. Insgesamt ergibt sich
damit die in Abbildung 2.13 bzw. 3.10 vorgestellte Architekturskizze eines lokalen Planungssystems. Für die Komponenten „Benutzungsoberfläche", „Planung" und „Datenbasis" können bereits vorhandene Teile von Planungssystemen integriert werden. Die
Kommunikation wurde bereits in Abschnitt 3.6 beschrieben. In den folgenden Abschnitten werden die zusätzlichen Anforderungen an die Ereignisverarbeitung und Anforde-

rungen beschrieben, die sich aus der Integration neuer lokaler Aufgaben wie Transportplanung ergeben.

3.7.1   Erweiterte lokale Ereignisverarbeitung

Eine wesentliche Aufgabenstellung in der lokal reaktiven Planung ergibt sich durch die
zu verarbeitenden Ereignisse, was bereits in den Abschnitten 2.3.2 und 2.4.1 betrachtet
wurde. Teilweise decken sich die Ereignisse mit bereits in eigenständigen lokalen Systemen betrachteten Ereignissen, teilweise kommen aber neue hinzu. Als neue Ereignisse
sind vor allem solche zu betrachten, die mehrere Ereignisse zusammenfassen, die gleich
behandelt werden müssen. Dies führt vor allem zu einer vereinfachten Kommunikation
und einer entsprechend anzupassenden Abarbeitung dieser Ereignisse. Es sind dies folgende neue Ereignisse:

- Paket neuer interner Aufträge (le16): Neue interne Aufträge über Zwischenprodukte
  liegen für einen Betrieb vor. Dies kann dann lokal als Menge von le1-Ereignissen betrachtet werden.

- Stornierung mehrerer interner Aufträge (le17): Mehrere bereits verplante interne
  Aufträge eines Betriebs sollen gestrichen werden. Dies kann dann lokal als Menge
  von le2-Ereignissen betrachtet werden.

- Änderung mehrerer interner Aufträge (le18): Bei mehreren internen Aufträgen für
  einen Betrieb ist jeweils mindestens ein Detail zu ändern. Mögliche zu ändernde Details sind:
  - die Menge,
  - der Starttermin,
  - der Endtermin,
  - die Priorität.

  Dies kann lokal als Menge von le19-Ereignissen betrachtet werden.

- Änderung eines internen Auftrags (le19): Mindestens ein Detail eines internen Auftrags ist zu ändern. Mögliche zu ändernde Details sind die Menge, der Starttermin,
  der Endtermin und die Priorität. Damit werden die Ereignisse le3 – le6 erfasst.

Bekannte Ereignisse, die weiterhin verwendet werden, sind:

- Neuer interner Auftrag (le1): Ein neuer interner Auftrag über ein Zwischenprodukt
  liegt vor.

- Stornierung eines internen Auftrags (le2): Ein interner Auftrag soll gelöscht werden.

Insgesamt werden damit nur die Ereignisse le1, le2, le16, le17, le18, le19 (in Tabelle 3.21 unterlegt) von der globalen zur lokalen Ebene gemeldet und müssen entsprechend verarbeitet werden.

Ereignis	Bezeichnung
le$_1$	Neuer Auftrag
le$_2$	Stornierung eines Auftrages
le$_3$	Änderung des Starttermins eines Auftrags
le$_4$	Änderung des Endtermins eines Auftrags
le$_5$	Änderung der Auftragsmenge
le$_6$	Änderung der Auftragspriorität
le$_7$	Ändern des Produktes oder der Produktionsvariante für einen Auftrag
le$_8$	Splitten eines Auftrages
le$_9$	Störung /Reparatur einer Maschine
le$_{10}$	Wartungsperiode einfügen
le$_{11}$	Maschinenintensität ändern
le$_{12}$	Schichtzahl ändern
le$_{13}$	Ressourcen ändern
le$_{14}$	Rückmeldung von Maschinendaten /Fertigungsdaten
le$_{15}$	Auswärtsfertigung
le$_{16}$	Menge neuer Aufträge
le$_{17}$	Menge zu stornierende Aufträge
le$_{18}$	Änderung mehrerer Aufträge
le$_{19}$	Änderung eines Auftrags

Tabelle 3.21: Ereignisse der lokalen Ebene in MUST

Die lokale Verarbeitung kann nach Auflösung der zusammenfassenden Ereignisse auf die Verarbeitung der bereits bekannten Ereignisse reduziert werden. Damit kann dann auch ein bereits bekanntes Verfahren zur lokal reaktiven Planung eingesetzt werden. Erweiterungen ergeben sich dadurch, dass bei der Umplanung Ergebnisse entstehen können, die Auswirkungen auf andere lokale Systeme oder das globale System haben und daher zu Ereignissen führen, die weiter gemeldet werden müssen. Es sind dies die bereits vorgestellten Ereignisse ge7 – ge13:

- Kapazitätsänderung einer Maschinengruppe (ge7)
- Zeitlich beschränkte Kapazitätsänderung einer Maschinengruppe (ge8)
- Lokale Umsetzung globaler Vorgaben (ge9)
- Stornierung eines internen Auftrags vollzogen (ge10)
- Ausfall einer Maschinengruppe (ge11)
- Störung einer Maschinengruppe (ge12)

- Reparatur einer Maschinengruppe (ge13).

Die Ereignisse ge7, ge8, ge11, ge12 und ge13 beziehen sich auf Maschinengruppen. In der lokalen Planung wird aber im Allgemeinen auf Basis einzelner Maschinen geplant werden. Das bedeutet, dass die in der lokalen Planung verarbeiteten Ereignisse le9, le10 und le11, die aus der Fertigung gemeldet werden, nicht direkt an die globale Ebene weitergegeben werden können, sondern zunächst geprüft werden muss, ob ein lokales maschinenbezogenes Ereignis Auswirkungen auf die der globalen Ebene bekannte Maschinengruppe hat. Dies kann z.B. dann sein, wenn es sich um die Störung einer Engpassmaschine einer Maschinengruppe handelt.

Das Ereignis ge9 kennzeichnet die Umsetzung der globalen Vorgaben sowohl im positiven als auch negativen Sinne. Können die vorgegebenen Zeitfenster eingehalten werden, so ergibt sich für die globale Ebene ein normales Ereignis. Werden die globalen Vorgaben verletzt indem z.B. ein Zeitfenster nicht eingehalten wurde oder eine andere Maschinengruppe verwendet wurde, so ergibt sich ein besonderes Ereignis, das entsprechend behandelt werden muss.

Ereignis ge10 kennzeichnet ebenfalls ein normales Ereignis, da die korrekte Umsetzung den Vorgaben der globalen Ebene entspricht.

Insgesamt lässt sich damit die lokal reaktive Planung recht einfach auf die neuen Anforderungen anpassen. In Abschnitt 3.8 wird die Verarbeitung dieser Ereignisse im prototypischen System MUST beschrieben.

3.7.2   Integration neuer Aufgaben am Beispiel der Transportplanung

Mit der Betrachtung aller im Rahmen der verteilten Produktion anfallenden Aufgaben, die sowohl die eigentliche Produktion als auch damit zusammenhängende Aufgaben wie Lagerung, Zulieferung und Transport betreffen, erscheint es sinnvoll auch die dabei nötigen Tätigkeiten unter dem Planungsaspekt zu betrachten. In diesem Abschnitt soll am Beispiel der Transportplanung gezeigt werden, wie auch die nicht direkt zur Produktion zu zählenden Aufgaben unter Planungsgesichtspunkten analysiert und als lokale Planungssysteme realisiert werden können. Allerdings werden dabei zunächst die „klassischen" Problemstellungen der Transportplanung in den Hintergrund gedrängt. In fol-

genden Projekten müsste hier die Gestaltung von Planungseinheiten für Transport, Lager, etc. untersucht werden, die alle gewünschten Eigenschaften besitzen.

Durch die einheitliche Betrachtung der Produktionsprozesse an verschiedenen Standorten und deren Abhängigkeiten unter dem Ablaufplanungsaspekt werden natürlich auch
die Zwischenlagerung und der Transport von Gütern oder Zwischenprodukten zu einer
zu planenden Aktivität, da auch sie entscheidenden Einfluss auf die Gesamtprodukti-
onszeit haben und damit planungsrelevant werden. Normalerweise werden Pufferzeiten
eingesetzt, um den Transport von einem Standort zu einem anderen zu berücksichtigen.
Aber was passiert, wenn der Transport behindert wird und nicht in der vorgesehenen
Zeit durchführbar ist, oder wenn das zu transportierende Zwischenprodukt nicht rechtzeitig fertig wird? Die nachfolgenden Produktionseinheiten müssen von diesen Störungen bzw. zeitlichen Verschiebungen informiert werden, um rechtzeitig geeignete Maßnahmen wie z.B. Verschiebungen der lokalen Produktion planen zu können. Natürlich
benötigt auch die Transporteinheit Informationen über die Ereignisse innerhalb der Produktionseinheiten, die für den Transport wichtig sind. Daher macht es Sinn, eine Transporteinheit auch unter dem Ablaufplanungsaspekt zu betrachten. Dabei kann hier das
Ziel der Termineinhaltung als wichtiges Ziel zur Erreichung des Gesamtziels möglichst
kurze Produktionszeiten verwendet werden. Damit ist es dann möglich, eine Transporteinheit - aus Planungssicht - wie ein lokales Planungssystem mit zu verplanenden Ressourcen zu betrachten, auch wenn hier nach andere lokale Zielsetzungen und Aufgaben
wie z.B. kürzeste Wege oder geringste Kosten wichtig erscheinen.

Klassische Transportplanung untersucht vor allem Problemstellungen der Art:
  *versorge n-Kunden möglichst kostengünstig mit gefordertem Material aus einem
  Depot bei m-vorhandenen Transporteinheiten.*

Bei der Modellierung und Lösung solcher Problemstellungen dominieren mathematische Modelle und Optimierungsverfahren des OR [NM93].

Im Kontext des hier untersuchten Multi-Site Scheduling spielt das globale Ziel der Termineinhaltung auch für den Bereich des Transports eine, wenn nicht sogar die wesentliche Rolle. Man kann damit also das Transportplanungsproblem als eine integrierte lokale Planungsaufgabe ansehen und analog zu anderen lokalen Planungsaufgaben formulie-
ren.

Der Transportplaner erhält eine Menge von Transportaufträgen mit Angaben über Mengen von zu transportierenden Zwischenprodukten, den Start- und Zielort sowie das gewünschte Zeitfenster, in dem der Transport abgewickelt werden soll. Zusätzlich können noch weitere Informationen wie Prioritäten oder spezielle Anforderungen mitgeteilt werden. Für den Transport stehen verschiedene Transportressourcen mit bestimmten Eigenschaften wie z.B. Kapazität oder Typ zur Verfügung. Tabelle 3.22 zeigt ein Beispiel für einige Transportaufträge mit Angaben über Start-/Zielort, Menge und Transportzeitraum. Der Transporteinheit stehen zwei Transportressourcen mit jeweils 100 Mengeneinheiten Kapazität zur Verfügung. Die Dauer des Transports wird in Tabelle 3.23 angegeben. Weitere Informationen, die bei der Planung wichtig sein können, betreffen Typ, Größe und Gewicht von zu transportierenden Gütern, die Lagerfähigkeit von Produkten, spezifische Anforderungen an Transportressourcen etc.

Auftrag/ Produkt	Von	Nach	Menge	Start- zeit	Liefer- zeit
1	A	B	100	3	5
2a	B	C	100	7	10
2b	B	C	100	7	10
3a	A	C	100	6	9
3b	A	C	100	6	9
4	B	A	100	2	4

Tabelle 3.22: Transportaufräge

Start	Ziel		Dauer
A	B	(B - A)	2
B	C	(C - B)	2
A	C	(C - A)	3

Tabelle 3.23: Transportinformationen

Abbildung 3.14 zeigt vier mögliche Pläne. Was diese Pläne vor allem von den bisher betrachteten Ablaufplänen der lokalen Produktionseinheiten unterscheidet, ist durch die räumliche Komponente bestimmt, d.h. dass Rücktransporte oder Leerfahrten nötig sind (transfer(x-y)).

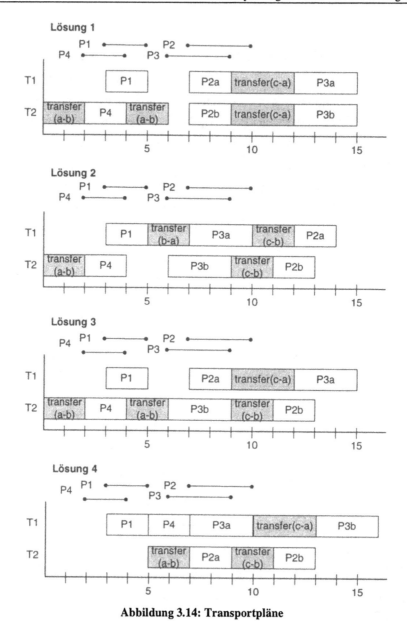

Abbildung 3.14: Transportpläne

Tabelle 3.24 zeigt die Bewertung der Ergebnisse. Auch hier wird das Problem des Findens und der Beurteilung der besten Lösung deutlich. Betrachtet man als Zielgröße die Transportkosten, so ist der Zeitverzug größer, betrachtet man als Zielgröße die Transportzeit, so können die Kosten größer werden. Für das Planungsvorgehen ist daher wichtig, eine Strategie zu finden, die die wichtigsten Zielsetzungen erfüllt und dabei eventuell auch mehrere Verfahren zur Auswahl zu haben. Auch hierbei sind natürlich reaktive und interaktive Aufgaben zu erfüllen, da auch der Transportplan durch Störungen, wie z.B. Verkehrsstauungen, inkonsistent werden kann.

Lösung	Verspätete Aufträge	lateness	Transportkosten
1	2 (zu 1 Produkt)	12	24
2	3 (zu 2 Produkten)	8	22
3	2 (zu 2 Produkten)	9	23
4	4 (zu 3 Produkten)	14	21

Tabelle 3.24: Bewertung der Transportpläne

Modellierung

Analog zu den lokalen Planungssystemen lässt sich auch das Transportproblem modellieren. Tabelle 3.25 gibt eine Übersicht.

Allgemein	Lokale Ablaufplanung	Transportplanung
R	Maschinen	Fahrzeuge mit Kapazitäts- und anderen Restriktionen
P	Zwischenprodukte mit Varianten und Produktionsschritten (Operationen)	Transport von Zwischenprodukten mit bestimmten Transportern
O	Interne Aufträge für Zwischenprodukte	Interne Aufträge für Transport von Zwischenprodukten (Transportaufträge)
HC	Plane alle Aufträge, beachte Produktionsbedingungen (nur eine Variante, Reihenfolgebeziehungen)	Plane alle Aufträge, beachte technische Restriktionen (Fahrzeugtyp, Kapazität)
SC	Optimale Maschinenausnutzung, Termineinhaltung, minimiere Durchlaufzeiten	Termineinhaltung, optimale Fahrzeugausnutzung, minimiere Kosten (z.B. kürzeste Wege)
Z	Zielfunktionen, z.B. terminbezogen	Zielfunktionen, z.B. terminbezogen oder kostenbezogen
E	Lokale Ereignisse wie Maschinenausfall, neuer Auftrag	Lokale Ereignisse wie Fahrzeugausfall, Stau, neue oder geänderte Aufträge

Tabelle 3.25: Modellierung von Transportproblemen

Im Einzelnen lassen sich die Komponenten des allgemeinen Modells (A, P, R, HC, SC, Z, E) konkretisieren zu:

1. $TA = \{ta_1, \ldots ta_m\}$ ist eine Menge von **Transportaufträgen** mit Informationen über Produkte, Startort, Zielort, Menge, Startzeit, Lieferzeit.

2. $TP = \{tp_1, \ldots tp_n\}$ ist eine Menge von **Transportaktivitäten** für Produkte. Für jedes Produkt wird angegeben, wie es zu transportieren ist, welche Ressourcen zu nutzen sind, evtl. ob bestimmte vorgegebene Routen zu nutzen sind.

3. $TR = \{tr_1, \dots tr_k\}$ bezeichnet eine Menge von **Transportressourcen**. Dabei handelt es vor allem um die Transportfahrzeuge, über die Informationen zu Kapazität, Typ und Reichweite vorliegen. Auch Fahrer können als zusätzliche Ressourcen oder direkt mit den Fahrzeugen verbunden sein.

4. Als **Hard Constraints** ($THC = \{thc_1, \dots thc_h\}$) gelten hier:

    thc_1: Benutzervorgaben müssen eingehalten werden, z.B. bereits verplante Aufträge, die der Benutzer für fix erklärt hat.

    thc_2: Technische Rahmenbedingungen müssen eingehalten werden, z.B. Kapazitäten der Fahrzeuge oder bestimmte zu verwendende Fahrzeugtypen.

    thc_3: Kapazitätsrestriktionen für Routen müssen eingehalten werden.

5. Als **Soft Constraints** ($TSC = \{tsc_1, \dots tsc_s\}$) gelten hier:

    tsc_1: Die Anlieferung soll just in time erfolgen.

    tsc_2: Die vorgegebenen Zeitfenster sollten eingehalten werden..

    tsc_3: Präferierte Routen sollten verwendet werden.

    tsc_4: Transportkosten sollten optimal sein.

    tsc_5: Transportfahrzeuge sollten optimal ausgenutzt werden.

Die letzten beiden Soft Constraints sind auch die Ziele der "klassischen" Transportprobleme (vehicle routing). Auch hier gilt, dass problembezogen Hard und Soft Constraints hinzukommen oder ausgetauscht werden können.

6. **Zielfunktionen**

Als Zielfunktionen $TZ = \{tzf_1, \dots tzf_z\}$) sind zeit- und kostenbezogene Funktionen anwendbar, hier als Beispiel:

    tzf_1: die bereits vorgestellten, auf der Termineinhaltung beruhenden Funktionen

    tzf_2: Optimierung der Ressourcenauslastung

    tzf_3: Optimierung der Transportkosten (kürzeste Wege).

7. **Ereignisse**

auch hier können analog zu den lokalen Planungsproblemstellungen als wichtige Ereignisse genannt werden:

    te_1:   neuer Auftrag

    te_2:   stornierter Auftrag

    te_3:   Änderung des Starttermins eines Auftrags

    te_4:   Änderung des Endtermins eines Auftrags

    te_5:   Änderung der Menge

    te_6:   Änderung der Priorität

te_7:   Änderung des Zielortes

te_8:   Splittung eines Auftrags

te_9:   Störung einer Ressource

te_{10}:   Änderung einer Ressource

te_{11}:   Rückmeldung von Transportdaten

te_{12}:   Fremdvergabe.

Ergebnis der Planung ist ein **Transportplan**, der die zeitliche Zuordnung von Transportaktivitäten zu Ressourcen (Transportfahrzeugen) darstellt.

Um die so modellierten Transportprobleme zu lösen, kann auch bei der Entwicklung von Algorithmen die Analogie zur Produktionsablaufplanung genutzt werden. Daneben können aber auch die bereits in der OR verwendeten Optimierungsverfahren auf Brauchbarkeit hin untersucht werden.

Bisherige Ansätze, vor allem aus dem Operations Research, betrachten Transport eher unter geographischen Aspekten und versuchen Kosten-optimale Lösungen für Transportprobleme zu finden, d.h. man betrachtet kürzeste Routen und optimale Ressourcenauslastung. Eine Erweiterung dieser „vehicle routing problems" (VRP), sogenannte „VRP with Time Windows", betrachten zwar zeitliche Constraints, dabei werden allerdings im Allgemeinen die Kapazität und die Entfernungs-Constraints vernachlässigt.

Da die meisten der als VRP oder „VRP with Time Windows" betrachteten Problemstellungen zu den NP-vollständigen oder NP-harten Problemen zählen, werden aktuell auch Lösungsansätze mit Constraint Programmierung [CSKA94], Heuristiken [TPS96] und Genetischen Algorithmen [Hom98] verwendet, um Lösungen nahe der optimalen zu finden.

Wie auch bei den optimierenden Ablaufplanungsverfahren in der Produktion sind die genannten Verfahren zur Tourenplanung eher für prädiktive Problemstellungen geeignet, da sie nicht den dynamischen Charakter der Planungsumgebung berücksichtigen. Auch KI-basierte Lösungen wurden vorgestellt. Sie können in zwei Kategorien unterteilt werden. Eine Gruppe von Ansätzen basiert auf Multiagenten, mit denen das Transportproblem modelliert und gelöst werden soll. Dazu zählen die Systeme MARS [FMP96], ein System mit partiell intelligenten Agenten von [FK93], und das TeleTruck System [BFV98]. Die Systeme unterscheiden sich vor allem dadurch, was die Agenten repräsentieren und welche Aufgaben sie haben, z.B. gibt es MARS-System zwei Gruppen von Agenten (truck agents und transportation company agents), die über ein erweitertes Contract-Net-Protokoll die Lösung der Transportaufgaben aushandeln. Die Transportunternehmen haben damit keine eigenen Planungsmöglichkeiten, der aktuelle Plan ist über die gesamten Fahrzeugagenten verteilt und wird auch durch diese verwaltet. Der agentenbasierte Ansatz repräsentiert damit wie auch in anderen Anwendungsbereichen eher einen kontrollorientierten, reaktiven als einen planenden Blickwinkel auf das Problem. Die zweite Gruppe von Ansätzen enthält Systeme, die primär als entscheidungsunterstützende Systeme konzipiert sind und vor allem Heuristiken benutzen um initiale und reaktive Lösungen für spezielle Transportprobleme zu finden. Ein Beispiel für ein solches System ist DITOPS [SL94], in dem ein mixed-initiative Ansatz, der ein Constraint-basiertes Ablaufplanungssystem enthält, verwendet wird. Der Benutzer muss dabei Alternativen suchen bzw. vorgeben, wenn ein Problem "overconstrained" ist und vom Constraint-Solver keine Lösung gefunden werden kann.

Algorithmus

Nachfolgend wird der hier verwendete Ansatz präsentiert, der der zweiten Gruppe von Systemen zuzuordnen ist. Die verwendeten Heuristiken sind auf die Zielsetzungen des zeitgenauen Einplanens zugeschnitten und betrachten erst in zweiter Linie die „klassische" Transportproblematik. Basis für das Verfahren ist eine einfache Heuristik, die auf der auftragsbasierten Problemzerlegung beruht. Tabelle 3.26 zeigt die Transportplanungsstrategie.

```
BEGIN
WHILE Transportaufträge zu planen
        wähle Auftrag
        wähle mögliche Transportressource
        wähle Zeitintervall
        IF möglich THEN einplanen
        ELSE Konfliktlösung
END WHILE
optimiere Plan
END
```

Tabelle 3.26 Auftragsbasierte Transportplanungsstrategie

Innerhalb der „wähle" Anweisungen und in der Konfliktlösung ist es möglich, heuristisches Wissen der Transportplanungsdomäne, aber auch andere Verfahren aus dem Bereich der wissensbasierten Planung [Sau99] oder des OR, wie z.B. die savings-Heuristik [NM93]

zu verwenden. Für eine erste Realisierung scheinen folgende Regeln erfolgversprechend:

- **Wähle Auftrag**
  Nach EDD-Regeln oder SLACK-Regel oder nach Benutzerpriorität
- **Wähle Transportressource**
  Nach First Fit-Regel oder nach Best-Fit-Regel bzgl. der Kapazitäten
  oder durch Untersuchung der bisher geplanten Routen (Suche nach der
  Route, die am nächsten am betrachteten Start-/Zielort verbeiführt)
- **Wähle Zeitintervall**
  Nach Just-in-Time Regel oder vorwärts vom frühesten Startzeitpunkt
- **Konfliktlösung**
  Sie beinhaltet die Suche nach alternativen Zeitintervallen, alternati-
  ven Ressourcen oder auch benutzergesteuerte Reaktionen wie das "Out-
  sourcing" von Transportaufträgen an externe Transportunternehmen.

In der Optimierungsphase (`optimiere Plan`) können verschiedene Strategien zur Anwendung kommen, um den Plan in Hinblick auf Ziele wie minimale Kosten, kürzeste
Wege oder optimale Ressourcenauslastung zu verbessern. Dazu kann man z.B. Routen
splitten oder zusammenlegen, wie dies in DITOPS vorgesehen ist [Bec98]. Auch iterative Verbesserungsverfahren können hier zum Einsatz kommen [Dor95].

Als Reaktionen auf Störungen wie der Ausfall von Transportfahrzeugen können Teile
der oben genannten Strategien, z.B. die unter Konfliktlösung genannten, verwendet
werden, um alternative Lösungen finden zu können. Wichtig ist aber vor allem die
Möglichkeit der Benutzerinteraktion, da es vor allem dem Benutzer vorbehalten sein
sollte, bestimmte Aktionen wie die Änderung von Kapazitäten oder Aufträgen vor-
zugeben. Daneben kann er natürlich auch alle anderen Entscheidungen bzgl. anderer
Alternativen treffen.

Kommunikation mit den anderen Systemen des Multi-Site Scheduling Systems

Wie für alle anderen in das Multi-Site Scheduling System integrierten Systeme so ist
auch für das Transportplanungssystem die Kommunikation mit den anderen Systemen
eine wichtige Aufgabe. Die Kommunikation kann analog zu der der anderen Subsysteme gestaltet werden, d.h. es werden an Informationen zwischen den Systemen ausgetauscht:

- Vom globalen System:
  - der globale Plan

- globale Ereignisse mit Bedeutung für das Transportplanungssystem, z.B. Änderungen der Aufträge
- Vom Transportplanungssystem:
  - lokale Umsetzung der globalen Vorgaben
  - lokale Ereignisse mit Bedeutung für die globale Ebene, z.B. Ausfall von Ressourcen oder Ressourcengruppen.

Eine prototypische Realisierung eines Transportplanungssystems wird zur Zeit vorbereitet.

3.8   Erste Prototypische Realisierung: das MUST-System

Der vorgestellte Ansatz des Multi-Site Scheduling wurde im MUST-System prototypisch umgesetzt. Um die Anwendbarkeit des Konzepts zu zeigen, mussten dabei mindestens drei Regelkreise der koordinierten Planungsebenen realisiert werden, d.h. mindestens eine globale und eine lokale Ebene mit den jeweiligen Verbindungen nach oben (z.B. zu einer Logistik-Abteilung) und nach unten (z.B. zu einer Betriebsdatenerfassung). Zusätzlich stand das Zusammenspiel zwischen der globalen und der lokalen Planung durch eine geeignete Kommunikation sowie die Aktivitäten insbesondere zur Ereignisverarbeitung auf den beiden Ebenen im Vordergrund der Implementierung.

Das MUST-System besteht im Wesentlichen aus Komponenten zur globalen und lokalen Planung sowie einem Gantt-Chart für jede Planungskomponente. Die Kommunikation ist durch einen Blackbord-Ansatz realisiert. Die Menge der planungsrelevanten Daten wird zum großen Teil in einem Datenbanksystem verwaltet, auf das alle Bausteine mittels einer Schnittstelle [Cla94] zugreifen. Um eine geordnete Kommunikation ohne Deadlocks und Informationsverlust zu gewährleisten, hat jeder Planungsbaustein sein eigenes Blackboard, auf das andere erst dann Ereignisse schreiben dürfen, wenn sie vom zugehörigen Planungsbaustein als Kontrollinstanz die explizite Erlaubnis hierzu erteilt bekommen haben. Die Realisierung erfolgte in Quintus Prolog, wobei auch die dort vorgesehenen Erweiterungen für Benutzungsoberflächen (Prowindows) und Datenbankanbindung genutzt wurden. Die Blackboards werden durch Dateien realisiert, was einen impliziten Schutz gegen gleichzeitiges Schreiben mehrerer Clients beinhaltet.

Die Architektur des MUST-Systems entspricht im Wesentlichen dem vorgegebenen Architekturmodell und wird in Abbildung 3.15 dargestellt. Lediglich die konkrete Anbindung von BDE-Systemen bzw. die Anbindung an ein Logistik-System wurden durch Benutzerinteraktion umgesetzt.

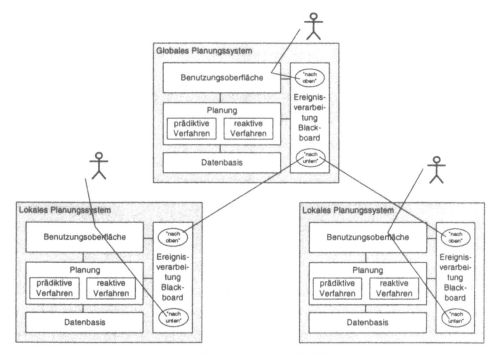

Abbildung 3.15: Architektur des MUST-Systems

Im Folgenden werden zunächst die Komponenten von MUST kurz beschrieben und danach detaillierter auf die Ereignisverarbeitung, die globale und lokale Planung sowie auf die Kommunikation in MUST eingegangen.

3.8.1 Die Komponenten des MUST-Systems

Das MUST-System besteht im Wesentlichen aus miteinander verbundenen, kooperierenden Planungssystemen, die die Planungsaufgaben auf den verschiedenen Ebenen bewältigen sollen.

Im Folgenden werden die Systeme der Ebenen kurz vorgestellt, wobei insbesondere auf die Benutzungsoberfläche und die Planungsmöglichkeiten eingegangen wird.

Globale Ebene

Auf der globalen Ebene übernimmt ein globales Ablaufplanungssystem die Aufgaben der Planung und Koordination. Ein User-Interface stellt dem Benutzer einen globalen Leitstand zur Verfügung, der den globalen Ablaufplan und die für die Durchführung der globalen Aktivitäten wichtigen Informationen präsentiert. Hier wurde die Implementierung des globalen Leitstandes aus [Lem95] integriert. In den Komponenten für die global prädiktive und global reaktive Planung können unterschiedliche wissensbasierte Verfahren zur Generierung eines globalen Vorgabeplans, z.B. über Heuristiken oder mit Fuzzy-Konzepten, und zur Reaktion auf Ereignisse der globalen Ebene, z.B. durch Constraint Relaxierung, eingesetzt werden. Bei der hier beschriebenen Realisierung werden zunächst nur Heuristiken verwendet. Die globale Datenbasis enthält das Wissen über die globalen Objekte der Ablaufplanung, beispielsweise Endprodukte mit ihren Zwischenprodukten sowie benötigte Maschinengruppen und Zeiten zur Herstellung.

- Benutzungsoberfläche (siehe Abbildung 3.16)

  Diese unterteilt sich in den globalen Gantt-Chart und das globale Blackboard sowie spezielle Fenster zur Benutzerinteraktion. Auf dem Blackboard sind alle Meldungen der lokalen Betriebe an den Leitstand zu lesen. Über die Funktion 'Ereignis GLOBAL´ können Ereignisse direkt eingegeben werden. Für die Ereignisse werden jeweils spezielle Eingabefenster verwendet, in denen die geänderten Daten eingegeben werden können. Auch das Ende der Meldung eines Betriebs oder der globalen Schnittstelle wird jeweils explizit auf dem globalen Blackboard angezeigt. Zusätzlich enthält das Blackboard stets die Information, ob der Leitstand zur Zeit beschäftigt ist oder bereit zur Entgegennahme einer neuen Meldung. Außerdem kann ein Kapazitätendiagramm erzeugt werden, welches die Auslastung der einzelnen Maschinengruppen darstellt.

- global prädiktive Planung

  Hier wird ein einfacher heuristischer Ansatz genutzt, bei dem die Menge neuer Aufträge nach ihrer Priorität sortiert und dann sukzessiv eingeplant wird.

- global reaktive Planung

  Dieser Baustein wird durch den globalen Leitstand GLORIA [Lem95] realisiert, der auch den globalen Gantt-Chart und das Kapazitätendiagramm zur Verfügung stellt. Die global reaktive Planung ist der Regelfall innerhalb der Planungsaktivitäten.

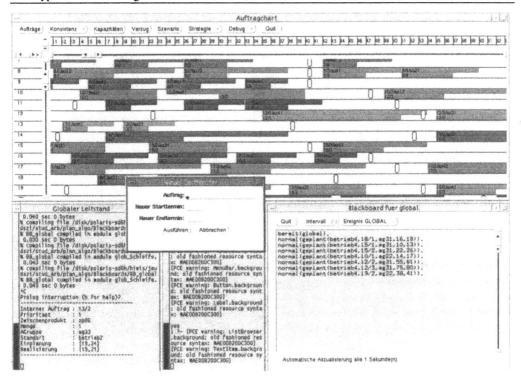

Abbildung 3.16: Globale Benutzungsoberfläche des MUST-Systems

- Kommunikation

  Hier ist der Kern der Aktivitäten zu finden. Zum einen wird hier die Blackboard überwacht, um zu sehen, ob eine andere Komponente eine Meldung hierauf schreiben will. Im Fall einer Meldung wird dann entsprechend reagiert. Zum anderen werden die Planungsfunktionen angestoßen und die Betriebe mit den für sie notwendigen Informationen versorgt.

- Datenbasis

  Auf der globalen Ebene umfasst die Datenbasis Informationen über Endprodukte, Stücklisten, Kapazität von Maschinengruppen, Zuordnung von Maschinengruppen zu Betrieben, Transportzeiten und -Kosten zwischen Betrieben, Stammmaschinen für Zwischenprodukte, Belastung von Maschinengruppen durch Zwischenprodukte, zu fertigende externe Aufträge, verplante Aufträge (bis zur Maschinengruppenebene) und Fertigungsschritte von Endprodukten. Der Zugriff auf Daten der drei letztgenannten Größen erfolgt über eine Datenschnittstelle [Cla94]. Diese ermöglicht es, die Daten sowohl in einer Datenbank als auch in Dateien abzulegen.

Lokale Ebene

Für jeden zu repräsentierenden Produktionsstandort existiert jeweils ein lokales System, das die prädiktive und reaktive Ablaufplanung in sich vereint. Im Wesentlichen bestehen diese Systeme aus bereits bekannten und realisierten Komponenten, wie Benutzungsoberfläche, Datenbasis sowie wissensbasierten Verfahren zur prädiktiven und reaktiven Ablaufplanung. Hier können bestehende Systeme integriert werden, z.B. heuristische, heuristisch reaktive, Genetische Algorithmen oder neuronale Netze. In der ersten Realisierung werden Verfahren auf Basis von Heuristiken verwendet. Eine lokale Benutzungsoberfläche umfasst die Darstellung des jeweiligen lokalen Plans als Gantt-Diagramm sowie eine Sicht auf das betreffende Blackboard, in das die lokale Ereigniseingabe als grafische Schnittstelle integriert ist. In den lokalen Datenbasen sind die lokalen Produktionsdaten gespeichert, wie die Maschinen einer Maschinengruppe und Zeiten zur Durchführung einer Operation. Die Komponente zur Betriebsdatenerfassung, zuständig für eine exakte und zeitgenaue Abbildung des Betriebsgeschehens [Mid92], liefert z.Zt. noch keine echten Fertigungsdaten, sondern ist bislang als Benutzerschnittstelle mit der Möglichkeit der manuellen Eingabe von Ereignissen, wie einer Maschinenstörung oder dem Fortschreiten der Produktion, ebenfalls in die lokalen Blackboards integriert.

- Benutzungsoberfläche (siehe Abbildung 3.17)

  Wie beim globalen System unterteilt sich diese auch in einen Gantt-Chart und das lokale Blackboard sowie verschiedene Fenster zur Eingabe von Ereignissen. Die Blackboard zeigt die Meldungen der BDE an den Leitstand und die für den lokalen Leitstand bestimmten Ereignisse des globalen Planungssystems. Auch das Ende der Meldung wird jeweils explizit angezeigt. Zusätzlich enthält das Blackboard stets die Information, ob der Leitstand zur Zeit beschäftigt ist oder bereit zur Entgegennahme einer neuen Meldung.

- lokal prädiktive Planung

  Die lokal prädiktive Planung ist als sukzessive reaktive Planung realisiert, d.h. werden einem Betrieb mehrere Aufträge zur Planung übergeben, so werden sie nach ihrer Priorität sortiert und im Rahmen der reaktiven Planung sukzessiv verplant.

- lokal reaktive Planung

  Die lokal reaktive Planung basiert auf einem in PUSSY [Sau93a] verwendeten Algorithmus, der unten näher beschrieben wird.

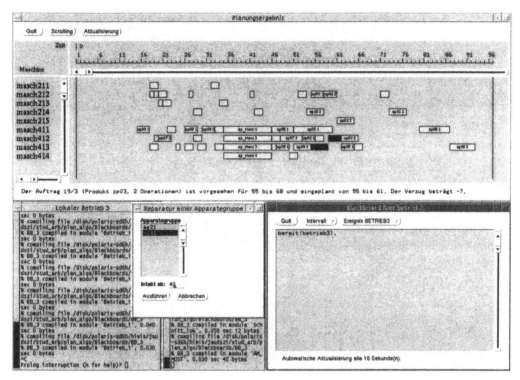

Abbildung 3.17: Lokale Benutzungsoberfläche des MUST-Systems

- Kommunikation

  Zusammen mit der reaktiven Planung bildet sie analog zu den globalen Systemen das Kernstück des lokalen Planungssystems. Ihre Aufgabe besteht analog zur globalen Ebene in der Überwachung der Blackboard, der Auslösung von Aktionen aufgrund von Ereignissen und der Meldung von Ereignissen an den globalen Leitstand.

- lokale Datenbasis

  Die lokale Datenbasis enthält Informationen über Fertigungsschritte von Zwischenprodukten, geplante Teiloperationen von Zwischenprodukten, Aufträge über Zwischenprodukte und Maschinen in Maschinengruppen. Der Zugriff auf diese Daten erfolgt ausschließlich über die Datenbankschnittstelle. Dabei werden die lokalen Daten in denselben Tabellen gespeichert wie die globalen Daten, auf die mit der Schnittstelle zugegriffen wird.

- Betriebsdatenerfassung

  Auf der lokalen Ebene wird dieser Aspekt durch die Eingabe (über spezielle Fenster)
  der Ereignisse Ausfall, Störung und Reparatur einer Apparategruppe oder einer Maschine realisiert. Eine automatische Erfassung sonstiger Daten erfolgt nicht. Die
  Kenntnis der genauen Daten der lokalen Planung wird in diesem Zusammenhang
  nicht als Teil der Betriebsdatenerfassung angesehen.

3.8.2   Koordination, Kommunikation und Ereignisverarbeitung im MUST-System

Die wichtige Aufgabe der Koordination wird durch die Kombination von Kommunikation und Ereignisverarbeitung auf den verschiedenen Ebenen realisiert. Als Regelkreise
werden dabei abgebildet:

- Globale Planung mit externer Ebene (Logistikebene): externe Ereignisse <-> globale
  Planung
- Globale Planung und lokale Planung: globale Planung <-> lokale Planung
- Lokale Planung und Betriebsdatenerfassung: Fertigungsereignisse <-> lokale Pla-
  nung.

Für die Kommunikation ist im MUST-System ein Blackboard-Ansatz implementiert
[Jau96], bei dem jede Planungskomponente über eine eigene Blackboard verfügt. Auf
diese Weise fungieren die Planungskomponenten jeweils auch als Blackboard-
Administrator, der zur Beschriftung seiner Blackboard eine explizite Genehmigung erteilen muss. In einem Blackboard-System besteht die einzige Möglichkeit der Kommunikation im Lesen und Schreiben vom bzw. auf die Blackboard. Dies gilt in MUST sowohl für den Datenaustausch zwischen den Planungskomponenten, als auch für die Eingabe von Ereignissen über die Schnittstellen. Soll die Meldung eines Ereignisses an eine
Planungskomponente erfolgen, so muss zuerst auf deren Blackboard ein Meldungswunsch vermerkt werden. Anschließend wird die Blackboard überwacht, bis dort von
der zuständigen Planungskomponente die Erlaubnis zur Meldung erteilt wird. Erst dann
darf das Ereignis auf die Blackboard geschrieben werden.

Der Ablauf dieser Kommunikation lässt sich durch das Zustandsdiagramm in Abbildung 3.18 darstellen. Im oberen Teil der Abbildung sind die Zustände und Zustandsübergänge für ein globales System dargestellt und im unteren Teil die Zustände und

Zustandsübergänge für ein damit verbundenes lokales System. Die Verbindung bzw.
Kopplung der beiden Systeme geschieht an den beiden durch Ellipsen gekennzeichneten
Stellen. Zur Erhaltung der Übersichtlichkeit wird dabei nur ein lokaler Betrieb berück-
sichtigt.

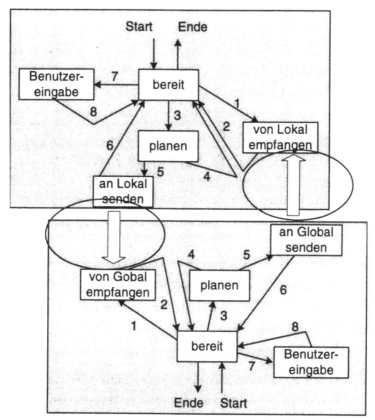

Abbildung 3.18: Verarbeitung und Kommunikation im MUST-System

Damit wird folgende Arbeitsweise umgesetzt:

globales System: nach dem Start ist das System im Zustand „bereit" und überwacht die
Blackboard. Die Ziffern entsprechen folgenden Ereignissen bzw. Aktionen:

1 ein lokales System will Daten an das globale System senden. Nach der Sendeaufforderung durch das globale System sendet das lokale System die Daten.

2 das globale System hat alle Daten des lokalen Systems empfangen.

3 falls Ereignisse aufgetreten sind, muss der globale Leitstand seinen Plan überprüfen,
   gegebenenfalls Umplanungen vornehmen und Ereignisse weiter melden.

4 die Umplanung ist abgeschlossen und es müssen keine Ereignisse weitergemeldet werden.

5 die Umplanung ist abgeschlossen und es müssen Ereignisse weitergemeldet werden. Nach der Sendeerlaubnis durch einen lokalen Betrieb werden die Daten gesendet.

6 das globale System hat alle Daten an das lokale System gesendet.

7 ein Benutzer will Daten eingeben.

8 ein Benutzer hat Daten eingegeben.

lokales System: nach dem Start ist das System im Zustand „bereit" und überwacht die Blackboard. Die Ziffern entsprechen folgenden Ereignissen bzw. Aktionen:

1 ein globales System will Daten an das lokale System senden. Nach der Sendeaufforderung sendet das globale System die Daten.

2 das globale System hat alle Daten an das lokale System gesendet.

3 falls Ereignisse aufgetreten sind, muss der lokale Leitstand seinen Plan überprüfen, gegebenenfalls Umplanungen vornehmen und Ereignisse weiter melden.

4 die Umplanung ist abgeschlossen und es müssen keine Ereignisse weitergemeldet werden.

5 die Umplanung ist abgeschlossen und es müssen Ereignisse weitergemeldet werden. Nach der Sendeerlaubnis durch einen globalen Betrieb werden die Daten gesendet.

6 das lokale System hat alle Daten an das globale System gesendet.

7 ein Benutzer will Daten eingeben.

8 ein Benutzer hat Daten eingegeben.

Den übrigen Pfeilen kann keine spezifische Bedeutung in diesem Sinne zugeordnet werden. Sie erklären sich aus den Beschreibungen der Transitionen und Stellen aus denen sie kommen bzw. zu denen sie führen.

Jeder weitere lokale Betrieb müsste an den durch die Ellipsen gekennzeichneten Stellen in das System integriert werden.

Die Kommunikation mit der Logistikebene und zur Betriebsdatenerfassung ist im Prototyp als Benutzerschnittstelle in die globalen bzw. lokalen Systeme integriert. Die Interaktion mit dem Benutzer beschränkt sich dabei auf die Eingabe von Ereignissen, die in der Logistikebene, der globalen oder lokalen Planung sowie in der Fertigung auftreten, z.B. die Generierung oder die Mengenänderung eines externen Auftrags. Diese Ereignisse werden dann auf der entsprechenden Blackboard vermerkt.

Ereignisverarbeitung

Durch die gegenseitige Meldung von Ereignissen, die zur Änderung der Planungsumgebung führen und den gleichzeitig vorhandenen komplexen Abhängigkeiten zwischen den Produktionsprozessen in den verschiedenen Betrieben erhalten die Ereignisverarbeitung und die reaktive Planung eine besondere Bedeutung. Nur mit einer effektiven Ereignisbehandlung auf allen Planungsebenen kann der gesamte Planungsaufwand, der auch die Reaktion auf sich ergebende Folgeereignisse beinhaltet, auf ein vertretbares Maß beschränkt werden.

Dabei lassen sich die durch die Schnittstellen einzugebenden Ereignisse nach den Ebenen unterteilen, in denen sie ursprünglich auftreten:

- Von der Logistikebene kann z.B. ein neuer externer Auftrag hinzugefügt werden.
- Die globale Planung kann u.a. Änderungen an den Vorgaben für einen internen Auftrag vornehmen.
- In der Fertigungsebene können beispielsweise Maschinenstörungen auftreten.

Ereignis	Ereignis-Bezeichnung	Ursprungs-Ebene	Verarbeitungs-Ebene
ge1	Paket neuer eA	Logistikebene	globale Planung
ge2	Neuer eA	Logistikebene	globale Planung
ge3	Stornierung eines eA	Logistikebene	globale Planung
ge4	Änderung eines eA	Logistikebene globale Planung	globale Planung
ge5	Splittung eines eA	globale Planung	globale Planung
ge6	Neue Maschinengruppe für einen iA	globale Planung	globale Planung
ge7	Kapazitätsänderung einer Maschinengruppe	globale Planung	globale Planung
ge11	Ausfall einer Maschinengruppe	lokale Planung	globale Planung
ge12	Störung einer Maschinengruppe	lokale Planung	globale Planung
ge13	Reparatur einer Maschinengruppe	lokale Planung	globale Planung
le16	Paket neuer iA	globale Planung	lokale Planung
le17	Stornierung mehrerer iA	globale Planung	lokale Planung
le18	Änderung mehrerer iA	globale Planung	lokale Planung
le19	Änderung eines iA	globale Planung	lokale Planung
le9	Ausfall/Störung/Reparatur einer Maschine	Fertigung	lokale Planung
le14	Fortschreiten der Produktion	Fertigung	lokale Planung

Tabelle 3.27: Explizit auftretende Ereignisse im MUST-System

Die Ereignisse der Logistikebene werden über die Schnittstelle der globalen Planung und die der Fertigung über die Schnittstelle der lokalen Ebene eingegeben. In Tabelle

3.27 sind alle in MUST explizit auftretenden Ereignisse jeweils mit der Ebene, in der sie verarbeitet werden, und in der sie aufgetreten sind, aufgelistet.

Abbildung 3.19: Verarbeitungsmodell für Ereignisse im MUST-System

In der prototypischen Realisierung liegt dem globalen und den lokalen Planungssystemen das gleiche Verarbeitungsmodell bzgl. der Ereignisse zugrunde. Es wird in Abbildung 3.19 dargestellt und verdeutlicht die ständige Blackboard-Überwachung durch die Planungskomponenten. Dabei wird bei der Erteilung der Erlaubnis zur Meldung auf ein Blackboard darauf geachtet, alle Kommunikationspartner gleichmäßig zu berücksichtigen. Um die Verarbeitungseffizienz zu steigern, wird die in Abschnitt 3.5.1 angedeutete

Unterteilung in normale und besondere Ereignisse verwendet. Normale Ereignisse werden vor besonderen verarbeitet, weil sie entweder nur zur Kenntnis zu nehmen sind oder aber als lokale Umsetzung Informationen liefern können, die bei der Verarbeitung besonderer Ereignisse genutzt werden können. Der obere Teil der Abbildung zeigt die Verwaltung der Meldungswünsche auf der Blackboard. Im unteren Teil wird die Abarbeitung der gemeldeten Ereignisse dargestellt, die erst mit dem Vorliegen eines besonderen Ereignisses startet.

Als **normal** gelten dabei alle Ereignisse, die der Erwartung des globalen Leitstands entsprechen:

* die Rückmeldung einer global angeordneten Stornierung,
* die Rückmeldung einer global angeordneten lokalen Einplanung, sofern diese den vorgegebenen Zeitrahmen einhält,
* die Meldung eines aufgrund einer Maschinengruppenstörung umgeplanten internen Auftrags, sofern dessen Einplanung den vorgegebenen Zeitrahmen einhält.

Als **besondere Ereignisse** gelten alle unvorhersehbaren Ereignisse:

* die Meldung eines kompletten Maschinengruppenausfalls,
* die Meldung einer Maschinengruppenstörung,
* die Meldung einer Maschinengruppenreparatur,
* die Meldung eines aufgrund eines kompletten Maschinengruppenausfalls stornierten internen Auftrags,
* die Meldung eines aufgrund eines kompletten Maschinengruppenausfalls umgeplanten internen Auftrags (unabhängig davon, ob der vorgegebene Zeitrahmen eingehalten wurde, da auf einer anderen Maschinengruppe als global vorgegeben geplant wurde),
* die Meldung eines aufgrund einer Maschinengruppenstörung umgeplanten internen Auftrags, sofern der vorgegebene Zeitrahmen nicht eingehalten werden konnte,
* die Rückmeldung einer global angeordneten Einplanung, sofern der vorgegebene Zeitrahmen nicht eingehalten werden konnte.

Auf der lokalen Ebene werden die Vorgaben des globalen Plans in geeignete lokale Ablaufpläne umgesetzt. Auch hier muss natürlich auf die Ereignisse der lokalen Fertigungsumgebung, die u.a. durch die Betriebsdatenerfassung ermittelt werden, reagiert werden.

Normale Ereignisse sind hier die Rückmeldungen aus dem Betrieb, die den Vorgaben entsprechen. Alle anderen Ereignisse gelten als besondere Ereignisse.

3.8.3 Globale Planung im MUST-System

Die Funktionen der globalen Planung werden durch den globalen Leitstand GLORIA [Lem95] realisiert, der im MUST-System integriert ist. Auf der globalen Ebene werden externe Aufträge betrachtet, die sich jeweils auf ein Endprodukt beziehen, welche sich aus mehreren Zwischenprodukten zusammensetzen. Für jedes zu fertigende Zwischenprodukt erstellt der globale Leitstand einen internen Auftrag, der für einen lokalen Betrieb bestimmt ist. Die internen Aufträge stellen die Vorgaben des Leitstands an die Betriebe dar. Der globale Plan setzt sich aus der globalen Vorgabe und der von den Betrieben gemeldeten Realisierung zusammen. Damit zu jedem internen Auftrag stets eine Realisierung existiert, wird diese vor der Rückmeldung durch die Betriebe per default mit der Vorgabe gleichgesetzt. Der Leitstand reagiert auf Ereignisse durch eine Änderung der Vorgabe und teilt den Betrieben die sich daraus für diese ergebenden Konsequenzen mit.

Charakteristika der globalen Planung:
1. Der Leitstand beobachtet seine Blackboard bis einer oder mehrere seiner Kommunikationspartner den Wunsch vermerken, ein Ereignis zu melden. Dann erteilt er einem dieser Kandidaten die Erlaubnis zur Meldung und wartet das Ende der Meldung ab. Entspricht die Meldung seiner Erwartung, wie z.B. die fristgerechte Einplanung eines internen Auftrags, so ist eine unverzügliche Reaktion auf dieses Ereignis nicht notwendig. Die Information wird auf dem Blackboard gespeichert und der Leitstand wartet auf weitere Meldungswünsche.
2. Erst, wenn sich auf dem Blackboard ein unvorhersehbares Ereignis befindet, wie z.B. ein externer Zusatzauftrag, beginnt der Leitstand mit der globalen Abarbeitung aller bis dahin auf dem Blackboard gespeicherten Ereignisse. Nach dieser globalen Abarbeitung in Form von Operationen auf dem globalen Plan werden die sich für die lokale Ebene ergebenden Konsequenzen als Ereignisse an die Betriebe gemeldet.
3. Der globale Plan wird automatisch in einem Gantt-Chart dargestellt und bei aufgetretenen Ereignissen aktualisiert. Ein Balken steht dabei für einen internen Auftrag. Die

oberen Balken der Zeilen stellen jeweils die globale Vorgabe und die unteren die lokale Realisierung dar.

4. Der Benutzer hat auf der globalen Ebene die Möglichkeit, über ein Fenster Ereignisse einzugeben. Bei den meisten Ereignissen werden zunächst einige Daten mit Hilfe der Datenbankschnittstelle verändert, bevor die globale Schnittstelle einen Meldungswunsch auf das globale Blackboard schreibt. Erst, wenn die globale Schnittstelle das vom Benutzer eingegebene Ereignis auf das globale Blackboard geschrieben hat, ist sie bereit, ein neues Ereignis vom Benutzer entgegen zu nehmen.

5. Die Balken für die Vorgaben können auch manuell verschoben werden. Auf eine solche Verschiebung wird der Leitstand auf jeden Fall reagieren, indem er Veränderungen am globalen Plan vornehmen wird. Zu jedem externen Auftrag existieren zusätzlich zwei weiße Markierungen, die den Anfang und das Ende seiner Vorgabe darstellen. Auch diese Markierungen kann man manuell verschieben.

Kern der globalen Planung ist die global reaktive Planung. Die global prädiktive Planung wird als Folge von global reaktiven Planungsschritten betrachtet. Daher ist als Ereignis auch eine Menge externer Zusatzaufträge vorgesehen. Die in Tabelle 3.28 dargestellten Ereignisse sind zur Verarbeitung durch GLORIA vorgesehen und werden entsprechend der Beschreibung in den Abschnitten 3.5.1 und 3.5.5 durch ein heuristisches Planungsverfahren behandelt.

Verarbeitetes Ereignis	entspricht Ereignis im Modell von 3.5.1	Typ des Ereignisses
Paket externer Zusatzaufträge	ge1	besonderes
Externer Zusatzauftrag	ge2	besonderes
Stornierung eines externen Auftrags	ge3	besonderes
Neuer Starttermin für einen externen Auftrag	ge4	besonderes
Neuer Endtermin für einen externen Auftrag	ge4	besonderes
Neue Menge eines externen Auftrags	ge4	besonderes
Splittung eines externen Auftrags	ge5	besonderes
Neues Zeitfenster für einen internen Auftrag	ge6	besonderes
Neue Apparategruppe für einen internen Auftrag	ge6	besonderes
Änderung der Kapazität einer Maschinengruppe	ge7	normales
Kompletter Ausfall einer Maschinengruppe	ge11	besonderes
Störung einer Maschinengruppe	ge12	besonderes
Reparatur einer Maschinengruppe	ge13	besonderes
Rückmeldung von Realisierungen	ge9, ge10	normales
Verzögerung einer Maschinengruppe	ge8	besonderes

Tabelle 3.28: Globale Ereignisse im MUST-System

3.8.4   Lokale Planung im MUST-System

Für jeden zu repräsentierenden Produktionsstandort existiert jeweils ein lokales System, das die prädiktive und reaktive Ablaufplanung in sich vereint. Auf dieser Ebene ist die Planung verantwortlich für die Realisierung der internen Aufträge und die Verarbeitung von Ereignissen, die vom globalen Leitstand bzw. aus der Betriebsdatenerfassung gemeldet werden. Es können hier verschiedene Verfahren integriert werden, allerdings werden zunächst nur Heuristiken verwendet. Die lokale Benutzungsoberfläche umfasst die Darstellung des jeweiligen lokalen Plans als Gantt-Diagramm, in das die lokale Ereigniseingabe als grafische Schnittstelle integriert ist.

Charakteristika der lokalen Planung

Die Charakteristika der Ereignisverarbeitung in der lokalen Planung sind bereits in Abbildung 3.19 unten dargestellt und beinhalten:

1. Die Betriebe beobachten auch hier ihr Blackboard, bis entweder die lokale Schnittstelle oder der Leitstand ein Ereignis melden wollen und erteilen dann die entsprechende Erlaubnis. Auf das mitgeteilte Ereignis muss der Betrieb dann auf jeden Fall unverzüglich reagieren, da im Prototyp auf der lokalen Ebene jedes Ereignis als unvorhergesehen gilt.

2. Nach einer lokalen Planung folgt dann die Meldung des Betriebs an den lokalen Leitstand. Diese Meldung kann auch mehrere Ereignisse umfassen, wie z.B. die Störung einer Maschinengruppe (le11) und sich daraus ergebende Umplanungen (le13). Diese Ereignisse werden im Prototyp über eine Benutzungsschnittstelle eingegeben. Ein lokaler Betrieb kann erst nach der Verarbeitung eines Ereignisses wieder neue Ereignisse entgegen nehmen.

3. Nach der lokalen Abarbeitung muss jeweils entschieden werden, welche entstandenen Konsequenzen an den globalen Leitstand zu melden sind. Zum Teil müssen Ereignisse generiert werden (bzgl. Maschinengruppen), zum Teil können Ereignisse auch direkt weitergegeben werden. Die genaue Behandlung der Ereignisse wird unten ausführlich beschrieben.

4. Die aktuelle Planungssituation wird in einem Gantt-Chart dargestellt. Er zeigt alle Operationen der im betreffenden Betrieb verplanten Aufträge auf den benutzten Maschinen. Über einen Button lassen sich die lokalen Gantt-Charts jeweils aktualisieren. Die Ereignisse der BDE werden über entsprechende Fenster eingegeben.

Ereignis	entspricht Ereignis im Modell
Neuer interner Auftrag	le1
Mehrere neue interne Aufträge	le16
Stornierung eines internen Auftrags	le2
Stornierung mehrerer interner Aufträge	le17
Änderung eines internen Auftrags	le19, le3, le4, le5, le6
Änderung mehrerer interner Aufträge	le18
Kompletter Ausfall einer Maschine	le9
Störung einer Maschine	le9, le10
Reparatur einer Maschine	le9
Rückmeldung	le14

Tabelle 3.29: Lokale Ereignisse im MUST-System

Im Prototyp werden die in Tabelle 3.29 aufgelisteten lokalen Ereignisse verarbeitet. Die Verarbeitung orientiert sich an der in Abschnitt 2.4.1 vorgestellten reaktiven Planung, weist aber einige Besonderheiten auf, die im Folgenden beschrieben werden.

Die algorithmische Abarbeitung umfasst in diesem Zusammenhang neben der lokalen Planung auch die Entscheidung, was nach einer Aktion jeweils an den globalen Leitstand zu melden ist.

- Neuer interner Auftrag (le1)

  Zunächst versucht die lokale Planung, den neuen Auftrag im vorgegebenen Zeitintervall in den bestehenden lokalen Plan einzufügen, ohne an diesem Veränderungen vorzunehmen. Ist dies nicht möglich, werden bei der Planung die Prioritäten der Aufträge berücksichtigt. Der neue Auftrag wird dann in den bestehenden Plan eingefügt, wobei Aufträge mit niedrigerer Priorität verschoben werden können. Eine termingerechte Planung ist jedoch nicht immer garantiert. Die Meldung an den globalen Leitstand umfasst auf jeden Fall die Planung des neuen Auftrags. Falls andere Aufträge verschoben wurden, so muss auch dies gemeldet werden. Dabei sind für die globale Ebene nur die kompletten internen Aufträge von Interesse. Die einzelnen Operationen, aus denen sich jeder interne Auftrag zusammensetzt, sind nur dem lokalen Betrieb bekannt. Ändert sich die Planung nur von einer Operation, und der Anfang der ersten Operation und das Ende der letzten Operation bleiben unverändert, so ist der globale Leitstand hiervon nicht in Kenntnis zu setzen, da sich für den kompletten internen Auftrag keine Änderung ergeben hat. Bei der Meldung von Einplanungen an die globale Ebene ist stets anzugeben, ob die Planung termingerecht erfolgte, damit der Leitstand weiß, ob er auf die Meldung sofort zu reagieren hat.

- Mehrere neue interne Aufträge (le16)

  Die neuen internen Aufträge werden nach ihrer Priorität sortiert und sukzessiv einge-plant. Die Meldung an den Leitstand umfasst die gesammelten Meldungen für alle neuen Aufträge gemäß der Reaktion auf le1.

- Stornierung eines internen Auftrags (le2)

  Der angegebene Auftrag wird aus dem lokalen Plan entfernt. Es werden jedoch keine Verschiebungen anderer Aufträge im lokalen Plan vorgenommen. Stattdessen wird erwartet, dass der globale Leitstand eine unzureichende Auslastung der frei gewor-denen Ressourcen erkennt und eventuell sinnvolle Umplanungen im globalen Plan vornimmt und lokale Folgen an den Betrieb meldet. Nach der Stornierung unterrich-tet ein Betrieb den Leitstand vom planmäßigen Vollzug.

- Stornierung mehrerer interner Aufträge (le17)

  Die Aufträge werden sukzessiv aus dem lokalen Plan entfernt. Gemeldet wird für jeden Auftrag die vollzogene Stornierung.

- Änderung eines internen Auftrags (le19)

  Als erstes prüft ein Betrieb, ob die vorzunehmende Änderung sich mit der bestehen-den lokalen Planung des Auftrags verträgt. Dies ist z.B. dann der Fall, wenn als Än-derung eine Verschiebung des vorgegebenen Zeitrahmens übergeben wird, die die al-te Realisierung immer noch überdeckt. In einem solchen Fall ist auf der lokalen Ebe-ne nur der entsprechende Eintrag anzupassen. Eine Kommunikation mit dem globa-len Leitstand ist nicht notwendig. Verträgt sich die Änderung jedoch nicht mit der al-ten Einplanung, wird diese aus dem lokalen Plan entfernt. Anschließend wird der zu ändernde Auftrag als neuer Auftrag mit der Reaktion auf das Ereignis le1 eingeplant, wobei auch die anfallenden Meldungen an den Leitstand vorgenommen werden. Durch diese Vorgehensweise werden auch die lokalen Ereignisse le3 – le6 durch eine Reaktion abgedeckt.

- Änderung mehrerer interner Aufträge (le18)

  Die zu ändernden Aufträge werden nach ihrer Priorität sortiert und sukzessiv als zu ändernde interne Aufträge mit der Reaktion auf le19, einschließlich der Meldungen an die globale Ebene, verarbeitet.

- Kompletter Ausfall einer Maschine (le9)

  Vom Ausfall betroffene Operationen von internen Aufträgen werden auf alternative Maschinen derselben Maschinengruppe umgeplant. Wiederum sind zur Einhaltung der Vorrangrelation eventuell vorhandene Folgeoperationen und/oder Folgeaufträge wenn nötig zu verschieben. Die Meldung an die globale Ebene umfasst die geänderten Realisierungen von internen Aufträgen. Der Ausfall einer Maschine bezieht sich direkt nur auf die lokale Ebene, da dem globalen Leitstand keine Informationen über einzelne Maschinen zur Verfügung stehen. Die Maschinen sind jedoch Bestandteile der Maschinengruppe, so dass auch die globale Ebene von der Störung in irgendeiner Weise erfahren muss.

Abhängig vom Grad der Beeinflussung, können verschiedene Meldungen, d.h. globale Ereignisse möglich sein. Sie reichen von einer Minderung der Leistungsfähigkeit, was sich in einer Verzögerung ausdrücken kann, bis hin zum kompletten Ausfall der Maschinengruppe, wenn z.B. die Engpassmaschine dieser Gruppe betroffen ist.

- Störung einer Maschine (le9, le10)

  Betroffene Operationen bleiben auf der Maschine verplant und werden nur auf die Zeit nach der Störung verschoben. An Folgeoperationen und/oder Folgeaufträge ist auch hier zu denken. Für die Störung wird ein Pseudo-Auftrag generiert. Er ist jedoch auf eine Maschine beschränkt. Gemeldet werden müssen die verschobenen internen Aufträge.

- Reparatur einer Maschine (le9)

  Hierbei wird das Ende des Pseudo-Auftrags für die Störung angepasst. Es erfolgen keine lokalen Umplanungen. Die globale Ebene wird bei diesem Ereignis nicht kontaktiert.

An den globalen Leitstand werden folgende Ereignisse bzgl. Maschinengruppen gemeldet:

- Kompletter Ausfall einer Maschinengruppe

  Falls eine Maschinengruppe als ausgefallen gilt, werden alle internen Aufträge, die auf dieser Maschinengruppe verplant wurden, komplett aus dem lokalen Plan gelöscht. Anschließend wird für sie geprüft, ob für die Zwischenprodukte der betroffenen internen Aufträge eine alternative Maschinengruppe im selben Betrieb existiert. Die internen Aufträge, für die dies zutrifft, werden als neue interne Aufträge eingeplant. Die anderen können nicht im selben Betrieb verplant werden. Die Meldung an den globalen Leitstand umfasst folgende Komponenten:

  - die ausgefallene Maschinengruppe,

  - die internen Aufträge, die nicht mehr in diesem Betrieb geplant werden können,

  - die Menge der lokal umgeplanten Aufträge.

Es ist möglich, dass der globale Leitstand die eigenmächtig lokal durchgeführten Umplanungen nicht akzeptiert. Er wird in einem solchen Fall den Auftrag in diesem Betrieb stornieren lassen und für einen anderen Betrieb als neuen internen Auftrag melden.

- Störung einer Apparategruppe

  Als Störung wird ein kurzer zeitlich befristeter Ausfall bezeichnet. Es werden alle Operationen von internen Aufträgen ermittelt, die im Zeitraum der Störung auf einer Maschine der angegebenen Gruppe geplant sind. Diese werden dann im lokalen Plan auf die Zeit nach der Störung verschoben, bleiben aber auf der alten Maschine. Dabei gilt es zu beachten, dass auch Folgeoperationen und/oder Folgeaufträge ebenfalls verschoben werden müssen, wenn andernfalls die Vorrangrelation verletzt würde. Damit auch neue Aufträge nicht in diesem Intervall auf der betroffenen Maschinengruppe verplant werden, wird für die Störung ein Pseudo-Auftrag generiert, der alle Maschinen der Gruppe für den gesamten Störungszeitraum blockiert. Dem globalen Leitstand werden anschließend die Störung der Maschinengruppe sowie die Verschiebung der internen Aufträge mitgeteilt.

- Reparatur einer Maschinengruppe

  Das Enddatum für den generierten Pseudo-Auftrag der Störung wird geändert. Ähnlich wie bei der Stornierung eines internen Auftrags wird jedoch kein anderer interner Auftrag lokal umgeplant. Eine unzureichende Auslastung der Maschinengruppe wird gegebenenfalls vom globalen Leitstand entdeckt, der daraufhin die notwendigen Schritte zur lokalen Umplanung einleiten wird. In der Meldung an die lokale Ebene wird somit nur von der Änderung der Störung einer Maschinengruppe berichtet.

Die Reaktionen auf die verschiedenen Ereignisse realisieren damit ein reaktives heuristisches Verfahren, das im Wesentlichen auf die Prioritäten von Aufträgen aufbaut. Damit hat der Benutzer über die Angabe der Prioritäten entscheidenden Einfluss auf die Erstellung des Planes.

3.9   Zweite prototypische Realisierung: DROPS

In einem weiteren Projekt (DROPS) [Sau98a, Sau98b] wurde ein Prototyp erstellt, mit dem vor allem die Wiederverwendbarkeit von Komponenten untersuchen werden sollte. Im Fokus des Projekts lag die Erstellung eines Zielsystems, das möglichst gut in wiederverwendbare Komponenten zerlegt werden kann, um so als Basis für die Baustein-bibliothek bzgl. zu gestaltender Systeme dienen zu können. Vor allem sollte ein modu-lares Zielsystem geschaffen werden, mit dem der mehrstufige Aufbau eines Multi-Site Scheduling Systems vereinfacht wird.

Weitere wichtige Aspekte waren die Verwendung einer objektorientierten Sprache zur Realisierung und der Test eines Constraintsystems zur Erstellung der Planungsalgorith-men. Zusätzlich wurde ein GUI-Builder, ein Werkzeug zur Unterstützung der Oberflä-chenentwicklung, verwendet, um die Oberfläche zu gestalten und gleichzeitig zu evalu-ieren, in wie weit die Integration eines Werkzeugs zur Gestaltung von Oberflächen sinnvoll erscheint, d.h. ob eine einfache Erweiterbarkeit durch einen GUI-Builder unter-stützt wird. Diese Möglichkeiten sind durch das ILOG-Paket (ILOG Views, ILOG Scheduler, ILOG Planner) mit der Realisierungssprache C++ gegeben.

3.9.1 Architektur des Systems

In Abbildung 4.11 wird die Architektur des Zielsystems im Projekt DROPS skizziert. Sie setzt das Referenzmodell aus Abbildung 4.4 um und zeigt die Betonung der Ereig-nisverarbeitung als zentrale Basisfunktionalität.

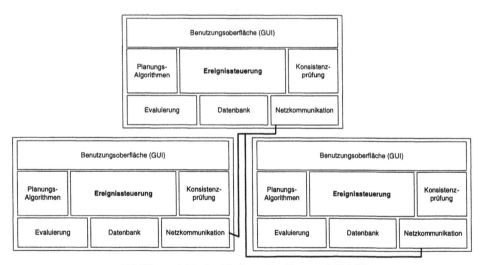

Abbildung 4.11: Architektur des Systems DROPS

Insgesamt werden die Ideen und Vorgaben der Referenzmodelle umgesetzt, allerdings sind auch einige Erweiterungen bzw. Anpassungen nötig, die im Folgenden kurz beschrieben werden.

3.9.2   Die Komponenten des DROPS-Systems

Die „Benutzungsoberfläche" besteht aus einer Reihe von verschiedenen Fenstern, die zur Verwaltung der Daten der Planungsumgebung und für die Planung selbst dienen. Die Fenster wurden mit dem GUI-Builder ILOG-Views erstellt, was sich als komfortabel für die statischen Bestandteile der Fenster erwies. Das Gantt-Chart Fenster ist aus einer vorgegebenen Klasse abgeleitet, die allerdings schlecht dokumentiert ist, sodass gewünschte Veränderungen an den Features häufig nicht möglich waren. Abbildung 4.12 zeigt als Beispiel das Fenster zur Verwaltung eines Produkts und dabei vor allem der Herstelldaten. Abbildung 4.13 zeigt das Gantt-Chart Fenster des lokalen Systems. Für das globale System musste die Benutzungsoberfläche leicht modifiziert werden, um bestimmte Eigenschaften besser darstellen zu können, z.B. Kapazitäten im Gantt-Chart.

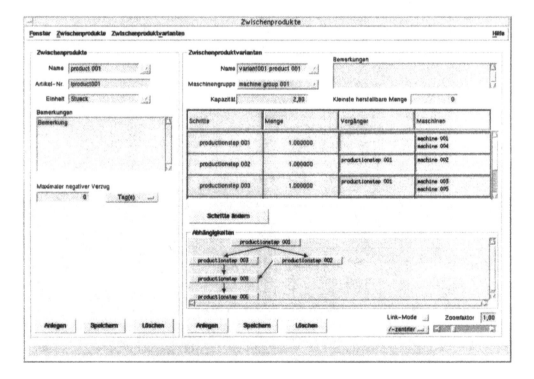

Abbildung 4.12: Produktfenster in DROPS

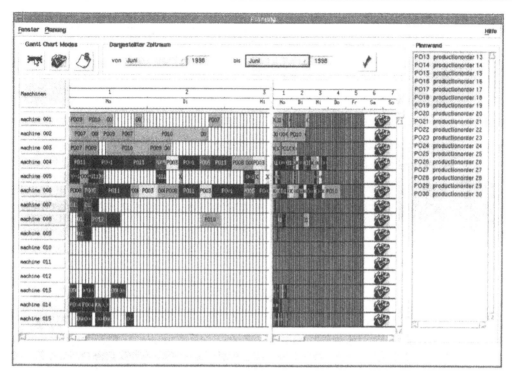

Abbildung 4.13: Gantt-Chart in DROPS

Die „Datenbanken" der lokalen bzw. globalen Systeme wurden in MSQL realisiert. Auch hier wurden die Schemata an die Bedürfnisse der globalen Planung, u.a. Transport und Kapazitäten angepasst.

Die „Planungsalgorithmen" basieren auf der Verwendung der im ILOG-Paket zur Verfügung stehenden Komponenten ILOG-Scheduler bzw. ILOG-Planner, die die Verwendung der Constraint-Programmierung erlauben und damit einen Constraint-basierten Lösungsansatz nahe legen. Zunächst wurden daher jeweils einfache Verfahren auf Basis der Lösung eines Constraint Satisfaction Problems realisiert. Allerdings wurde dabei die Einbindung weiterer Verfahren bereits vorgesehen.

„Konsistenzprüfung" und „Evaluierer" realisieren einfache Funktionen zur Sicherstellung der Konsistenz eines Plans, z.B. bei manueller Planung, bzw. zur Bewertung eines Plans bzgl. geläufiger Bewertungsfunktionen.

Zentrale Komponente ist die „Ereignissteuerung", die zusammen mit der „Netzanbindung", die Abläufe und die Kommunikation innerhalb und zwischen den Systemen steuert. Dies ist vor allem wichtig, da auf vielfältige Ereignisse, die durch Benutzerinteraktion ausgelöst werden können, im Rahmen der reaktiven Planung reagiert werden soll. Jede Komponente wird als eigener Thread gestartet. Über die Komponente Netzkommunikation sind die Systeme miteinander verbunden.

Aufgaben der Ereignissteuerung sind:

- Die Kommunikation zwischen dem globalen und den lokalen Systemen zu organisieren und dabei darauf zu achten, dass der Datenbestand jeder lokalen Komponente mit dem der globalen Komponente konsistent ist.

- Innerhalb jedes Systems die Kommunikation zwischen den Komponenten und deren Zugriff auf Datenbankobjekte soweit nötig zu steuern. Um zu gewährleisten, dass keine Komponente Datenbankobjekte löscht oder verändert, die von anderen noch benötigt werden, ist die Ereignissteuerung die einzige Komponente, die schreibend auf die Datenbank zugreift.

- Die Unterstützung der Interaktion mit dem Benutzer, d.h. dass der Benutzer viele der Planungsentscheidungen selbst treffen darf und dies in der Regel durch Manipulationen in der GUI durchführt.

Die Kommunikation im Zielsystem verläuft mit Hilfe von Kommunikations-Objekten, Events und Event-Queues genannt. Jeder an einer Kommunikation durch Events beteiligte Thread verfügt über eine eigene Event-Queue. Der Thread, der die Kommunikation auslöst, erzeugt ein Event und sendet es in die Event-Queue des Threads, mit dem er kommuniziert. Der empfangende Thread überprüft regelmäßig, ob Events in seiner Event-Queue eingetroffen sind.

Events, d.h. Event-Objekte, werden von einer Basisklasse für Events abgeleitet. Alle Events haben damit die Attribute EventClass, EventType, EventPriority und TimeStamp. Die EventClass gibt an, von welchem Thread ein Event erzeugt wurde, aus dem EventType sieht der Empfänger, um welche Art von Nachricht es sich bei dem Event handelt. Die EventPriority legt die Reihenfolge fest, in der die eintreffenden Events von der Ereignissteuerung bearbeitet werden. Es gibt folgende Prioritäten, wobei 1 die höchste Prioritätsstufe ist:

1. ReadReady-Events: Sie haben die höchste Priorität, da die Ereignissteuerung in bestimmten Situationen die Eventabarbeitung stoppt und sie erst beim Eintreffen eines ReadReady-Events wieder aufnehmen kann.

2. Events, die Zugriffe auf eine Datenbank bewirken oder die Netzkommunikation betreffen: Sie haben die zweithöchste Priorität, da nach ihrer Abarbeitung gewährleistet ist, dass mit den zur Zeit aktuellsten Daten weitergearbeitet wird.

3. Events, die nicht die Priorität 1 oder 2 haben: Hierbei handelt es sich um Events, die Vorgänge auslösen, die darauf angewiesen sind, dass die von ihnen benötigten Daten aktuell sind, also das Planen, die Prüfung der Konsistenz und das Evaluieren.

4. TimeOut-Events: Sie sind von niedrigerer Priorität als die oben genannten Events, da sie nur dann zum Einsatz kommen sollen, wenn nach Ablauf einer gewissen Zeit kein anderes höher eingestuftes Event mehr eingetroffen ist.

5. Quit-Event: Das Quit-Event beendet das Programm und wird daher erst ausgeführt, wenn keine anderen Events mehr anliegen.

Das Attribut TimeStamp enthält einen Zeitstempel mit Mikrosekunden, woraus der Zeitpunkt, wann das Event erzeugt wurde, ersichtlich ist. Innerhalb einer Prioritätsstufe werden die Events mit Hilfe dieser Zeitangabe nach der FIFO-Methode von der Ereignissteuerung bearbeitet.

Events, die in die Event-Queue der Ereignissteuerung gesendet werden, kommen von der GUI, Planung, Netzkommunikation, Konsistenzprüfung und dem Evaluierer. Daher haben diese Threads Zugriff auf die Event-Queue der Ereignissteuerung. Umgekehrt sendet die Ereignissteuerung Events an die GUI, Netzkommunikation, Konsistenzprüfung und den Evaluierer sowie auch an sich selbst und hat daher Zugriff auf die Event-Queues dieser Threads. Die Einteilung der Event-Klassen orientiert sich an der Architektur des Zielsystems.

An zwei Beispielen soll die Verarbeitung über die Ereignissteuerung verdeutlicht werden.

Erstes Beispiel zur Ereignissteuerung:

Vom User gestartete prädiktive Ablaufplanung

Abbildung 4.14 zeigt in einem Kollaborationsdiagramm die beteiligten Komponenten und die auftretenden Ereignisse bzw. Aktionen, die ausgeführt werden müssen. Dabei bedeuten die Übergänge:

1. User startet Planung: GUI schickt PredictivePlanning-Event

2. startet prädiktiven Planungsalgorithmus

3. liest zu verplanende Aufträge aus DB

4. Zugriff auf DB beendet; schickt PlanningReadReady-Event (Planung beginnt)

5. GUI bekommt PlanningReadReadyNotify-Event, d.h. User kann weitere Aktionen starten

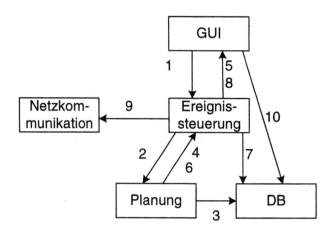

Abbildung 4.14: Ereignissteuerung in DROPS

6. Planung beendet: schickt PredictivePlanningResult-Event

7. geplante Schritte werden gespiechert

8. GUI erhält AlgoReadyNotify

9. an zugeordnete Systeme wird ProductionOrderTimes-Event (Umsetzung der Planvorgabe) geschickt

10. GUI liest geplante Schritte und zeigt an

Zweites Beispiel zur Ereignissteuerung: Benutzereingabe Maschinenausfall

Abbildung 4.15 zeigt analog den Ablauf, wenn ein Benutzer im Gantt-Chart einen Maschinenausfall einträgt.

1. von GUI wird ein MachineCapacitySetFromGanttChart-Event gesendet

2. Kapazitätsänderung wird gespeichert

3. vom Ausfall betroffene Aufträge werden auf Pinnwand abgelegt

4. die auf der Maschine geplanten Schritte werden gelöscht

5. Änderung abgeschlossen; an GUI wird GUISaveReadyNotify-Event geschickt

6. an betroffene Systeme wird DownChangeMG-Event geschickt

7. GUI liest die geänderten Daten und zeigt an (Plankorrektur wäre nächster Schritt und wird durch Benutzer initiiert).

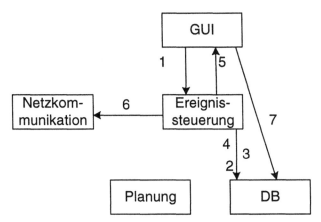

Abbildung 4.15: Ereignissteuerung in DROPS II

Insgesamt zeigte sich bei der Realisierung des Prototypen für ein modulares Zielsystem, dass doch zwischen globalen und lokalen Systemen unterschieden werden muss, um schnell und effizient ein System erzeugen zu können. Der gemeinsame Anteil aus dem Referenzmodell müsste zu klein gewählt werden, um alle Möglichkeiten bei der Systemgestaltung ausschöpfen zu können.

3.10 Diskussion der beiden Prototypen

Die Erstellung der beiden Prototypen zeigte, dass man die Komplexität eines Systems zur Unterstützung der Systementwicklung häufig unterschätzt, vor allem wenn man sich nicht auf einen ausgewählten und eingrenzbaren Bereich beschränken kann. Diese Erfahrung wurde u.a. auch bei der Erstellung diverser Expertensysteme gemacht, die nur dann erfolgreich waren, wenn sie sich auf ein gut eingrenzbares Gebiet beziehen. Daher wurde in den Prototypen auch eine Gewichtung der Aufgabenstellung vorgenommen. Im ersten Prototypen ging es vor allem um die Sammlung, Aufbereitung und Anwendung der Meta-Daten, die für die Planungsumgebung und die Planungsproblemstellung wichtig erscheinen. Die Auswahl von Komponenten bezog sich vor allem auf die Planungsverfahren. Dies ist aber dem Ansatz entsprechend vollständig umgesetzt worden.

Im zweiten Prototypen wurde der Schwerpunkt auf die Modularisierung eines Planungssystems, des sogenannten Zielsystems, gelegt, das dann mit seinen Komponenten als Basis für alle konfigurierbaren Planungssysteme dienen könnte. Hier zeigte sich, dass durch die Betonung der Reaktivität und damit den Anforderungen an die Ereignisverarbeitung sowie der Anwendung der Objektorientierung mit der Zielsprache C++, eines Systems zur Unterstützung der Oberflächengestaltung und eines Constraint Programmierungssystems zur Gestaltung der Algorithmen Rahmenbedingungen gegeben waren, die für eine hohe Komplexität des Zielsystems verantwortlich sind. Dies macht die erstellten Komponenten schwierig in der Handhabung und auch schwierig in ihrer Konfigurierbarkeit. Damit müsste bei einem solchen Ansatz eher der Frameworkgedanke weiterverfolgt werden, d.h. auf Basis des Zielsystems müssten jeweils geeignete neue Systeme weiterentwickelt werden, was natürlich die entsprechenden Detailkenntnisse bzgl. der Entwicklungsumgebung etc. erfordert.

Als weiterer problematischer Punkt ist die Gestaltung von Oberflächen für Planungssysteme zu nennen. Die Erfahrung aus unterschiedlichen Projekten und die Evaluation verschiedener am Markt erhältlicher Produkte zeigt, dass sich die Oberflächen häufig nur um Nuancen unterscheiden, was aber für die Akzeptanz beim Endanwender das wesentliche Kriterium darstellt. Das bedeutet, will man konfigurierbare Oberflächen mit möglichst großem Gestaltungsspielraum schaffen, so wird auch hier der gemeinsame Kern recht klein ausfallen und die Menge an Veränderungsmöglichkeiten sehr groß, wobei nicht alles über Parameter einstellbar ist und dann doch ein Eingriff des Programmierers nötig wird. Hier könnte dann ein GUI-Builder für die Erstellung der Oberfläche zum Einsatz kommen, allerdings ist man bei Änderungen meist auch auf diesen angewiesen, um Konsistenz mit der Werkzeugumgebung zu erhalten. Die Gestaltung einer weitgehend freien Interaktion bleibt dabei nach wie vor schwierig. Möchte man die teure Individualentwicklung vermeiden, so bleibt die Verwendung einfacher Fenster mit einer bestimmten Grundfunktionalität, oder die Anpassung des Benutzers an eine bestimmte Umgebung, was in großen Softwaresystemen wie z.B. R/3 durchaus üblich ist.

An der Gesamtidee der Konfiguration eines Planungssystems auf Basis eines Baukastens, also einer Black-Box Konfiguration oder einem Black-Box Framework lässt sich bemängeln, dass man nur solche Systeme konfigurieren kann, die durch Bausteine vorgesehen sind [Dor99]. Im Gegensatz dazu würden offene Frameworks dies erlauben, allerdings verbunden mit den nötigen Programmierkenntnissen. Insgesamt gesehen ist der hier vorgestellte Ansatz aber mindestens für eingeschränkte Anwendungsbereiche anwendbar.

Zunächst wurde auf Basis des state of the art im Bereich der Ablaufplanung in lokalen Anwendungsszenarien eine Erweiterung in Richtung auf komplexe Anwendungsszenarien z.B. aus der Produktion mit mehreren Standorten oder dem Supply Chain Manangement mit den damit verbundenen Herausforderungen erarbeitet. Dieser als verteilte Ablaufplanung über mehrere hierarchische Ebenen oder auch hierarchisches Multi-Site Scheduling bezeichnet Ansatz basiert auf der Grundidee, die Planungsproblematik auf mehrere miteinander verknüpfte hierarchische Ebenen zu verteilen, die der in der Realität vorkommenden hierarchischen Verteilung entsprechen. Jede dieser Ebenen wird mit genügend Planungswissen und Planungsinformation ausgestattet, um „gute" Planungsentscheidungen für diese Ebene zu treffen und sie an übergeordnete bzw. untergeordnete Ebenen weiterzugeben. Auf den untergeordneten Ebenen dienen diese Planungsentscheidungen als Vorgaben und werden entsprechend verfeinert. Eventuelle Störungen werden zunächst lokal zu lösen versucht. Falls dies nicht möglich ist, werden die übergeordneten Ebenen zur Konfliktlösung eingeschaltet. Damit ergeben sich miteinander verbundene zweistufige Regelkreise, die den Planungsbereich vollständig abdecken.

Der vorgestellte Ansatz umfasst alle Komponenten eines solchen Systems, von der Architektur über die Kommunikation bis hin zu den auf den einzelnen Ebenen verwendeten Algorithmen zur Lösung spezifischer Planungsprobleme. Das Gesamtsystem besteht aus einer Menge von verbundenen Planungssystemen, die jeweils ein Planungsproblem einer bestimmten Ebene lösen können und mit Systemen der anderen Ebenen kommunizieren.

Die prototypische Realisierung zeigt die Umsetzbarkeit und den sinnvollen Einsatz des vorgestellten Konzepts für ein einfaches Planungsszenario. Für eine Weiterentwicklung und evtl. auch Verwertbarkeit sind Erweiterungsmöglichkeiten in verschiedene Richtungen denkbar. Einige davon sollen im Folgenden kurz skizziert werden. Sie beziehen sich auf die Problemstellung des Multi-Site Scheduling aber auch allgemein auf die Entwicklung von Ablaufplanungssystemen.

Das Anwendbarkeitsspektrum des hier vorgestellten MUST-Konzepts müsste bzgl. verschiedener Anwendungsszenarien (z.B. für ausgewählte Supply Chains, betriebliche Strukturen mit vielen oder sehr wenigen Einheiten) validiert werden, um den Ansatz zu untermauern und die Relevanz zu bestätigen. Auch die vorgesehene Möglichkeit der Einbindung in existierende Systeme (z.B. ERP- oder PPS-Systeme) z.B. über Datenaustausch oder standardisierte Protokolle wie EDIFACT müsste dabei untersucht werden.

Die in einer Supply Chain zu findenden untergeordneten Planungsprobleme, z.B. bzgl. Lagerverwaltung oder Transportplanung, werden bisher meist isoliert betrachtet. Sie sollten bzgl. „neuer" Planungsmöglichkeiten zur besseren Integration in ein Gesamtkonzept untersucht werden, wie dies am Beispiel der Transportplanung skizziert wurde. Hierbei ist aber eine Betrachtung dieser Systeme nicht nur unter Ablaufplanungsgesichtspunkten nötig.

Um die interaktiven Planungsmöglichkeiten zu erweitern, können weitere algorithmische Lösungsverfahren für spezifische Planungsprobleme integriert und weitere Interaktionsmöglichkeiten realisiert werden, um mehr Entscheidungsfreiheit für den Benutzer zu geben.

Große Mengengerüste (z.B. bzgl. Anzahl zu verplanender Operationen oder Anzahl pro Zeiteinheit zu verarbeitender Ereignisse) stellen für alle Planungsansätze ein Problem dar, insbesondere für die interaktive Planung. Daher müssen geeignete „Filterverfahren" entwickelt werden, um die wichtigen Objekte/Ereignisse von den (aus Planungssicht) unwichtigen zu trennen und damit eine effiziente Verarbeitung zu untrstützen. Ein erster Ansatz dazu wird in der Arbeit bzgl. der Ereignisse skizziert, allerdings können hier noch Verbesserungen erfolgen.

Der in der Arbeit verwendete Konsistenzbegriff ist evtl. nicht immer zu halten, da in bestimmten Anwendungen durchaus zumindest zeitweise partiell inkonsistente oder unvollständige Pläne geduldet werden können. Die Arbeit mit partiell inkonsistenten Plänen ist bei der manuellen Planung kein Problem aber bisher bzgl. der Anwendbarkeit algorithmischer Verfahren noch nicht näher untersucht worden.

Auch bzgl. der Koordinationsproblematik sind noch nicht alle Fragen gelöst. Für den in der Arbeit entwickelten Ansatz werden einige Annahmen getroffen, die so in der Realität nicht immer gelten. Zum einen ist die geforderte Fairness nicht immer zu finden, so dass zu untersuchen wäre, ob geeignete Maßnahmen zur Gewährleistung einer Gleichbehandlung aller Einheiten gefunden werden können. Betrachtet man auf der anderen Seite die in Unternehmen häufig zu findenden informellen Abstimmungsprozesse, so zeigt sich, dass mit dem vorgestellten Ansatz nicht alle praxisrelevanten Szenarien vollständig zu modellieren sind.

Aus diesem Grund ist auch der heterarchische Ansatz nicht zu vernachlässigen, da mit ihm horizontale Abstimmungsprozesse gut modelliert werden können. Für einen erfolgreichen Einsatz müsste u.a. geklärt werden:

- Welche Einheiten müssen am Abstimmungsprozess beteiligt sein?
- Wie ist der Abstimmungsprozess aufgebaut (Verhandlungsmechanismen, Verhalten der Beteiligten etc.)?
- Was wird von den Beteiligten erwartet?
- Wie müssen die Einheiten dazu gestaltet werden, z.B. als Agenten?
- Wie werden menschliche Disponenten einbezogen?

Damit wäre auch die Erweiterung zu oder die Integration von Agentensystemen denkbar, um die Vorteile agentenbasierter Ansätze zu nutzen. Auch die Konzeption von hybriden Systemen, die eine Kombination beider Abstimmungsmechanismen enthalten, sollten dabei untersucht werden, da sie die Effizienz der Hierarchie und die Reaktionsfähigkeit der heterarchischen Abstimmung vereinen können. Dies wird daher auch aktuell in einem Schwerpunktprogramm der DFG und in eigenen Folgeprojekten, z.B. AMPA [ASFT00], untersucht.

Literatur

[AAA92] AAAI: Practical Approaches to Scheduling and Planning, *AAAI Spring Symposium, March 25-27, 1992,* Stanford. AAAI Press, Menlo Park, 1992.

[Ado92] Adorf, H.-M.: Zeitplanung mit neuronalen Netzen. *Intelligente Software-Technologien* (2-92), 46-51, 1992.

[AFST99] Appelrath, H.-J., Freese, T., Sauer, J. und Teschke, T.: Konzept eines Multi-agentensystems für die verteilte Ablaufplanung, *23. Deutsche Jahrestagung für Künstliche Intelligenz (KI-99), Workshop Agententechnologie,* Bonn. TZI-Bericht Nr. 16, Uni Bremen, 1999.

[AJ90] Adorf, H.-M. und Johnston, M. D.: *A Discrete Stochastic Neural Network for Constraint Satisfaction Problems,* In: *Proceedings of the IJCNN,* 917-923, San Diego, 1990.

[AK92] Albayrak, S. und Krallmann, H.: *Verteilte kooperierende wissensbasierte Systeme in der Fertigungssteuerung,* In: W. Görke, H. Rininsland und M. Syrbe (eds.): *Information als Produktionsfaktor.* Springer, 1992.

[Alb92] Albayrak, S.: *Kooperative Lösung der Aufgabe Auftragsdurchsetzung in der Fertigung durch ein Mehr- Agenten-System auf Basis des Blackboard-Modells.* Dissertation, TU Berlin, 1992.

[Arb95] Arbib, M. A.: *The Handbook of Brain Theory and Neural Networks.* MIT Press, 1995.

[AS98] Appelrath, H.-J. und Sauer, J.: MEDICUS: Ein medizinisches Ressourcen-planungssystem. *KI, Künstliche Intelligenz,* 3/98, 56-60, 1998.

[ASFT00] Appelrath, H.-J., Sauer, J., Freese, T. und Teschke, T.: Strukturelle Abbil-dung von Produktionsnetzwerken auf Multiagentensysteme. *Künstliche Intelligenz,* 3/00, 64-70, 2000.

[ASS97] Appelrath, H.-J., Sauer, J. und Suelmann, G.: *Globale Ablaufplanung mit Fuzzy-Konzepten,* In: J. Biethahn, A. Höhnerloh, J. Kuhl und V. Nissen (eds.): *Fuzzy Set-Theorie in betriebswirtschaftlichen Anwendungen,* 71-84. Verlag Vahlen, München, 1997.

[BA91] Bruns, R. und Appelrath, H.-J.: Ein universelles Modell für Ablaufpla-nungsprobleme. *Wirtschaftsinformatik,* 33. Jahrgang (Heft 6), 516-525, 1991.

[Bal96] Balzert, H.: *Lehrbuch der Software-Technik.* Spektrum, Heidelberg, 1996.

[Bau89] Baues, G.: *Einsatz der Constraint-Logic- Programming-Sprache CHIP bei der Lösung eines Job- Shop-Scheduling- Problems.* Diplomarbeit, TU Mün-chen, 1989.

[BDSS96] Brockmann, K., Dangelmaier, W., Schallner, H. und Schneider, U.: *Ein parallelisierbares agentenorientiertes PPS-Verfahren auf der Basis einer objektorientierten Plattform*, Technischer Bericht, tr-rsfb-96-026, Heinz Nixdorf Institut, Universität Paderborn, Paderborn, 1996.

[Bec97]   Beck, J. C.: Texture-Based Heuristics for Scheduling Revisited, *AAAI-97, National Conference on Artificial Intelligence*, 1997.

[Bec98]   Becker, M. A.: *Reconfigurable Architectures for Mixed-Initiative Planning and Scheduling*. Dissertation, Carnegie Mellon University, Pittsburgh, USA, 1998.

[BESW94] Blazewicz, J., Ecker, K.-H., Schmidt, G. und Weglarz, J.: *Scheduling in Computer and Manufacturing Systems*. Springer, 1994.

[BF98]   Beck, J. C. und Fox, M. S.: A Generic Framework for Constraint-Directed Search and Scheduling. *AI Magazine* (Winter 1998), 101-130, 1998.

[BFL97]   Bullinger, H.-J., Faehnrich, K.-P. und Laubscher, H.-P.: Planning of multi-site production - an object-oriented model. *International Journal of Production Economics*, 1997 (51), 19-35, 1997.

[BFM97]   Bäck, T., Fogel, D. und Michalewicz, Z.: *Handbook of Evolutionary Computation*. Oxford University Press, Oxford, 1997.

[BFV98]   Bürckert, H.-J., Fischer, K. und Vierke, G.: Transportation Scheduling with Holonic MAS - The TELETRUCK Approach, *Third International Conference on Practical Applications of Intelligent Agents and Multiagents (PAAM 98)*, London, 1998.

[BHK+98] Biethahn, J., Höhnerloh, A., Kuhl, J., Leisewitz, M.-C., Nissen, V. und Tietze, M.: *Betriebswirtschaftliche Anwendungen des Softcomputing*. Vieweg, Wiesbaden, 1998.

[BHKN97] Biethahn, J., Höhnerloh, A., Kuhl, J. und Nissen, V.: *Fuzzy Set-Theorie in betriebswirtschaftlichen Anwendungen*. Verlag Vahlen, München, 1997.

[BL93]   Bisdorff, R. und Laurent, S.: Industrial Disposing Problem Solved in CHIP. In: *ICLP 93, Centre de Recherche Public, Centre Universitaire, Luxembourg, 1993*, 1993.

[BL95a]   Baptiste, P. und Le Pape, C.: Disjunctive Constraints for manufacturing scheduling: principles and extensions, *3rd International Conference on CIM*, Singapore, 1995.

[BL95b]   Baptiste, P. und Le Pape, C.: A theoretical and experimental comparison of constraint propagation techniques for disjunctive scheduling, *International Joint Conference on Artificial Intelligence*, 1995.

[BLN95]   Baptiste, P., Le Pape, C. und Nuijten, W.: Incorporating Efficient Operations Research Algorithms in Constraint-Based Scheduling, *First Interna-

tional Joint Workshop on Artificial Intelligence and Operations Research, Timberline Lodge, Oregon, 1995.

[BP94] Burke, P. und Prosser, P.: *The Distributed Asynchronous Scheduler,* In: M. Zweben und M. S. Fox (eds.): *Intelligent Scheduling.* Morgan Kaufman, 1994.

[Bra95] Brause, R.: *Neuronale Netze.* Teubner, Stuttgart, 1995.

[Bru00] Brucker, P.: *Complexity Results for Scheduling Problems.* http://www.mathematik.uni-osnabrueck.de/research/OR/class/, 2000.

[Bru81] Brucker, P.: *Scheduling.* Akademische Verlagsgesellschaft, Wiesbaden, 1981.

[Bru93] Bruns, R.: Direct Chromosome Representation and Advanced Genetic Operators for Production Scheduling. In: *Proceedings of the Fifth International Conference on Genetic Algorithms,* 1993.

[Bru96] Bruns, R.: *Wissensbasierte Genetische Algorithmen,* DISKI 134. infix-Verlag, Sankt Augustin, 1996.

[Bru97] Bruns, R.: *Scheduling,* In: T. Bäck, D. Fogel und Z. Michalewicz (eds.): *Handbook of Evolutionary Computation.* Oxford University Press, Oxford, 1997.

[BS95] Brown, D. E. und Scherer, W. T.: *Intelligent Scheduling Systems.* Kluwer Academic Publishers, Boston, 1995.

[BT93] Bel, G. und Thierry, C.: A Constraint-Based System for Multi-Site Coordination and Scheduling, *IJCAI-93 Workshop on Knowledge-Based Production Planning, Scheduling and Control,* Chambery. IJCAI 93, 1993.

[CG01a] Corsten, H. und Gössinger, R.: Auftragsdekomposition und -allokation in Unternehmungsnetzwerken. *PPS Management,* 6 (1), 35-41, 2001.

[CG01b] Corsten, H. und Gössinger, R.: Advanced Planning Systems - Anspruch und Wirklichkeit -. *PPS Management,* 6 (2), 32-39, 2001.

[Cha92] Chaib-Draa, B.: Trends in Distributed Artificial Intelligence. *Artificial Intelligence Review,* 6, 35-66, 1992.

[Cla94] Claus, A.: *Ein universelles Datenschema für Ablaufplanungssysteme,* Bericht IS-WP-94-1, Universität Oldenburg, Fachbereich Informatik, 1994.

[CM95] Corsten, H. und May, C.: Unterstützungspotential Künstlicher Neuronaler Netze für die Produktionsplanung und -steuerung. *Information Management & Consulting,* 10, 44-55, 1995.

[Cor91] Corkill, D.: Blackboard-Systems. *AI Expert,* 9/91, 41-47, 1991.

[CSKA94] Christodoulo, N., Stefanitsis, E., Kaltsas, E. und Assimakopoulos, V.: A Constraint Logic Programming Approach to the Vehicle Fleet Scheduling

Problem, *Second International Conference on the Practical Application of Prolog,* London, 1994.

[DF93]   Dorn, J. und Froeschl, K. A.: *Scheduling of Production Processes.* Ellis Horwood, 1993.

[DGV98]   Dorn, J., Girsch, M. und Vidakis, N.: *Déja Vu - A Reusable Framework for the Construction of Intelligent Interactive Schedulers,* In: M. Okino (ed.): *Advances in Production Management Systems - Perspectives and Future Challenges -,* 467-478. Chapman & Hall, Kyoto, 1998.

[Din88a] Dincbas, M.: The Constraint Logic Programming Language CHIP, *International Conference on Fifth Generation Computer Systems,* 1988.

[Din88b] Dincbas, M.: Applications of CHIP to Industrial and Engineering Problems, *IEA/AIE,* Tullahoma, 1988.

[DKT94]   Dorn, J., Kerr, R. und Thalhammer, G.: *Reactive Scheduling in a Fuzzy-Temporal Framework,* In: E. Szelke und R. M. Kerr (eds.): *Knowledge-Based Reactive Scheduling,* 39-55. North-Holland, Amsterdam, 1994.

[Dor95]   Dorn, J.: Iterative Improvement Methods for Knowledge-Based Scheduling. *AICOM,* 8 (1), 20-34, 1995.

[Dor99]   Dorn, J.: *Towards Reusable Intelligent Scheduling Software,* In: F. Puppe (ed.): *5th German Conference on Knowledge-Based Systems (XPS-99). Lecture Notes in Artificial Intelligence,* Band 1570, 101-112. Springer, Würzburg, Germany, 1999.

[DSH89]   Dincbas, M., Simonis, H. und Van Hentenryck, P.: Solving large combinatorial Problems in Logic Programming. *Journal of Logic Programming,* 1989.

[EFA88]   Elleby, P., Fargher, H. E. und Addis, T. R.: *Reactive Constraint Based Job-Shop-Scheduling,* In: M. D. Oliff (ed.): *Expert Systems and Intelligent Manufacturing.* Elsevier, 1988.

[Fai93]   Faißt, J.: *Hierarchische Planung unter Einsatz Neuronaler Netze.* Physica-Verlag, 1993.

[FK93]   Fischer, K. und Kuhn, N.: *A DAI Approach to Modeling the Transportation Domain,* Research Report, RR-93-25, DFKI, Saarbrücken, 1993.

[FMP96]   Fischer, K., Müller, J. P. und Pischel, M.: Cooperative Transportation Scheduling: An Application Domain for DAI. *Journal of Applied Artificial Intelligence,* 10 (1), 1996.

[Fox84]   Fox, M. S.: ISIS, a Knowledge Based System for Factory Scheduling. In: *Expert Systems,* Volume 1 (1), 1984.

[Fox87]   Fox, M. S.: *Constraint Directed Search: A Case Study of Job-Shop Scheduling.* Pitman Publishers, London, 1987.

[Fox88]   Fox, M. S.: AAAI-SIGMAN Workshop on Production Planning and Sched-
             uling, St. Paul, Minnesota, 1988.

[GGMT90] Goorhuis, H., Guermann, N., Montigel, M. und Thalmann, L.: *Neuronale
             Netze und regelbasierte Systeme: Ein hybrider Ansatz*, ETH Zürich, Depar-
             tement Informatik, Zürich, 1990.

[GLC98]   Gascon, A., Lefrancois, P. und Cloutier, L.: Computer-Assisted Multi-Item,
             Multi-Machine and Multi-Site Scheduling in a Hardwood Flooring Factory.
             Computers in Industry, 36 (1), 231-244, 1998.

[Glo89]   Glover, F.: Tabu Search - Part I. *ORSA Journal of Computing*, 1 (3), 1989.

[Glo90]   Glover, F.: Tabu Search - Part II. *ORSA Journal of Computing*, 2 (1), 1990.

[Gro99]   Gronau, N.: *Management von Produktion und Logistik mit SAP R/3*. Olden-
             bourg, München, 3. Auflage, 1999.

[GT95]   Garetti, M. und Taisch, M.: *Using Neural Networks for Reactive Schedu-
             ling*, In: R. M. Kerr und E. Szelke (ed.):*Artificial Intelligence in Reactive
             Scheduling*, 146-155. Chapman&Hall, 1995.

[Gür89]   Gürman, N.: *Industrial Production Planning System*. Diplomarbeit, ETH,
             Zürich, 1989.

[HA92]   Henseler, H. und Appelrath, H.-J.: *Ereignissensitive Umdisposition von Ab-
             laufplänen*, In: W. Görke (ed.): *Information als Produktionsfaktor, 22. GI-
             Jahrestagung, Karlsruhe. Reihe Informatk aktuell*. Springer, 1992.

[Hau89]   Haupt, R.: A Survey of Priority Rule-Based Scheduling. *OR Spektrum*, 11,
             1989.

[Hay85]   Hayes-Roth, B.: A Blackboard Architecture for Control. *Artificial Intelli-
             gence*, 26 (3), 1985.

[Hen92]   Henseler, H.: *Ereignisbasiertes Umdisponieren in Produktionsplanungssys-
             temen*. Diplomarbeit, Universität Oldenburg, 1992.

[Hen95]   Henseler, H.: *REAKTION: A System for Event Independent Reactive Sche-
             duling*, In: R. M. Kerr und E. Szelke (eds.): *Artificial Intelligence in Reac-
             tive Scheduling*. Chapman & Hall, 1995.

[Hen98a]   Henseler, H.: *Aktive Ablaufplanung mit Multi-Agenten*, DISKI 180. infix-
             Verlag, Sankt Augustin, 1998.

[Hen98b]   Henseler, H.: *Aktive Ablaufplanung mit Multi-Agenten*. Dissertation, Carl
             von Ossietzky Universität Oldenburg, Oldenburg, 1998.

[Hes99]   Hestermann, C.: WIZARD: A System for predictive, reactive and interactive
             multi-resource scheduling. *Proceedings Workshop Planen und Konfigurie-
             ren PuK99*, 155-160, 1999.

[HJPD99] Hestermann, C., Jentz, F., Puppe, F. und Dilger, W.: *INKAD: Intelligentes, kooperatives Assistenzsystem zur Dispositionsunterstützung in Produktionsplanungs- und -steuerungssystemen*, In:*Statustagung 99 des Förderbereichs Intelligente Systeme des BMBF*, 1999.

[Hom98] Homberger, J.: *Zwei Evolutionsstrategien für das Standardproblem der Tourenplanung mit Zeitfensterrestriktionen*, In: J. Biethahn und andere (eds.): *Betriebswirtschaftliche Anwendungen des Soft Computing*. Vieweg, Braunschweig, 1998.

[HT85] Hopfield, J. J. und Tank, D. W.: Neural Computation of Decisions in Optimization Problems. *Biological Cybernetics*, 52, 141-152, 1985.

[Ilo97] ILOG: *ILOG Scheduler 4.0*, ILOG S.A., 1997.

[Ilo98] ILOG: *ILOG Views*, ILOG S.A., 1998.

[Int97] Interrante, L. D.: *Artificial Intelligence and Manufacturing: A Research Planning Report*, AAAI/SIGMAN, Albuquerque, August 1997, 1997.

[Jau96] Jaudszims, I.: *Eine Blackboard-Architektur zur Kommunikation zwischen globalen und lokalen Planungskomponenten*. Studienarbeit, Fachbereich Informatik, Universität Oldenburg, 1996.

[JSW98] Jennings, N. R., Sycara, K. und Woolridge, M.: A Roadmap of Agent Research and Development. *Autonomous Agents and Multi-Agent Systems*, 1, 7-38, 1998.

[Kem89] Kempf, K. G.: Manufacturing Planning and Scheduling: Where we are and where we need to be, *5th Conference on Artificial Intelligence Applications, CAIA*, Miami, Fl., 1989.

[Kir01] Kirn, S.: Agententechnologie - Kooperierende Softwareagenten im betrieblichen Einsatz: Schwerpunktheft. *Wirtschaftsinformatik*, 43 (2), 120-196, 2001.

[Kir02] Kirn, S.: *Schwerpunktprogramm "Intelligente Softwareagenten und betriebswirtschaftliche Anwendungsszenarien"*. http://www.wirtschaft.tu-ilmenau.de/wi/wi2/SPP-Agenten/, 2002.

[Kje98] Kjenstad, D.: *Coordinated Supply Chain Scheduling*. Dissertation, Nowegian University of Science and Technology - NTNU, Trondheim, Norway, 1998.

[KLSF91] Kempf, K. G., Le Pape, C., Smith, S. F. und Fox, B. R.: Issues in the Design of AI-Based Schedulers: A Workshop Report. *AI Magazine, Special Issue*, 1991.

[Kot92] Kotschenreuther, W.: DUMDEX - Ein dezentrales System zur Umdisposition bei Störungen in der Produktion. *Wirtschaftsinformatik*, 34 (1), 1992.

[Kru96]   Kruse, R.: Fuzzy-Systeme - Positive Aspekte der Unvollkommenheit. *Informatik Spektrum*, 19 (1), 4-11, 1996.

[KS94]   Kerr, R. M. und Slany, W.: *Research Issues and Challenges in Fuzzy Scheduling*, Technical Report 94/68, Technische Universität Wien, Christian Doppler-Laboratory for Expert Systems, Wien, 1994.

[KS95]   Kerr, R. M. und Szelke, E.: *Artificial Intelligence in Reactive Scheduling*. Chapman & Hall, 1995.

[Kum92]   Kumar, V.: Algorithms for Constraint-Satisfaction Problems: A Survey. *AI magazine*, 13 (1, Spring 1992), 1992.

[Kur99]   Kurbel, K.: *Produktionsplanung und -steuerung: methodische Grundlagen von PPS-Systemen und Erweiterungen*, Handbuch der Informatik. Oldenbourg, München, Wien, 4. Auflage, 1999.

[KY89]   Keng, N. und Yun, D. Y. Y.: A Planning/Scheduling Methodology for the Constrained Resource Problem. In: *Proceedings of IJCAI 89*, 1989.

[KYR88]   Keng, N. P., Yun, D. Y. und Rossi, M.: *Interaction Sensitive Planning System for Jop-Shop Scheduling*, In: M. D. Oliff (ed.): *Expert Systems and Intelligent Manufacturing*. Elsevier, 1988.

[Lem00]   Lemmermann, D.: *DJT Developer Manual*. http://www.dlsc.com/documentation/manual/Manual.html, 2000.

[Lem95]   Lemmermann, D.: *Globaler Leitstand*, Diploma Thesis, Universität Oldenburg, Fachbereich Informatik, 1995.

[LeP94]   Le Pape, C.: *Constraint-Based Programming for Scheduling: An Historical Perspective*, Working Paper, Operations Research Society Seminar on Constraint Handling Techniques, London, UK, 1994.

[Liu89]   Liu, B.: *Knowledge Based Production Scheduling: Resource Allocation and Constraint Satisfaction*, DAI Research Paper, 436, University of Edingburgh, 1989.

[Liu91]   Liu, B.: Resource Allocation and Constraint Satisfaction in Production Scheduling. *The World Congress on Expert Systems*, 1991.

[LL87]   Liebowitz, J. und Lightfoot, P.: Expert Scheduling Systems: Survey and Preliminary Design Concepts. *Applied Artificial Intelligence*, 1987 (1), 1987.

[LMY92]   Liang, T.-P., Moskowitz, H. und Yih, Y.: Integrating Neural Networks and Semi-Markov Processes for Automated Knowlegde Acquisition: An Application to Real-time Scheduling. *Decision Sciences Journal*, 23, 1297-1314, 1992.

[LPMD00] Le Pape, C., Puget, J.-F., Moreau, C. und Darneau, P.: Predictive Personnel Management. *IEEE Intelligent Systems* (January/February 2000), 73-76, 2000.

[Lug98] Luger, G. F.: *Proceedings Artificial Intelligence and Manufacturing Workshop: State of the Art and State of Practice.* AAAI Press, Menlo Park, 1998.

[Mär96] Märtens, H.: *Ablaufplanung mit Hilfe neuronaler Netze.* Diplomarbeit, Universität Oldenburg, Oldenburg, 1996.

[MH95]   McDermott, D. und Hendler, J.: Planning: What it is, What it could be, An Introduction to the Special Issue on Planning and Scheduling,. *Artificial Intelligence*, 76 (1-2), 1995.

[Mid92] Middelbeck, J.: *Kopplung von Betriebsdatenerfassung und Planungssystemen zur Verbesserung der Produktionssteuerung.* Diplomarbeit, Universität Oldenburg, FB Informatik, 1992.

[MMSW93] Mayer, A., Mechler, B., Schlindwein, A. und Wolke, R.: *Fuzzy-Logic - Einführung und Leitfaden.* Addison Wesley, Bonn, 1993.

[MS98]   Märtens, H. und Sauer, J.: *Ein Ablaufplanungssystem auf Basis neuronaler Netze,* In: J. Biethahn, A. Höhnerloh, J. Kuhl, M.-C. Leisewitz, V. Nissen und M. Tietze (eds.): *Betriebswirtschaftliche Anwendungen des Softcomputing.* Vieweg, Wiesbaden, 1998.

[Mus00] MUSSELS: *ESPRIT Project 25226 MUSSELS.* http://www.orthogon.de/mis/projects/mussels/index.htm, 2000.

[New62] Newell, A.: *Some problems in basic organization in problemsolving problems,* In: M. C. Yovits, G. T. Jacobi und G. D. Goldstein (eds.): *Conference on Self-Organizing Systems*, 393-423. Spartan Books, 1962.

[Nii86] Nii, H. P.: Blackboard Systems: The Blackboard Model of Problem Solving and the Evolution of Blackboard Architectures (Part One). In: *AI Magazine*, Volume 7 (2), 38-53, 1986.

[Nis97] Nissen, V.: *Einführung in Evolutionäre Algorithmen: Optimierung nach dem Vorbild der Evolution.* Vieweg, Braunschweig, 1997.

[NK98]   Nauck, D. und Kruse, R.: *Fuzzy-Systeme und Neuro-Fuzzy-Systeme,* In: J. Biethahn, A. Höhnerloh, J. Kuhl, M.-C. Leisewitz, V. Nissen und M. Tietze (eds.): *Betriebswirtschaftliche Anwendungen des Softcomputing*, 35-54. Vieweg, Wiesbaden, 1998.

[NM93]   Neumann, K. und Morlock, M.: *Operations Research.* Hanser, München, 1993.

[NS89]   Nussbaum, M. und Slahor, L.: *Production Planning and Scheduling: A Bottom-up Approach,* In: G. Rzevski (ed.): *Artificial Intelligence in Manufacturing.* Computational Mechanics Publ., 1989.

[OR00]   OR: *OR-Library*. http://graph.ms.ic.ac.uk/info.html, 2000.

[Par88]   Parunak, H. V. D.: *Distributed Artificial Intelligence Systems*, In: A. Kusiak (ed.): *Artificial Intelligence: Implications for CIM*. IFS/Springer, 1998.

[Par91]   Parunak, H. V. D.: Characterizing the Manufacturing Scheduling Problem. *Journal of Manufacturing Systems*, 10 (3), 1991.

[Par96]   Parunak, H. v. D.: *Applications of Distributed Artificial Intelligence in Industry*, In: G.M.P.O'Hare und N. R. Jennings (eds.): *Foundations of distributed artificial intelligence*, 139-164. John Wiley & Sons, 1996.

[Par98]   Parunak, H. V. D.: *Practical and Industrial Applications of Agent-Based Systems*, Industrial Technology Institute, 1998.

[Par99]   Parunak, H. v. D.: *Industrial and Practical Applications of DAI*, In: G. Weiss (ed.): *Multiagent Systems: a modern approach to distributed artificial intelligence*, 377-421. MIT Press, 1999.

[PI77]   Panwalkar, S. S. und Iskander, W.: A Survey of Scheduling Rules. *Operations Research*, 25 (1), 1977.

[Pin95]   Pinedo, M.: *Scheduling*. Prentice-Hall, 1995.

[Pop94]   Popp, H.: Anwendungen der Fuzzy-set-Theorie in Industrie- und Handelsbetrieben. *Wirtschaftsinformatik*, 36 (3), 268-285, 1994.

[Pru00]   Prusch, T.: *Eine Benutzungsoberfläche für integrierte interaktive Ablaufplanungssyteme im PPS-Bereich*. Diplomarbeit, Universität Oldenburg, 2000.

[RA97]   Reinhard, G. und Ansorge, D.: Beherrschung flexibler Abläufe durch dezentrale Leittechnik. *ZWF*, 92 (10), 514-517, 1997.

[RAK90]   Rabelo, L. C., Alptekin, S. und Kiran, A. S.: *Synergy of Artificial Neural Networks and Knowledge-Based Expert Systems for Intelligent FMS Scheduling*, In: *Proceedings of the IJCNN*, 359-366, San Diego, 1990.

[RAM+99]   Rachlin, J., Akkiraju, R., Murthy, S., Wu, F., Kumaran, S., Goodwin, R. und Das, R.: *A-Teams: An Agent Architecture for Optimization and Decision Support*, In: *ATAL-8, and Intelligent Agents V*. Springer-Verlag, 1999.

[Rei98]   Reich, G.: *Boote in der Sintflut: Heuristiken, dargestellt an einer Aufgabe des Bundeswettbewerbs Informatik*, In: V. Claus (ed.): *Informatik und Ausbildung*, 112-122. Springer, 1998.

[RS92]   Ruppel, A. und Siedentopf, J.: *Konnektionistisch motivierte Reihenfolgeplanung in Fertigungsleitständen*, In: W. Görke, H. Rininsland und M. Syrbe (eds.): *Information als Produktionsfaktor*, 554-563. Springer, 1992.

[SABH97]   Sauer, J., Appelrath, H.-J., Bruns, R. und Henseler, H.: Designunterstützung für Ablaufplanungssysteme. *KI-Künstliche Intelligenz*, 2/97, 37-42, 1997.

[Sad91]   Sadeh, N.: *Look-Ahead Techniques for Micro-Opportunistic Job Shop Scheduling*. Carnegie Mellon University, Pittsburgh, 1991.

[Sad93]   Sadeh, N.: Knowledge-Based Production Planning, Scheduling and Control, *IJCAI-93 Workshop W20,* Chambery, 1993.

[Sad94]   Sadeh, N.: *Micro-Opportunistic Scheduling: The Micro-Boss Factory Scheduler,* In: M. Zweben und M. S. Fox (eds.): *Intelligent Scheduling,* 99-135. Morgan Kaufmann, San Francisco, 1994.

[Sad95]   Sadeh, N.: Intelligent Manufacturing Systems, *IJCAI-95 Workshop on Intelligent Manufacturing Systems,* Montreal. AAAI Press, 1995.

[Sap99]   SAP: *SAP R/3, Dokumantation zu Version 4.0b,* SAP AG, Walldorf, 1999.

[SAS97]   Sauer, J., Appelrath, H.-J. und Suelmann, G.: Multi-site Scheduling with Fuzzy-Concepts. *International Journal of Approximate Reasoning in Scheduling,* 19, 145-160, 1997.

[Sau00]   Sauer, J.: *Knowledge-Based Systems in Scheduling,* In: T. L. Leondes (ed.): *Knowledge-Based Systems Techniques and Applications,* 1293-1325. Academic Press, San Diego, 2000.

[Sau01b]   Sauer, J.: Koordinierte Ablaufplanung auf mehreren Ebenen. *Künstliche Intelligenz,* 2001 (2: special issue on planning and scheduling), 18-24, 2001.

[Sau91]   Sauer, J.: *Knowledge Based Scheduling in PROTOS,* In: R. Vichnevetski (ed.): *Proc. of IMACS World Congress on Computation and Applied Mathematics,* 1749-1750, Dublin, 1991.

[Sau93]   Sauer, J.: *Meta-Scheduling using Dynamic Scheduling Knowledge,* In: J. Dorn und K. Froeschl (eds.): *Scheduling of Production Processes.* Ellis Horwood, 1993.

[Sau93a]   Sauer, J.: *Wissensbasiertes Lösen von Ablaufplanungsproblemen durch explizite Heuristiken,* DISKI, Band 37. Infix Verlag, 1993.

[Sau95]   Sauer, J.: *Scheduling and Meta-Scheduling,* In: C. Beierle und L. Plümer (eds.): *Logic Programming: Formal Methods and Practical Applications. Studies in Computer Science and Artificial Intelligence,* 323-342. Elsevier Science, 1995.

[Sau97]   Sauer, J.: Ablaufplanung. *KI Künstliche Intelligenz,* 2/97, 13, 1997.

[Sau98a]   Sauer, J.: *Zwischenbericht der Projektgruppe DROPS Designunterstützung für Ablaufplanungssysteme,* Bericht IS 33, Fachbereich Informatik, Universität Oldenburg, Oldenburg, 1998.

[Sau98b]   Sauer, J.: *Endbericht der Projektgruppe DROPS Designunterstützung für Ablaufplanungssysteme,* Bericht IS 35, Fachbereich Informatik, Universität Oldenburg, Oldenburg, 1998.

[Sau99]   Sauer, J.: *Knowledge-Based Scheduling Techniques in Industry*, In: L. C. Jain, R. P. Johnson, Y. Takefuji und L. A. Zadeh (eds.): *Knowledge-Based Intelligent Techniques in Industry*, 53 - 84. CRC Press, 1999.

[Sch87]   Scheer, A. W.: *CIM, Der computergesteuerte Industriebetrieb*. Springer, Berlin, 1987.

[Sch93]   Schierenbeck, H.: *Grundzüge der Betriebswirtschaftslehre*. Oldenbourg Verlag GmbH, München, 11. Auflage, 1993.

[Sch95]   Scheer, A.-W.: *Wirtschaftsinformatik*. Springer, Berlin, 6. Auflage, 1995.

[Sch97a]   Schöning, U.: *Algorithmen - kurz gefasst*. Spektrum Akademischer Verlag, Heidelberg, 1997.

[Sch98]   Schönsleben, P.: *Integrales Logistikmanagement: Planung und Steuerung von umfassenden Geschäftsprozessen*. Springer, Berlin, Heidelberg, 1998.

[Sch99]   Schwab, J.: Koordinationsprobleme der Ablaufplanung. *PPS Management*, 4 (3), 40-46, 1999.

[SD97]   Schmidt, T. und Dudenhausen, H. M.: Grobplanung in Produktionsnetzen mit genetischen Algorithmen und neuronalen Netzen. *ZWF*, 92 (10), 526-529, 1997.

[SF96]   Sadeh, N. und Fox, M. S.: Variable and value ordering heuristics for the job shop scheduling constraint satisfaction problem. *Artificial Intelligence*, 86, 1-41, 1996.

[SFT00]   Sauer, J., Freese, T. und Teschke, T.: *Towards Agent-Based Multi-Site Scheduling*, In: J. Sauer und J. Köhler (eds.): *Proceedings of the ECAI 2000 Workshop on New Results in Planning, Scheduling, and Design*, 123-130, Berlin, 2000.

[SHL+98]   Sadeh, N., Hildum, D. W., Laliberty, T. J., McAnulty, J., Kjenstad, D. und Tseng, A.: A Blackboard Architecture for Integrating Process Planning and Production Scheduling. *Concurrent Engineering: Research and Applications*, 6 (2), 1998.

[Sim95]   Simonis, H.: *The CHIP System and its Applications*, In: *Proceedings Principles and Practice of Constraint Programming. Lecture Notes in Computer Science 976*, 643-646. Springer, Berlin, 1995.

[SK94]   Szelke, E. und Kerr, R. M.: Knowledge-based reactive scheduling. *Production planning and control*, 5 (2), 124-145, 1994.

[SKT00]   Steven, M., Krüger, R. und Tengler, S.: Informationssysteme für das Supply Chain Management. *PPS Management*, 5 (2), 15-13, 2000.

[SL94]   Smith, S.-F. und Lassila, O.: Toward the Development of Flexible Mixed-Initiative Scheduling Tools, *ARPA ROME Laboratory Planning Initiative Workshop*, Tuscon, AZ, USA, 1994.

[Sla94]   Slany, W.: *Fuzzy Scheduling*. Technische Universität Wien, Wien, 1994.

[Sla98]   Slany, W.: Approximate reasoning in scheduling. *International Journal of Approximate Reasoning*, 19 (Special Issue), 1-3, 1998.

[SLB96]   Smith, S. F., Lassila, O. und Becker, M.: *Configurable, Mixed-Initiative Systems for Planning and Scheduling*, In: A. Tate (ed.): *Advanced Planning Technology*. AAAI Press, 1996.

[SM00]   Schultz, J. und Mertens, P.: Untersuchung wissensbasierter und weiterer ausgewählter Ansätze zur Unterstützung der Produktionsfeinplanung - ein Methodenvergleich. *Wirtschaftsinformatik*, 42 (1), 56-65, 2000.

[Smi80]   Smith, R. G.: The Contract Net Protocol: High-Level Communication and Control in a Distributed Problem Solver. *IEEE Transactions on Computers*, C-29 (12), 1980.

[Smi92]   Smith, S. F.: Knowledge-based production management: approaches, results and prospects. *Production Planning & Control*, 3 (4), 1992.

[Smi94]   Smith, S. F.: *OPIS: A methodology and Architecture for Reactive Scheduling*, In: M. Zweben und M. S. Fox (eds.): *Intelligent Scheduling*, 29-66. Morgan Kaufman, San Francisco, 1994.

[SN99]   Shen, W. und Norrie, D. H.: Agent-Based Systems for Intelligent manufacturing: A State-of-the-Art Survey. *Knowledge and Information Systems*, 1 (2), 129-156, 1999.

[Som01]   Sommerville, I.: *Software Engineering*. Addison-Wesley, 6. Auflage, 2001.

[SOMP90] Smith, S. F., Ow, P. S., Matthy, D. C. und Potvin, J.-Y.: OPIS: An Opportunistic Factory Scheduling System, *Third International Conference on Industrial and Engineering Apllications of Artificial Intelligence, IAE/AIE*, Charleston, 1990.

[SRSF91] Sycara, K. P., Roth, S. F., Sadeh, N. und Fox, M. S.: Resource Allocation in Distributed Factory Scheduling. *IEEE Expert*, 6 (1), 29-40, 1991.

[SS90]   Safavi, A. und Smith, S. F.: *A Heuristic Search Approach to Planning and Scheduling Software Manufacturing Projects*, In: M. C. Golumbic (ed.): *Advances in AI, NL and KBS*. Springer, 1990.

[SSE99]   Stadtler, H., Stockrahm, V. und Engelke, H.: Einsatz von Fertigungsleitständen in der Industrie. *PPS Management*, 4 (4), 33-38, 1999.

[SSW99]   Stühler, L., Schmidt, M. und Wiendahl, H.-H.: Produzieren im turbulenten Umfeld der Halbleiterindustrie. *PPS Management*, 4 (2), 12-16, 1999.

[Sta00]   Stadtler, H.: *Supply Chain Management - An Overview*, In: H. Stadtler und C. Kilger (eds.): *Supply Chain Management and Advanced Planning*, 7-28. Springer, 2000.

[Ste96]   Stegmann, V.: *Iterative Verbesserung von Ablaufplänen*. Diplomarbeit, U-
           niversität Oldenburg, Oldenburg, 1996.

[Ste96]   Stein, M.: *Relaxierung von Constraints in der Ablaufplanung*. Diplomarbeit,
           Universität Oldenburg, Oldenburg, 1996.

[Sue96]   Suelmann, G.: *Fuzzy-basierte Ablaufplanung*. Diplomarbeit, Universität
           Oldenburg, Oldenburg, 1996.

[Sun91]   Sundermeyer, K.: *Knowledge-Based Systems*. BI, Wissenschaftsverlag,
           1991.

[SWM95]   Schultz, J., Weigelt, M. und Mertens, P.: Verfahren für die rechnergestützte
           Produktionsfeinplanung - ein Überblick. *Wirtschaftsinformatik*, 37 (6), 594-
           608, 1995.

[Syc90]   Sycara, K. P.: *Workshop on Innovative Approaches to Planning, Scheduling
           and Control*. Morgan Kaufmann, 1990.

[Tat85]   Tate, A.: *A Review of Knowledge Based Planning Techniques*, In: M.
           Merry (ed.): *Expert Systems 85*. Cambridge Press, 1985.

[Tat96]   Tate, A.: *Advanced Planning Technology*. AAAI Press, Menlo Park, 1996.

[TH86]   Tank, D. W. und Hopfield, J. J.: Simple Neural Optimization Networks: An
           A/D Converter, Signal Decision Circuit, and a Linear Programming Circuit.
           IEEE Transactions on Circuits and Systems, 33, 533-541, 1986.

[TPS96]   Thangiah, S. R., Potvin, J. Y. und Sun, T.: Heuristic Approaches to Vehicle
           Routing with Backhauls and Time Windows. *International Journal of Com-
           puters and Operations Research*, 1043 - 1057, 1996.

[Van89]   Van Hentenryck, P.: *Constraint Satisfaction in Logic Programming*. MIT
           Press, 1989.

[Wal96]   Wallace, M.: Practical Applications of Constraint Programming.
           Constraints, 1, 139-168, 1996.

[Wau92]   Wauschkuhn, O.: *Untersuchung zur verteilten Produktionsplanung mit Me-
           thoden der logischen Programmierung*, IWBS Report 215, Wissenschaftli-
           ches Zentrum, IWBS, IBM, 1992.

[Wei99]   Weiss, G.: *Multiagent Systems*. MIT Press, Cambridge, 1999.

[WJ95]   Wooldridge, M. und Jennings, N. R.: Intelligent Agents: Theory and Prac-
           tice. *Knowledge Engineering Review*, 10 (2), 1995.

[WM91]   Weigelt, M. und Mertens, P.: *Produktionsplanung und -steuerung mit Ver-
           teilten Wissensbasierten Systemen*, In: W. Brauer und D. Hernandez (eds.):
           *Verteilte Künstliche Intelligenz und kooperatives Arbeiten, 4. Int. GI-
           Kongreß Wissensbasierte Systeme*. Springer, 1991.

[Woo99]   Wooldridge, M.: *Intelligent Agents*, In: G. Weiss (eds.): *Multiagent Systems: A Modern Approach to Distributed Artificial Intelligence*, 27-77. The MIT Press, 1999.

[Zäp01]   Zäpfel, G.: Bausteine und Architekturen von Supply Chain Management-Systemen. *PPS Management*, 6 (1), 9-18, 2001.

[ZCBO91]   Zhou, D. N., Cherkassky, V., Baldwin, T. R. und Olson, D. E.: A Neural Network Approach to Job-Shop Scheduling. *IEEE Transactions on Neural Networks*, 2 (1), 175-179, 1991.

[Zel98]   Zell, A.: *Einführung in künstliche neuronale Netze*, In: J. Biethahn, A. Höhnerloh, J. Kuhl, M.-C. Leisewitz, V. Nissen und M. Tietze (eds.): *Betriebswirtschaftliche Anwendungen des Softcomputing*, 3-34. Vieweg, Wiesbaden, 1998.

[ZF94]   Zweben, M. und Fox, M. S.: *Intelligent Scheduling*. Morgan Kaufman, 1994.

[Zie92]   Zielonka, B.: Einsatz Neuronaler Netze zur kurz- und mittelfristigen Lastprognose. *Intelligente Software-Technologien* (2/92), 52-53, 1992.

Glossar

Das Glossar gibt eine Übersicht über die wichtigen Begriffe aus den Bereichen der Produktionsplanung und –steuerung und der Ablaufplanung. In den Beschreibungen *kursiv* verwendete Begriffe werden an anderer Stelle im Glossar erläutert.

Ablaufplan

Konsistenter *Plan*, der durch eine Menge von *Belegungen* von Ressourcen dargestellt wird; Lösung eines *Ablaufplanungsproblems*.

Ablaufplanung (Scheduling)

Zeitliche Zuordnung von *Ressourcen* zu Aktivitäten, wobei bestimmte *Constraints* eingehalten und *Planungsziele* erreicht werden sollen (wird auch als prädiktive Ablaufplanung bezeichnet). Müssen zusätzlich *Ereignisse* berücksichtigt werden, so spricht man von reaktiver Ablaufplanung. Dabei wird ein Ablaufplanungsproblem gelöst.

Ablaufplanungsproblem

Ein durch das Schema (R, A, P, HC, SC, ZF, E) gegebenes Problem, für das ein konsistenter bzw. optimaler *Plan* gesucht wird.

Ablaufplanungssystem siehe *Planungssystem*.

Ablaufplanungsverfahren siehe *Planungsverfahren*.

Aktion

Allgemein: jede Tätigkeit, die zur Änderung eines Zustandes eines betrachteten Weltausschnittes führt.

Aktionsplanung: Anwendung eines erlaubten *Operators* in einem bestimmten *Zustand*.

Aktionsplanung

Klassischer Bereich der Planung in der KI. Er behandelt die Erstellung von Folgen von erlaubten *Operatoren*, die einen gegebenen Startzustand in einen gewünschten Zielzustand verwandeln, z. B. für einen Roboter in der Blocks-World. Allerdings keine Berücksichtigung von Zeit.

Apparat

Bei der Produktion verwendete *Ressource*; zusammenfassender Begriff aus der chemischen Industrie für Kessel, Filter oder Presse.

Arbeitsgang siehe *Operation*.

Arbeitsplan

Zusammenfassung der *Produktionsvorschriften* für ein bzw. alle *Produkte*.

Arbeitsplanung

Erstellung von *Arbeitsplänen* für die Herstellung von *Produkten*.

Auftrag

Vorgabe zur Herstellung einer bestimmten Menge eines *Produkts* zu einem *Fertigstellungstermin*. Es wird zwischen externen (vom Kunden) und internen (aus der Planung) Aufträgen unterschieden.

Auftragsbasierte Planung

Planungsansatz auf Basis der Problemzerlegung in einfachere Teilprobleme. Die Zerlegung erfolgt nach *Aufträgen*, die jeweils einzeln geplant werden.

Backtracking

In einem Suchbaum Rückkehr zu einem vorhergehenden Knoten, für den es noch „unversuchte" Sohnknoten gibt, und Fortsetzung der Suche von dort.

Belegung

Zeitliche Zuordnung einer *Operation* zu einer *Ressource*.

Benutzerregel

Prioritätsregel, die die Präferenzen eines Benutzers für bestimmte Objekte (z. B. *Aufträge*) beschreibt.

Best-First-Suche (best first search)

Heuristisches Suchverfahren. Verwendet als heuristische Auswertungsfunktion $f(n) = g(n) + h(n)$, wobei $g(n)$ den Aufwand von der Wurzel bis zum Knoten n und $h(n)$ den geschätzten Aufwand von n bis zum Ziel bewertet. Die Algorithmen A, A*, AO, AO* sind die bekanntesten dieser Suchverfahren.

Betriebsdatenerfassung (BDE)

Sammlung der bei der Produktion anfallenden Daten wie Zeiten, Stückzahlen, Störungen usw.

Bewertungsfunktion (Zielfunktion)

Funktion, die einem *Plan* eine Bewertung, z.B. eine reelle Zahl, zuweist, die zum Vergleich von *Plänen* verwendet werden kann.

Branch and Bound

Entscheidungsbaumverfahren zur Ermittlung optimaler Lösungen. Die Menge der möglichen Lösungen wird aufgespalten ("branching") mit dem Ziel, die Teilmengen auszuschließen, die die optimale Lösung nicht enthalten können ("bounding").

Breitensuche (breadth first search)

Systematisches Suchverfahren; durchsucht jeweils alle Sohnknoten des gerade betrachteten Knotens, bevor weitere Nachfolgerknoten betrachtet werden.

Constraint

Bedingung, die (bei der Planung) eingehalten werden muss (*Hard Constraint*) bzw. eingehalten werden sollte (*Soft Constraint*).

Constraint Satisfaction Problem

Durch das Tupel (V, D, C) dargestelltes Problem, wobei V eine Menge von Variablen, D eine Menge von Wertebereichen für die Variablen und C eine Menge von *Constraints* über den Variablen ist. Gesucht wird eine Lösung (= Belegung der Variablen), die alle *Constraints* erfüllt.

Disponent (Planer, Produktionsplaner)

Für die Planung verantwortliche Person.

Due Date siehe *Fertigstellungstermin*

Dynamisches Ablaufplanungswissen

Fakten, die während der *Planung* erzeugt und verändert werden, und *Planungsverfahren*, die für eine bestimmte Problemstellung aus Komponenten (*Planskelett*, Auswahlregeln) zusammengesetzt werden.

Dynamische Programmierung (Optimierung)

Heuristisches Verfahren zur Lösung von kombinatorischen Problemen (u.a. Reihenfolgeprobleme), bei dem jeweils parallel alle Lösungen einer Stufe erzeugt werden und unter den "inhaltlich gleichen" Lösungen (gleichartige, jedoch unterschiedliche Reihenfolge) nur die beste weiterverfolgt wird. Das Verfahren garantiert die optimale Lösung, ist allerdings nur für "kleine" Probleme anwendbar.

Earliest due date (EDD)

Prioritätsregel, die die Operation oder den Auftrag mit dem frühesten Fertigstellungstermin bevorzugt.

Earliest operation due date (ODD)

Prioritätsregel, die die Operation mit dem frühesten Fertigstellungstermin ihres Auftrages bevorzugt.

Eingeplanter Auftrag

Auftrag, bei dem für alle *Operationen* des zugehörigen *Produkts Belegungen* existieren.

Endtermin/Endzeitpunkt

Für eine *Operation* oder einen *Auftrag* (dann meist *Fertigstellungstermin*) vorgegebener Termin, zu dem die Herstellung abgeschlossen sein sollte.

Ereignis

Externe (z. B. Auftragsstornierung) oder interne (z. B. Maschinenausfall) Störung in der Planungsumgebung, die zur Inkonsistenz eines *Planes* führt. Weitere Unterteilung nach globalen und lokalen Ereignissen.

Feinplanung

Kurzfristige, detaillierte *Ablaufplanung* von *Aufträgen* und deren *Operationen*.

Fertigstellungstermin (due date)

Vorgegebener Endtermin für die Herstellung einer bestimmten Menge eines *Produkts*.

Fertigungsvorschrift siehe *Produktionsvorschrift*.

FIFO (First In First Out)

Verarbeitungsregel, die immer auf das Datum zugreift, das sich am längsten in der betrachteten Menge befindet.

Flow Chart

Graphische Darstellung einer *Produktionsvorschrift*.

Flow Shop

Spezielle Vorgangsbeschreibung, bei der alle *Aufträge* alle *Ressourcen* in der gleichen Reihenfolge durchlaufen.

Gantt-Diagramm (Chart)

Graphische Darstellungsform (als Balkendiagramm) für einen *Ablaufplan* mit den Koordinaten Zeit und *Ressourcen* oder *Produkte*.

Genetischer Algorithmus

Lösungsverfahren, das nach Prinzipien der Evolution arbeitet. Aus einer Menge von Lösungen werden solange Kandidaten gewählt, Nachfolgelösungen ermittelt und evtl. mutiert, sodass jeweils neue Menge von Lösungen (Generation) entsteht, bis ein Abbruchkriterium erreicht ist.

Globale Planung

Bei der *Ablaufplanung* auf zwei (oder mehreren) Ebenen werden in der globalen Planung Vorgaben für die darunter liegende Ebene (im Normalfall die *Lokale Planung*) bzgl. Produktionsort, *Produkt*, Menge und Termin gemacht (unter Berücksichtigung der *Kapazitäten* der einzelnen Produktionsstätten der untergeordneten Ebenen und Störungen).

Globaler Plan

In der *globalen Planung* erzeugter Vorgabeplan für die darunter liegende Ebene (im Normalfall die *Lokale Planung*). Enthält *Zwischenprodukte*, *Ressourcen* (z.B. Maschinengruppen) und Termine, die zu *Aufträgen* für die untergeordnete Planung werden.

Grobplan

Durch die *Produktionsprogrammplanung* vorgegebene Liste mit *Aufträgen* für einen längeren Zeitraum.

Grobplanung

Längerfristig angelegte Planung bzgl. Terminen und Mengen von *Produkten*, enthält Aufgaben aus *Produktionsprogrammplanung* und *Mengenplanung*.

Hard Constraint

Bedingung, die bei der Planung eingehalten werden muss, um einen zulässigen *Plan* zu erhalten.

Herstellungsschritt siehe *Operation.*

Heuristik

"Daumenregel"; Aussage über die Anwendbarkeit bestimmter *Aktionen* in bestimmten *Situationen*, um vorgegebene *Ziele* zu erreichen. Eine Heuristik stellt *Kontrollwissen* dar.

Heuristisches Suchverfahren

Suchverfahren, in dem *Heuristiken* (heuristische Auswertungsfunktionen) zur Bewertung von Knoten und damit zur Steuerung der Suche verwendet werden, z. B. *Best-First-Suche*.

Hierarchische Planung (hierarchical planning)

Planen über mehrere Abstraktionsstufen. Jeweils auf höheren Stufen erzeugte "abstrakte" *Pläne* werden in den niedrigeren Stufen verfeinert.

Hill Climbing

Einfaches *heuristisches Suchverfahren*. Von den aktuell betrachteten Knoten wird ein lokal optimaler gewählt und weiterbetrachtet Hill Climbing bietet keine Möglichkeit zum *Backtracking*.

Iterative Verbesserungsverfahren

Lösungsverfahren, die solange Lösungen in der Nachbarschaft einer aktuellen Lösung suchen, bis eine „optimale" Lösung gefunden oder ein Abbruchkriterium erreicht wurde.

Job-Shop

Modell einer Produktion von n *Produkten* auf m *Maschinen*, wobei die Reihenfolge, in der die einzelnen *Operationen* der *Produkte* die *Maschinen* belegen, unterschiedlich ist.

Johnson-Algorithmus

Verfahren, dass *optimalen Plan* bzgl. Durchlaufzeit für beliebig viele *Operationen* auf zwei *Maschinen* liefert.

Kapazität

Quantitative Aussage über Belastbarkeit einer *Ressource* in einer Zeiteinheit (z. B. Stückzahl pro Stunde). Wird zur Berechnung von Kapazitätsauslastungen benutzt. Bemerkung: In der chemischen Industrie eher ein boolescher Wert, da ein Apparat (egal mit welchem aktuellen Inhalt) über die ganze Produktionszeit des Produkts in einer Stufe zu 100% belegt ist.

Kapazitätsabgleich

Auflösung von Kapazitätsüberschreitungen. Mögliche Maßnahmen sind Kapazitätsanpassung (manuell) durch Überstunden/Kurzarbeit, zusätzliche *Ressourcen*, Fremdbezug oder Verringerung der Herstellmenge sowie zeitliche Verschiebung von *Aufträgen*.

Kapazitätsterminierung

Auf Start-/Endtermin bezogene Zuordnung von *Aufträgen* zu den benötigten *Ressourcen* ohne Berücksichtigung der Kapazitätsgrenzen; Ergebnis ist eine Kapazitätsübersicht.

Kontrollwissen

Wissen über die Anwendung von Wissen (auch Meta-Wissen); im Bereich der *Ablaufplanung* vor allem Wissen über die Anwendbarkeit von *Planungsverfahren*.

Kooperative Planung

Mehrere Agenten (Knowledge Sources, "Mini-Expertensysteme") kooperieren, um Planungsprobleme zu lösen. Eine Kontroll- und Kommunikationsstruktur ist nötig, z.B. die Blackboard-Architektur.

LIFO (Last In First Out)

Verarbeitungsregel, die aus einer Menge gleichartiger Daten immer auf das zuletzt eingefügte Datum zugreift.

Lineare Planung (linear planning)

Methode der *Aktionsplanung*, bei der eine Sequenz von *Operatoren* gesucht wird, mit denen man von einem Anfangs*zustand* zu einem End*zustand* gelangen kann.

Leitstand

Computergestütztes graphisches System, das als Entscheidungshilfe für die interaktive, kurzfristige *Produktionsplanung und -steuerung* dient.

Los/Losgröße

Unter Kosten-/Leistungsgesichtspunkten ermittelter Wert für die in einem Produktionsdurchlauf herzustellende Menge eines *Produkts*; kann Zusammenfassung oder Aufspaltung von *Aufträgen* bedingen.

Lokale Planung

Auf der lokalen Planungsebene wird die *Ablaufplanung* für einen einzelnen Produktionsbetrieb durchgeführt.

Longest processing time (LPT)

Prioritätsregel, die die Operation mit der längsten Bearbeitungszeit bevorzugt.

Maschine

Bei der Produktion verwendete *Ressource*.

Maschinengruppe

Für höhere Planungsebene verwendete kumulierte Sicht auf eine Menge zusammengehöriger *Maschinen*.

Materialwirtschaft siehe *Mengenplanung*.

Mengenplanung

Ermittlung der in der Produktion benötigten Materialmengen und deren Bereitstellungs- bzw. Bestelltermine auf Basis einer Stücklistenauflösung.

Meta-Planung

Anwendung von *Kontrollwissen* zur Auswahl geeigneter *Planungsverfahren*.

Multiagenten-System

Softwaresystem, das aus einer Menge kooperierender *Agenten* besteht, die gemeinsam eine Problemstellung lösen.

Multi-Site Scheduling

Ablaufplanung für Planungsprobleme, die über mehrere Ebenen verteilt sind, z.B. bei Betrieben mit mehreren Produktionsstätten. Beinhaltet *globale* und *lokale Planungaufgaben*, sowie Koordination und Kommunikation zwischen den Planungsebenen.

Nachfolgestruktur

durch *Vorrangrelation* festgelegte Reihenfolge von *Operationen*.

Nichtlineare Planung (non linear planning)

Methode der *Aktionsplanung*, bei der für Teilziele parallel (partielle) *Pläne* erzeugt werden, die zu einem Gesamt*plan* kombiniert (linearisiert) werden.

NP-vollständiges Problem

Problem, für das es kein "effizientes" Lösungsverfahren gibt. In NP liegen die Probleme, die durch einen nicht-deterministischen Algorithmus in Polynominalzeit gelöst werden können. Deterministische Ansätze zur Lösung dieser Probleme haben exponentielle Komplexität, d. h. die Laufzeit wächst exponentiell mit der Problemgröße.

Operation

eindeutig bezeichneter Schritt in der Abfolge der nötigen Tätigkeiten zur Herstellung eines *Produkts*, der eine bestimmte *Ressource* belegt.

Operationsbasierte Planung

Planungsansatz auf Basis der Problemzerlegung in einfachere Teilprobleme. Die Zerlegung erfolgt nach *Operationen,* die jeweils einzeln geplant werden.

Opportunistische Planung

Planungsansatz, bei dem als wichtig bewertete Teilprobleme (z. B. Teilprobleme mit Engpassapparaten) zuerst betrachtet werden.

Optimaler Ablaufplan/optimale Lösung eines Ablaufplanungsproblems

siehe Plan, optimaler.

Plan

Bei der *Aktionsplanung:* Folge von *Operatoren,* die einen Anfangs*zustand* in einen End*zustand* überführen.

Bei der *Ablaufplanung:* Menge von *Belegungen,* wobei zu jeder *Operation* eines durch einen *Auftrag* bestimmten *Produkts* eine *Belegung* existiert. Ein Plan heißt

zulässig (gültig):   falls alle *Hard Constraints* erfüllt sind;

konsistent: falls er zulässig ist und alle *Soft Constraints* erfüllt sind

optimal: falls er eine *Bewertungsfunktion* optimiert, d. h. es existiert kein konsistenter Plan, der "besser" bzgl. der gegebenen *Bewertungsfunktion* als dieser optimale Plan ist.

Planerstellung (prädiktive Ablaufplanung, predictive scheduling)

Erzeugung eines *Plans* aus einer Menge von *Aufträgen* ohne (dann auch als Neuaufwurf bezeichnet) oder mit Beachtung eines bestehenden *Plans* (dann auch Planfortschreibung genannt).

Plankorrektur (reaktive Ablaufplanung, reactive scheduling)

Anpassung eines *Plans,* der z. B. durch ein *Ereignis* inkonsistent geworden ist.

Planskelett

Bei der *Aktionsplanung:* Darstellung eines *Plans* zur Durchführung von Aktionen durch abstrakte Operatoren, die situationsspezifisch verfeinert werden; findet vor allem bei Konstruktionsproblemen Anwendung.

In der Ablaufplanung: Schema eines Algorithmus, der den Durchlauf durch einen *Und/Oder-Baum* beschreibt, abstrakte Operatoren stehen u.a. für Auswahlregeln für Knoten.

Planung siehe *Aktionsplanung, Ablaufplanung.*

Planungsobjekte

Aufträge, Produkte, Ressourcen, Ereignisse und *Ziele* werden unter dem Begriff Planungsobjekte zusammengefasst.

Planungssystem (Ablaufplanungssystem)

Softwaresystem zur Lösung von *Ablaufplanungsproblemen,* bestehend aus mehreren Komponenten u.a. Benutzungsoberfläche, Planungsalgorithmus, Datenbasis.

Planungsverfahren (Ablaufplanungsverfahren)

(Algorithmische) Vorschrift zur Erzeugung eines *Ablaufplanes* für ein gegebenes *Ablaufplanungsproblem.*

Planungsziel

Mit einem *Plan* angestrebte globale Zielstellung, z. B. Termineinhaltung. Die Zielerfüllung wird z. B. über eine *Bewertungsfunktion* beurteilt.

Prioritätsregel

Regel, die Prioritäten für *Planungsobjekte* (z. B. Aufträge) ermittelt und so eine partielle Ordnung auf diesen Objekten definiert.

Produkt

Das hergestellte oder herzustellende Erzeugnis, unterschieden nach Endprodukt (für den Kunden) und Zwischenprodukt (für die interne Planung).

Produktionsauftrag siehe *Auftrag.*

Produktionsbeschreibung siehe *Produktionsvorschrift.*

Produktionsplaner siehe *Disponent.*

Produktionsplanung

Teil der *PPS*, der sich mit den dispositiven Tätigkeiten befasst; dazu gehören *Produktionsprogrammplanung* sowie *Mengen-, Termin- und Kapazitätsplanung.*

Produktionsplanung und -steuerung (PPS)

Umfasst alle Planungs- und Steuerungstätigkeiten von der Auftragsannahme bis zum Versand von *Produkten*; Hauptfunktionen sind *Produktionsprogrammplanung, Mengenplanung, Termin- und Kapazitätsplanung*, Auftragsveranlassung und Auftragsüberwachung.

Produktionsprogrammplanung

Langfristig angelegte Festlegung über Arten und Mengen von herzustellenden *Produkten* auf Basis von Prognosen und Kunden*aufträgen*. Ergebnis der Produktionsprogrammplanung ist der Primärbedarf.

Produktionssteuerung

Überwachung und Steuerung der aktuell in Produktion bzw. kurz vor der Produktion stehenden *Aufträge* für *Produkte*. Die *Plankorrektur* fällt auch in diesen Bereich.

Produktionsstruktur (Fertigungsstruktur)

Die *Nachfolgestruktur* der *Operationen* bestimmt die Produktionsstruktur: Prozessorientiert (Fließfertigung): die Abfolge von *Operationen* ist zeitlich genau festgelegt
Werkstattorientiert (diskrete Fertigung): Abfolge von *Operationen* nur durch $\geq$- oder $\leq$-Relation bestimmt, Zwischenlagerung möglich.

Produktionsvariante siehe *Variante.*

Produktionsvorschrift

Beschreibung der Herstellung eines *Produkts* durch Angabe aller möglichen *Varianten* und der *Hard Constraints*, die für die Herstellung des *Produkts* gelten, sowie evtl. zusätzlicher Informationen (z. B. zu bevorzugende Ressourcen).

Produktstruktur

Darstellung eines *Produkts* durch Angabe aller Varianten.

Regel (rule)

Allgemein: Aussage der Form "IF Bedingung(en) THEN Aktion(en)" über die Anwendbarkeit von *Aktionen* (THEN-Teil), falls bestimmte Bedingungen erfüllt sind (IF-Teil).

Reihenfolgeplanung

Ermittlung von Reihenfolgen für die Bearbeitung von *Operationen* an *Maschinen*.

Ressource

Zur Produktion benötigte Einrichtung wie z. B. *Maschine*, Personal und evtl. weitere Hilfsmittel.

Ressourcengruppe

Menge von Ressourcen, die für höhere Planungsebene als Einheit betrachtet wird.

Ressourcenbasierte Planung

Planungsansatz auf Basis der Problemzerlegung in einfachere Teilprobleme. Die Zerlegung erfolgt nach *Ressourcen*, die jeweils geplant werden.

Rohstoff

Zur Herstellung eines *Produkts* benötigter Stoff, der nicht selbst produziert wird.

Rückwärtsterminierung

Ermittlung des *Starttermins* der ersten *Operation* (und dabei auch aller anderen) eines *Auftrags* durch Subtraktion der Dauern der *Operationen* vom *Endtermin* des *Auftrags* (in der Netzplantechnik verwendet).

Situation

Zustand im betrachteten Weltausschnitt, i.a. beschreibbar durch eine Menge von Fakten.

Soft Constraint

Bedingung, die bei der *Planung* eingehalten werden sollte, aber in bestimmten Maße auch verletzt (relaxiert) werden kann.

Shortest processing time (SPT)

Prioritätsregel, die die Operation mit der kürzesten Bearbeitungszeit bevorzugt.

Starttermin/Startzeitpunkt

Für einen *Auftrag* oder eine *Operation* vorgegebener *Zeitpunkt*, an dem die Herstellung frühestens begonnen werden soll.

Statisches Ablaufplanungswissen

Fakten des Planungsbereichs, die während der *Planung* nicht verändert werden, und *Planungsverfahren*, die in Algorithmen fest vorgegeben sind.

Step   siehe *Operation*.

Strategie

Zusammenfassung der Entscheidungen über das Vorgehen zur Lösung eines Ablaufplanungsproblems. Darstellbar über die Abarbeitung eines *Und/Oder-Baumes*.

Stückliste

Beschreibung der Zusammensetzung von *Produkten* aus *Zwischenprodukten* und *Rohstoffen*.

Supply Chain Management

Aus Sicht der zu erstellenden Leistung (des Endprodukts) müssen alle zugehörigen Prozesse der Leistungserstellung koordiniert werden. Die Leistungserstellungsprozesse werden von den zur Zulieferkette (Supply Chain) gehörenden Unternehmen durchgeführt.

Teilplan

Menge von Aufträgen, die bereits in einen Plan eingeplant sind und somit über Start- und Endzeiten verfügen.

Termin- und Kapazitätsplanung

Umfasst alle Tätigkeiten zur zeit- und kapazitätsgerechten Zuordnung von *Aufträgen* auf die benötigten *Ressourcen*, umfasst *Durchlaufterminierung* und *Kapazitätsabstimmung*.

Tiefensuche (depth first search)

Systematisches Suchverfahren, das immer den am weitesten links stehenden Sohnknoten besucht, bevor andere Knoten betrachtet werden.

Transportplanung

geographisch: Suche nach kostenoptimalen Routen, Belegungen von Fahrzeugen etc., um bestimmte Kunden mit Produkten aus Lagern zu versorgen.

Im Multi-Site Scheduling ein *Planungsproblem*, das u.a. den Transport von Zwischenprodukten zwischen Standorten lösen soll.

Travelling Salesman Problem (TSP)

Optimierungsproblem, bei dem für n Orte eine kürzeste Rundreise gesucht wird, d. h. eine Route, die alle Orte einschließt, zum Ausgangsort zurückkommt und bzgl. einer Bewertungsfunktion (z. B. Distanz oder Zeit) optimal ist. Das TSP gehört zur Klasse der *NP-vollständigen Probleme*.

Und/Oder-Baum

Baum mit 2 Knotentypen zur Repräsentation von UND- und ODER-Verknüpfungen. Wird vor allem zur Repräsentation von in unabhängige Teilprobleme zerlegbaren Problemen (z. B. Konstruktion) - hier zur Darstellung von Ablaufplanungsproblemen mit voneinander abhängigen Teilproblemen - verwendet. Eine Lösung eines Und/Oder-Baums ist wie folgt definiert:

(1) die Wurzel gehört zur Lösung,

(2) gehört ein Und-Knoten zur Lösung, dann gehören auch alle direkten Nachfolgerknoten dazu, falls sie existieren,

(3) gehört ein Oder-Knoten zur Lösung, dann auch genau ein direkter Nachfolgerknoten, falls einer existiert.

Variante

Alternative für die Herstellung eines *Produkts* (geänderte *Operationen, Vorrangrelation* und *Ressourcen*).

Verspätung (lateness)

Zeitraum zwischen geplantem *Fertigstellungstermin* und tatsächlicher Fertigstellung eines *Auftrags*: Verspätung := tatsächliche - geplante Fertigstellung (in Zeiteinheiten); kann positiv oder negativ sein. Wird als *Zielfunktion* verwendet.

Verzug (Terminüberschreitung, tardiness)

Gibt die Überschreitung des vorgegebenen *Fertigstellungstermins* an. Verzug eines *Auftrags* := max(0, *Verspätung* des *Auftrags*). Wird als *Zielfunktion* verwendet.

Virtuelles Unternehmen

Kurzfristiger Zusammenschluss von rechtlich selbständigen Unternehmen, um gemeinsam eine bestimmte Leistung zu erstellen und anzubieten.

Vorrangrelation

Vorschrift, wann eine *Operation* bzgl. einer anderen *Operation* starten darf. I.a. darf eine *Operation* erst starten, wenn die Vorgänger*operation* abgeschlossen ist.

Vorwärtsterminierung

Ermittlung des *Endtermins* der letzten *Operation* (und dabei auch aller anderen) eines *Auftrags* durch Addition der Dauern der *Operationen* zum *Starttermin* des *Auftrags* (in der Netzplantechnik verwendet).

Zielfunktion siehe *Bewertungsfunktion.*

Zustand

Zusammenfassung aller Aussagen und Eigenschaften, die zu einem bestimmten Zeitpunkt in einem betrachteten Weltausschnitt gelten.

Zwischenprodukt

Ein selbst hergestelltes "internes" *Produkt*, das nicht *Rohstoff* ist, zwischengelagert werden kann und bei der Herstellung anderer *Produkte* verwendet wird.

Index

Teubner Lehrbücher: einfach clever

Gernot A. Fink

Mustererkennung mit Markov-Modellen

Theorie - Praxis - Anwendungsgebiete

2003. 233 S. Br. € 29,90
ISBN 3-519-00453-4

Grundlagen der Statistik - Vektorquantisierung - Hidden-Markov-Modelle - n-Gramm-Modelle - Rechnen mit Wahrscheinlichkeiten - Konfiguration von Hidden-Markov-Modellen - Robuste Parameterschätzung - Effiziente Modellauswertung - Modellanpassung - Integrierte Suchverfahren - Spracherkennung - Schrifterkennung - Analyse biologischer Sequenzen

Hartmut König

Protocol Engineering

Prinzip, Beschreibung und Entwicklung von Kommunikationsprotokollen

2003. XIV, 496 S. Br. € 39,90
ISBN 3-519-00454-2

Dienste - Protokolle - Kommunikationsarchitekturen - Protokollfunktionen- Beschreibungsmethoden - Beschreibungssprachen - Entwicklungsphasen - Entwurf - Verifikation - Implementierung - Test

Stand Januar 2004.
Änderungen vorbehalten.
Erhältlich im Buchhandel
oder beim Verlag.

B. G. Teubner Verlag
Abraham-Lincoln-Straße 46
65189 Wiesbaden
Fax 0611.7878-400
Teubner www.teubner.de

Teubner Lehrbücher: einfach clever

Goll/Weiß/Müller

JAVA als erste Programmiersprache

Vom Einsteiger zum Profi

3., durchges. u. erw. Aufl. 2001. XII, 880 S. Geb.
€ 36,00   ISBN 3-519-22642-1

Grundbegriffe der Programmierung - Einführung in die Programmiersprache Java - Lexikalische Konventionen - Einfache Beispielprogramme - Datentypen und Variablen - Ausdrücke und Operatoren - Kontrollstrukturen - Blöcke und Methoden - Klassen und Objekte - Vererbung und Polymorphie - Pakete - Ausnahmebehandlung/Exception Handling - Schnittstellen - Geschachtelte Klassen - Ein-/Ausgabe und Streams - Collections - Threads - Die Architektur der virtuellen Maschine - Das Java Native Interface - Applets - Oberflächenprogrammierung mit Swing - Sicherheit in Java - Beans - Servlets - Netzwerkprogrammierung mit Sockets - Remote Method Invocation - JDBC

Goll/Bröckl/Dausmann

C als erste Programmiersprache

Vom Einsteiger zum Profi

4., überarb. und erw. Aufl. 2003. XII, 554 S. mit CD-ROM. Geb. € 24,90   ISBN 3-519-32999-9

Grundbegriffe der Programmierung - Einführung in die Programmiersprache C - Lexikalische Konventionen - Erste Beispielprogramme - Datentypen und Variablen - Einführung in Pointer und Arrays - Anweisungen, Ausdrücke und Operatoren - Kontrollstrukturen - Blöcke und Funktionen - Fortgeschrittene Pointertechnik - Strukturen, Unionen und Bitfelder - Komplizierte Datentypen, eigene Typnamen und Eindeutigkeit von Namen - Speicherung von Daten in Dateisystemen - Ein- und Ausgabe - Speicherklassen - Übergabeparameter und Rückgabewert eines Programms - Dynamische Speicherzuweisung, Listen und Bäume - Interne Suchverfahren - Präprozessor

Stand Januar 2004.
Änderungen vorbehalten.
Erhältlich im Buchhandel
oder beim Verlag.

B. G. Teubner Verlag
Abraham-Lincoln-Straße 46
65189 Wiesbaden
Fax 0611.7878-400

Teubner www.teubner.de

Teubner Lehrbücher: einfach clever

Luderer/Nollau/Vetters

Mathematische Formeln für Wirtschaftswissenschaftler

4., durchges. Aufl. 2002. 143 S.
Br. € 14,95
ISBN 3-519-20247-6

Luderer/Würker

Einstieg in die Wirtschaftsmathematik

5., überarb. u. erw. Aufl. 2003. 438 S. Br.
€ 24,90
ISBN 3-519-42098-8

Luderer/Paape/Würker

Arbeits- und Übungsbuch Wirtschaftsmathematik

Beispiele - Aufgaben - Formeln

3., durchges. Aufl. 2002. 346 S.
Br. € 28,90
ISBN 3-519-22573-5

Bernd Luderer

Klausurtraining Mathematik und Statistik für Wirtschaftswissenschaftler

Aufgaben - Hinweise - Lösungen

2., überarb. u. erw. Aufl. 2003. 234 S.
Br. € 19,90
ISBN 3-519-22130-6

Grundmann/Luderer

Formelsammlung
Finanzmathematik,
Versicherungsmathematik,
Wertpapieranalyse

2., überarb. u. erw. Aufl. 2003. 163 S.
Br. € 18,90
ISBN 3-519-10290-0

Stand Januar 2004.
Änderungen vorbehalten.
Erhältlich im Buchhandel
oder beim Verlag.

Teubner

B. G. Teubner Verlag
Abraham-Lincoln-Straße 46
65189 Wiesbaden
Fax 0611.7878-400
www.teubner.de

www.ingramcontent.com/pod-product-compliance
Lightning Source LLC
LaVergne TN
LVHW062312060326
832902LV00013B/2170